Das Recht

des

Bürgerlichen Gesetzbuchs

in

Einzeldarstellungen.

IV.

Schollmeyer,

Das Recht der einzelnen Schuldverhältnisse.

Zweite Auflage.

Berlin 1904.

J. Guttentag, Verlagsbuchhandlung,

G. m. b. H.

Das

Recht der einzelnen Schuldverhältnisse

im

Bürgerlichen Gesetzbuche.

Eine Darstellung und Erläuterung der Hauptbestimmungen

von

Dr. Friedrich Schollmeyer,
Geheimem Justizrat, Professor an der Universität Berlin.

Zweite, völlig neu bearbeitete Auflage.

Berlin 1904.
J. Guttentag, Verlagsbuchhandlung,
G. m. b. H.

Vorwort zur zweiten Auflage.

Die erste Auflage ist seit ungefähr drei Jahren vergriffen. Wenn ich jetzt erst mit einer zweiten Auflage hervortrete, so erklärt sich dies einmal aus den vielerlei mir hier obliegenden Amtsgeschäften, weiter aber auch daraus, daß es einer vollständigen Neubearbeitung bedurfte. Die erste Auflage war aus einem von mir gehaltenen Vortrage hervorgegangen. Sie mußte sich naturgemäß mit der Erläuterung der Hauptbestimmungen begnügen. Jetzt dagegen waren die sehr umfangreiche, inzwischen erschienene Literatur und die Rechtsprechung heranzuziehen und die aus beiden gewonnenen Ergebnisse zu verwerten.

Gleichwohl habe ich mich bemüht, den Charakter des Buches, nur zur Orientierung zu dienen, beizubehalten. Doch sind dabei auch die Bedürfnisse der Studierenden berücksichtigt.

Literatur habe ich im Interesse der Raumersparnis nur wenig zitiert. Doch sind den einzelnen Abschnitten Literaturverzeichnisse beigegeben, bei deren Anfertigung mir Herr Referendar Kügler, dem ich auch an dieser Stelle herzlichen Dank sage, freundlichst geholfen hat.

Berlin, im April 1904.

F. Schollmeyer.

Inhalts-Übersicht.

Erster Titel: **Kauf, Tausch.**

Zweiter Titel: **Schenkung.**

Dritter Titel: **Miete, Pacht.**

Vierter Titel: **Leihe.**

Fünfter Titel: **Darlehen.**

Sechster Titel: **Dienstvertrag.**

Verzeichnis der Abkürzungen bei den Literaturangaben.

A. f. b. R. = Archiv für bürgerliches Recht, herausgegeben von Kohler, Örtmann, Ring.

A. f. c. P. = Archiv für die civilistische Praxis.

A. österr. G. Z. = Allgemeine österreichische Gerichtszeitung.

Bl. f. R. i. Bez. d. K. = Blätter für Rechtspflege im Bezirk des Kammergerichts.

D. J. Z. = Deutsche Juristen-Zeitung.

D. R. = Das Recht.

Goldschmidts Z. = Zeitschrift für das gesamte Handelsrecht, begründet von Goldschmidt.

Gruchot = Beiträge zur Erläuterung des deutschen Rechts, begründet von Gruchot.

Grünhuts Z. = Zeitschrift für das private und öffentliche Recht der Gegenwart, herausgegeben von Grünhut.

Hans. G. Z. = Hanseatische Gerichtszeitung.

Iherings J. = Iherings Jahrbücher für Dogmatik des bürgerlichen Rechts.

J. M. f. P. = Juristische Monatsschrift für Posen.

J. W. = Juristische Wochenschrift.

Sächs. Archiv = Sächs. Archiv für bürgerl. Recht und Prozeß.

Seufferts Bl. f. R. = Seufferts Blätter für Rechtsanwendung.

RG. = Entscheidungen des Reichtsgerichts in Civilsachen.

Die Lehrbücher sind mit den Namen ihrer Verfasser zitiert.

Erster Titel.

Kauf. Tausch.

Bechmann, Der Kauf 1876—1884. Frankenburger, Zur Lehre vom Kaufvertrage, nach bürgerlichem und Handelsrecht, Seufferts Bl. f. R. Bd. 65 S. 409—418, 425—435. Leo, Fragen aus dem Rechte des Kaufvertrages (Vortrag) Hans. G. Z. Bd. 21, S. 21—27. Dernburg II §§ 167ff.; Cosack I §§ 121ff.; Enneccerus I §§ 239ff.; Endemann I §§ 157ff.; Matthiaß I §§ 104ff.; Windscheid-Kipp II §§ 385—398.

I.

Begriff.[1])

Der Tauschvertrag ist das gegenseitige Versprechen von Sache oder Recht gegen Sache oder Recht, nicht gegen Geld und untersteht durchweg den Grundsätzen des Kaufvertrages (§ 515).

Der Kaufvertrag aber ist ein gegenseitiger Vertrag, durch welchen der eine Kontrahent Geld, der andere eine Sache oder ein Recht zu leisten sich verpflichtet. Er ist zustande gekommen, sobald Einigung über Gegenstand und Preis vorliegt. Auch der aufschiebend bedingte oder betagte Kaufvertrag ist schon ein Kaufvertrag, wenngleich er während der Schwebezeit nur die rechtlich gesicherte Aussicht auf den Eintritt der Wirkungen eines unbedingten oder unbetagten Kaufvertrages erzeugt.

Die Einigung bedarf regelmäßig nicht der Erklärung in bestimmter Form. Ausnahmen: §§ 311, 313, 2371. Haben Kontrahenten Beurkundung des beabsichtigten Vertrags — schriftliche, notarielle, gerichtliche — vereinbart, so ist der Vertrag im Zweifel erst mit der Beurkundung zustande gekommen (§ 154 Abs. 2).

Die Einigung der Vertragschließenden braucht nicht der Erfüllung des Vertrags vorauszugehen, sondern kann mit ihr zusammenfallen. Geschieht dies, so liegt ein sog. Handkauf vor, welcher aber nicht sowohl ein dinglicher Vertrag, als vielmehr ein wirklicher Kaufvertrag

---

1) Emerich, Kauf- und Werklieferungsvertrag nach dem BGB. 1899 in Fischer Abhandl. Bd. 4, S. 213ff.

ist. Demgemäß ist der gegen die Klage auf Zahlung des Kaufpreises erhobene Einwand, es sei ein Handkauf geschlossen, nicht Leugnen des Klagegrundes, sondern Einwand der stattgehabten Erfüllung, weshalb auch den Beklagten die Beweislast trifft.

II.

Gegenstand.[1])

Nicht nur bewegliche und unbewegliche, gegenwärtige und zukünftige (emtio spei und emtio rei speratae), erst anzufertigende, einzelne Sachen und Mehrheiten von Sachen können verkauft werden, sondern auch veräußerliche dingliche Rechte, sei es, daß sie schon bestehen, sei es, daß sie erst begründet werden sollen, endlich auch Besitz und Forderungen. Selbst Geld kann verkauft werden, da Stücke einer bestimmten Sorte nicht nur als Zahlungsmittel, sondern auch als Ware in Betracht kommen können. Daß die verkaufte Sache dem Verkäufer gehört, ist nicht erforderlich, nur darf sie nicht dem Käufer gehören; denn sonst wäre der Vertrag wegen ursprünglicher Unmöglichkeit der Vertragserfüllung nichtig (§§ 306 und 433 Abs. 1 S. 1). Auch der Verkauf einer gestohlenen Sache ist im allgemeinen gültig, soweit er nicht gegen die guten Sitten verstößt (§ 138 Abs. 1). Dies tut er, wenn beide Teile die Eigenschaft der Sache als einer gestohlenen kannten.

Von seiten des Käufers ist Gegenstand des Kaufvertrags eine Geldsumme. Doch kann neben dem Geld noch eine andere Leistung versprochen werden (l. 6 § 1 D. de act. emt. vend. 19. 1. u. § 473 BGB.). Der Preis muß bestimmbar sein (§§ 315ff.). Auch der Marktpreis kann als Kaufpreis festgesetzt werden; dann gilt im Zweifel der Marktpreis am Erfüllungsort und zur Erfüllungszeit (§ 453). Ein angemessenes Verhältnis des Preises zum Wert des Kaufgegenstandes (pretium iustum) ist nicht erforderlich. Selbst das gemeinrechtliche Rücktrittsrecht wegen laesio enormis ist beseitigt. Dagegen darf der Kaufpreis nicht nur zum Schein verabredet sein — pretium verum esse debet. Sonst liegt kein Kauf vor, möglicherweise aber eine Schenkung als dissimuliertes Geschäft.

[1]) Schrödter, Der Verkauf einer ärztlichen Praxis im Lichte der Rechtsprechung. J. W. Bd. 31, S. 645 und 646.

III.

Die Vertragschließenden.

Im allgemeinen kann jeder Geschäftsfähige einen Kaufvertrag schließen (§§ 104ff.). Doch bestehen Ausnahmen bei notwendigen Verkäufen, mögen dieselben im Wege der Zwangsvollstreckung — einerlei ob öffentlich oder aus freier Hand (§§ 814, 821, 825 CPO.) — oder außerhalb der Zwangsvollstreckung, aber kraft gesetzlich erteilter Ermächtigung für Rechnung eines anderen (§§ 383, 966 Abs. 2, 979, 983, 1233 BGB. u. 117, 126 u. 127 KO.). — erfolgen (§§ 456ff.). In diesen Fällen darf weder der mit Vornahme oder Leitung des Verkaufs betraute Versteigerungsrichter, Gerichtsvollzieher, Auktionator — noch einer seiner Gehilfen, einschließlich des Protokollführers, weder für sich persönlich oder durch einen offenen oder stillen Stellvertreter, noch als Stellvertreter eines anderen kaufen. Derjenige aber, auf dessen Veranlassung der Verkauf erfolgt, darf kaufen; — ob auch der Konkursverwalter, ist mindestens zweifelhaft. Der Grund dieser Vorschriften ist nicht die Unmöglichkeit des Kontrahierens mit sich selbst (§ 181 BGB.), sondern das Streben, eine Garantie für Unparteilichkeit der genannten Personen in der Ausführung ihrer Obliegenheiten zu schaffen, ein Gesichtspunkt, auf welchem wohl auch schon die Verbote des röm. Rechts — Vormund darf nicht Sachen seines Mündels (l. 34 § 1 u. l. 46 D. 18. 1), der verkaufende Pfandgläubiger darf die Pfandsache nicht kaufen (l. 10 C. 8, 27) — beruhen. Der gegen diese Verbotsgesetze erfolgende Kauf ist, entgegen der Regel des § 134, nur heilbar nichtig (§ 458).

IV.

Die Gefahr.[1]

Während das röm. und gemeine Recht gemäß des Satzes: periculum est emtoris dem Käufer die Verpflichtung zur Zahlung des Kaufpreises auch dann auferlegte, wenn die Kaufsache zwischen Kaufabschluß und Übergabe zufällig untergegangen oder verschlechtert worden war, läßt das BGB. im Anschluß an das preuß. ALR. § 95 I 11 und die preuß. Praxis (RG. 7, 241, Gruchot 23, 916)

[1] Martinius, Zur Lehre von der Gefahr beim Kaufe nach dem BGB. Arch. f. b. R. Bd. 17, S. 50—77. Witthof, ein Beitrag zur Lehre von der Gefahr beim Kauf, D. J. Z. Bd. 8, S. 149—50. Kahn, Gefahrübergang beim Verkauf mit Eigentumsvorbehalt. D. R. Bd. 7, S. 546 und 547. Schröder, Der Eigentumsübergang bei versendeten Sachen, Goldschmidts Z. Bd. 51, S. 39—46.

gemäß der Natur des gegenseitigen Vertrags mit der Übergabe und bei Grundstücken mit der grundbuchmäßigen Eintragung des Käufers als Eigentümer, falls diese der Übergabe vorausgehen sollte, die Gefahr auf den Käufer übergehen (§ 446).

Hat danach der Verkäufer mehrfach verkauft, dem ersten Käufer übergeben und dem zweiten aufgelassen, so kann derselbe, wenn nach der Eintragung des zweiten Käufers das Grundstück durch Naturgewalt vom Erdboden verschwindet, doppelte Zahlung des Kaufpreises verlangen, da der zweite Kaufvertrag nicht ohne weiteres gegen die guten Sitten verstößt, ebensowenig, wie es ohne weiteres der Verkauf einer fremden Sache tut.[1])

Die Übergabe ist entweder körperliche Übergabe, constitutum possessorium oder brevi manu traditio. Hat sich der Käufer vom Eigentümer-Verkäufer — die rei vindicatio zum Zweck der Eigentumsverschaffung abtreten lassen, so ist dadurch die Übergabe ersetzt (§ 931) und also die Gefahr auf den Käufer übergegangen.

Übergabe und Eintragung sind nicht die einzigen Akte, an welche der Gefahrübergang geknüpft ist. Vielmehr tritt der Übergang der Gefahr ein:

1. beim Erbschaftskauf mit dem Abschluß des Kaufvertrages (§ 2380),

2. beim Versendungskauf — bei welchem Bestimmungs- und Erfüllungort sich nicht decken — mit der Absendung (§ 447),

3. beim Spezies- und Gattungskauf mit Eintritt des Annahmeverzugs des Käufers (§§ 300 u. 324 Abs. 2),

4. bei der Zwangsversteigerung von Grundstücken mit dem Zuschlag, soweit es sich um die Gefahr bezüglich des Grundstücks selbst handelt, — mit dem Schluß der Versteigerung hinsichtlich der übrigen, von der Zwangsversteigerung mit ergriffenen Gegenstände (§§ 56 resp. mit 55 u. 20—24 ZVO.),

5. bei suspensiv bedingten Verkäufen mit Eintritt der Bedingung. Geht also die Sache beim Käufer während des Schwebens der Bedingung durch Zufall unter, so ist der Käufer von Zahlung des Kaufpreises frei; wird sie während dieser Zeit kasuell verschlechtert, so mindert sich die Gegenleistung des Käufers (§ 323 Abs. 1).

Die Vorschriften der §§ 446 u. 447 über den Gefahrübergang finden auch auf den Verkauf von zum Besitz befugenden

---

[1]) Vgl. auch Martinius im Archiv f. b. R. Bd. 17, S. 75.

Rechten an fremder Sache entsprechende Anwendung (§ 451), z. B. auf den Verkauf des Nießbrauchs an einer Herde der Ausübung nach, oder eines Erbbaurechts. Die Gefahr geht also auch hier über mit der Übergabe der belasteten Sache, bei im Grundbuch eingetragenen Rechten mit der Eintragung des Erwerbers, falls sie der Übergabe vorausging und, falls der Gegenstand des Rechts an den Erwerber des Rechts versendet werden mußte, mit der Absendung.

V.

Die Verpflichtungen des Verkäufers.[1])

Der Verkäufer einer Sache muß dem Käufer dieselbe übergeben — und zwar frei von Fehlern — und Eigentum an ihr verschaffen. Der Verkäufer eines Rechtes muß dem Käufer das Recht verschaffen und, wenn das Recht zum Besitz einer Sache berechtigt wie z. B. das Nießbrauchsrecht, die Sache übergeben (§ 433

---

[1]) A. Wegen Mängel im Recht: Rabel, Die Haftung des Verkäufers wegen Mängel im Recht, Leipzig, Veit & Co. Erster Teil: Geschichtliche Studien über den Haftungserfolg. 1902.

B. Wegen Sachmängel. Crome, Über den Begriff der zugesicherten Eigenschaften der Kaufsache (§ 459 Abs. 2 BGB.) in D. R. Bd. 6 S. 333—335. Schneider, Zusicherung beim Kauf in D. R. Bd. 7, S. 522 u. 523. Beer, Arglistiges Verschweigen in D. J.-Z. Bd. 9, 88—93. Süßheim, Rechtsfolgen arglistigen Verschweigens bei Kauf, Schenkung und Miete in Seufferts Bl. f. R. Bd. 66, 205—214, 223—230, 237—243. Nissen, Rechtsstellung des Kaufpreisbürgen bei mit Gewährsmängeln behafteter Sache in J. W. Bd. 31, 460. Böhm, Beitrag zur Lehre von der Wandelung in D. R. Bd. 6, 808. Flechtheim, Zur Konstruktion des Wandelungsanspruchs in D. J.-Z. Bd. 7, 319ff. Haymann, Zur Frage nach der rechtlichen Natur und prozessualen Behandlung des Wandelungsanspruchs, Gruchot, Bd. 46, 509—549. Heuer, Klageantrag und Urteilstenor bei Wandelungsklagen, Hans. G.-Z. Bd. 22, 77—80. Scherer, ebenda Bd. 22, 126. Matthias, Die Wandelung nach dem BGB. in D. J.-Z. Bd. 7, 205—209. Thiele, Vollziehung v. Wandelung u. Minderung, Arch. f. c. Pr. Bd. 93, 387 bis 432. Örtmann, Zur Lehre von der Wandelung in D. R. Bd. 8, S. 4—6 u. 29—32. Werner, Streitfragen aus dem Gebiet des Wandelungsanspruchs in D. R. Bd. 6, S. 282—284, 338—340, 476 u. 477.

Simon, Die Verfügung des Käufers über den Kaufgegenstand und ihr Einfluß auf den Gewährleistungsanspruch in J. M. f. P. Bd. 5, 141—143. Conze über denselben Gegenstand, Diss., Berlin 1903. Nissen, Ein Beitrag zu § 478 (Wandelungseinrede) in J. W. Bd. 31, S. 565—569. Dernburg, Erhaltung der Einreden wegen Mängel mittels Anzeige des Käufers nach § 478 BGB. in D. R. Bd. 7, 187 u. 188.

Abs. 1). Handelt es sich um den Verkauf eines Erbbaurechts, so muß außer der Übergabe des Grundstücks auch die Auflassung des Rechts erfolgen (§ 1017). Die Verpflichtungen des Verkäufers einer Sache erstrecken sich im Zweifel auch auf das zur Zeit des Vertragsabschlusses vorhandene Zubehör (§ 314). Sowohl für Mängel im Recht, als für Sachmängel hat der Verkäufer einzustehen.

A. Haftung des Verkäufers für Mängel im Recht.

Mit der Verpflichtung des Verkäufers zur Gewährung von Eigentum stellt sich das BGB. auf deutschrechtlichen Boden und hat dadurch auch eine Umgestaltung der Eviktionsleistungspflicht, d. h. der Verpflichtung des Verkäufers, für Mängel im Recht einzustehen, herbeigeführt. Denn während nach röm. Recht die Entwehrung erst eingetreten sein mußte, bevor eine Interesseforderung wegen Mangels im Recht des Verkäufers vom Käufer erhoben werden konnte, so kann nach dem BGB. der Käufer Ansprüche wegen Vorhandenseins von Mängeln im Recht schon geltend machen, sobald er nur erfahren hat, daß der Verkäufer nicht Eigentümer oder Verfügungsberechtigter des Kaufgegenstandes ist.

Kannte dagegen der Käufer schon beim Vertragsabschluß den Mangel im Recht, so haftet der Verkäufer nicht (§ 439, Ausnahmen: 439 Abs. 2). Daraus folgt, daß der Käufer eines Grundstücks, falls der Verkäufer im Grundbuch als Eigentümer eingetragen ist, nur dann wegen fehlenden Eigentums des Verkäufers klagen kann, wenn er zwischen Kaufabschluß und Auflassung das Fehlen des Eigentums des Verkäufers erkannte. Denn tritt die Kenntnis erst nach der Auflassung ein, so hat der Käufer kraft seines guten Glaubens trotz des fehlenden Eigentums des Verkäufers Eigentum erlangt (§§ 891—892 BGB.).

Die Kenntnis des Käufers beim Vertragsabschluß wird fingiert bei allen öffentlichen Abgaben und anderen öffentlichen Lasten, welche zur Eintragung in das Grundbuch nicht geeignet sind (§ 436 u. Art. 10 des preuß. Ausführungsges. zur GrdBO.). Doch bezieht sich die Fiktion naturgemäß nicht auf Abgabenrückstände.

Nach § 434 haftet der Verkäufer für alle Mängel im Rechte, die von Dritten gegen den Käufer geltend gemacht werden können. Dahin gehören: fehlendes Eigentum des Verkäufers, Vorhandensein dinglicher Rechte Dritter, einerlei ob sie dem Dritten das Recht auf den Besitz gewähren oder nicht (z. B. Grunddienstbarkeiten, Reallasten), Vorhandensein persönlicher Rechte Dritter, wenn sie nur gegen den Käufer geltend gemacht werden können, z. B. die Rechte des Mieters (§ 571) und des Pächters (§ 581) bezüglich des ihnen bereits überlassenen Vertragsgrundstücks.

Die Haftung für Rechtsmängel umfaßt zunächst die beim Vertragsschluß schon bestehenden Mängel, ferner aber auch die durch das Verhalten des Verkäufers bis zum Eigentumsübertragungsakt hinzugetretenen Mängel. Denn aus dem Kaufvertrag ergibt sich die Verpflichtung des Verkäufers, weitere Mängel fernzuhalten.

Diese Haftungsgrundsätze sind dispositiver Natur. Deshalb kann der Verkäufer eine weitergehende Haftung übernehmen, indem er z. B. die Abwesenheit öffentlicher Lasten ausdrücklich zusichert und umgekehrt der Käufer vertragsmäßig die Haftpflicht des Verkäufers erleichtern oder sie ganz ausschließen (pactum de non praestanda evictione). Doch ist jede Beschränkung der Haftung des Verkäufers nichtig, wenn Verkäufer den Mangel arglistig verschwiegen hatte (§ 443). Selbstverständlich kann aber der Käufer nach erlangter Kenntnis von dem Mangel auch dem arglistigen Verkäufer die Haftpflicht erlassen.

Die dem Käufer wegen vorhandener Mängel im Recht zustehenden Rechte sind folgende:

a) Der Käufer kann das Kaufgeld bis zur Verschaffung freien Eigentums zurückbehalten (§ 440 Abs. 1 mit § 320 Abs. 1).

b) Der Käufer kann auf Verschaffung freien Eigentums klagen, sei es, daß ihm überhaupt noch kein Eigentum verschafft war, sei es, daß es nicht frei von Rechten Dritter ist. Den Mangel des Rechts hat er zu beweisen (§ 442). Die Klage ist die Kaufklage auf Vertragserfüllung.[1]) Aber der Käufer kommt mit dieser Klage nicht weit. Denn aus dem verurteilenden Erkenntnis findet oft keine Zwangsvollstreckung statt, weil die Leistung des Eigentums oder die Beseitigung des dem Dritten zustehenden Rechtes keine fungible und

---

[1]) Wenn Eccius in Rassows und Küntzels Beiträgen, Bd. 41 S. 885, meint, die Klage sei bei beweglichen Sachen auf Übergabe, bei Grundstücken auf Auflassung zu richten, so ist dies zu eng. Denn die Übergabe oder Auflassung können bereits erfolgt sein, ohne daß Eigentum übertragen wurde, weil der Empfänger der beweglichen Sache zur Zeit der Übergabe nicht in gutem Glauben war (§ 933) oder der Käufer des Grundstücks im Moment der Auflassung wußte, daß der Auflassende nur Bucheigentümer sei.

ausschließlich vom Willen des Schuldners abhängige Handlung ist.[1]) Immerhin kann der Käufer mit der Erfüllungsklage, falls Verkäufer im Verzug ist, gleichzeitig auch Schadensersatz wegen verspäteter Erfüllung fordern. Auch kann er nach § 283 vorgehen.

c) Der Käufer kann, anstatt auf Erfüllung, auf Schadensersatz wegen teilweiser Nichterfüllung klagen,[2]) wenn entweder die Beseitigung des Mangels im Recht dem Verkäufer schuldhaft unmöglich geworden ist (§ 325 Abs. 1 S. 1) oder der Verkäufer im Verzug und eine ihm gesetzte angemessene Präklusivfrist fruchtlos abgelaufen ist (§ 326 Abs. 1).[3]) War der Verkäufer bereits beim Vertragsschluß unvermögend, den Mangel zu

---

[1]) § 888 ZPO. u. Entsch. des OLG. Jena bei Busch, Zeitschrift für deutschen Civilprozeß Bd. 7, 114.

[2]) Vgl. S. 27 Anm. 1.

[3]) Kann Käufer mit der Klage auf Erfüllung die Klage auf Schadensersatz wegen Nichterfüllung auf Grund Verzugs des Verkäufers kumulieren? Eccius a. a. O. S. 886 bejaht dies ohne weiteres mit Rücksicht auf § 255 CPO. Aber aus dieser Bestimmung ergibt sich nur das Recht des auf Erfüllung klagenden Käufers, mit dem Antrag auf Verurteilung zur Erfüllung den Antrag auf Festsetzung einer Präklusivfrist für die Erfüllung zu verbinden, keineswegs aber das Recht, für den Fall des fruchtlosen Ablaufes dieser Frist zugleich auf Schadensersatz wegen Nichterfüllung zu klagen. Letztere Befugnis ist aber gleichwohl anzuerkennen, da es sich bei der Geltendmachung des Anspruchs auf Schadensersatz wegen Nichterfüllung um einen suspensiv bedingten Anspruch handelt (dagegen Langheineken: Anspruch und Einrede S. 85ff.), abhängig von dem Eintritt zweier Tatsachen: dem Setzen der Frist und ihrem fruchtlosen Ablauf, während auf der anderen Seite der Anspruch auf Erfüllung durch dieselben Tatsachen resolutiv bedingt ist. Daß nun resolutiv bedingte Ansprüche sofort eingeklagt werden können, ist zweifellos. Aber auch die Einklagung suspensiv bedingter Ansprüche ließ die bisherige Praxis schon zu (RG. VIII, 415, vgl. auch Förster in Buschs Zeitschrift Bd. VIII, S. 128ff. und Bayer: Vorträge über den deutschen gemeinen ordentlichen Civilprozeß, 9. Aufl., Bd. I, S. 540) und die Verurteilung hat zu erfolgen, wenn nur die Bedingung zur Zeit der Urteilsfällung bereits eingetreten ist. Ist dies freilich nicht der Fall, die gesetzte Präklusivfrist also noch nicht abgelaufen, so wird Kläger mit seiner Interessenforderung nicht durchdringen, der Beklagte aber zur Eigentumsverschaffung zu verurteilen sein. Ausnahmsweise kann auch dann die Verurteilung zur Leistung von Schadensersatz wegen Nichterfüllung erfolgen, wenn die gestellte Frist zur Zeit der Urteilsfällung noch nicht abgelaufen sein sollte. Dies setzt aber voraus, daß den Umständen nach die Annahme gerechtfertigt ist, der Schuldner werde sich der rechtzeitigen Leistung (des Schadensersatzes) entziehen (§ 259 CPO.), indem er z. B. fluchtverdächtig ist. Nur in diesen letzteren Fällen wird es also dem Käufer, welcher Erfüllungsanspruch und Anspruch auf Schadensersatz wegen Nichterfüllung kumuliert, möglich sein, von der Befugnis des § 255 CPO. Gebrauch zu machen. — Auch für den Fall kann der Anspruch auf Schadensersatz wegen

beseitigen, so haftet er ohne Weiteres auf Schadensersatz wegen teilweiser Nichterfüllung.

d) Der Käufer kann bei verschuldeter teilweiser Unmöglichkeit und Verzug des Verkäufers den Nachweis führen, daß die Erfüllung des Vertrags für ihn kein Interesse mehr hat und dann ohne Fristsetzung Schadensersatz wegen der ganzen Leistung verlangen — nötigenfalls unter Rückgewähr des seinerseits bereits Empfangenen — oder vom Vertrage zurücktreten (§§ 325 Abs. 1 S. 2 und 326 Abs. 2).

e) Der Käufer kann auch, beim Vertrage stehen bleibend, wegen der Mängel im Recht Minderung seiner Gegenleistung geltend machen (§§ 325 Abs. 3 S. 3 und 323 Abs. 1 u. 7), wenn die Beseitigung des Mangels im Recht unmöglich ist.

Die Rechte des Käufers einer beweglichen Sache weichen von den vorher angegebenen insofern ab, als er — im Anschluß an das röm. Recht — nach der zum Zwecke der Eigentumsübertragung erfolgten Übergabe der Sache eine Interesseforderung wegen nicht erfolgter Übertragung freien Eigentums so lange nicht erheben kann, als er die Kaufsache zurückbehält und also im Genuß derselben bleibt (§ 440 Abs. 2). Will der Käufer daher einen Schadensersatzanspruch wegen Nichterfüllung geltend machen, so muß er die Sache entweder dem Dritten mit Rücksicht auf dessen Recht an der Sache oder dem Verkäufer herausgegeben oder sie durch zufälligen Untergang verloren haben. Daß die Herausgabe an den Dritten erst auf Grund Verurteilung hierzu erfolgte, ist nicht nötig. Der Käufer muß aber beweisen, daß das Recht dem Dritten zustand. Von dieser Beweislast wird er frei, wenn er im Prozeß mit dem Dritten dem Verkäufer den Streit verkündete. Denn das Urteil wirkt dann auch gegen den Verkäufer (§§ 74 u. 68 CPO.). Der Herausgabe bedarf es nicht, wenn der Käufer das Recht des Dritten durch Beerbung oder anderweit erwirbt, wenn er den Dritten wegen seines Rechtes abfindet, oder wenn der Dritte den Käufer beerbt (§ 440 Abs. 3). Hat der Käufer die Sache nicht hinter sich, wohl aber einen Anspruch gegen einen anderen auf Rückgewähr derselben, so genügt die Abtretung dieses Anspruchs an den Verkäufer, z. B. Abtretung der Besitzklage, der actio depositi directa (§ 440 Abs. 4).

Nichterfüllung mit der Klage auf Erfüllung kumuliert werden, daß die Erfüllung durch Verschulden des Verkäufers unmöglich werden sollte. Denn auch der Anspruch auf die Ersatzleistung ist bedingt. Vgl. auch Hellwig, Anspruch S. 102, Anm. 4 und S. 385.

B. Haftung des Verkäufers für Sachmängel.

1. Begriff der Sachmängel. Die Verpflichtung des Verkäufers, für Mängel der Sache Gewähr zu leisten, berührt sich mit seiner Verpflichtung, für Mängel im Recht aufzukommen. Im preuß. Recht war diese Berührung eine zu intime geworden, weil man physische und juristische Mängel unter „Gewähr der Mängel" zusammenfaßte und zu den juristischen auch den Fall teilweiser Eviktion zählte.[1])

Das BGB. nimmt hier im Anschluß an das gemeine Recht eine reinliche Grenzscheidung vor. Denn nach ihm umfaßt die Gewährleistungspflicht wegen Mängel nur physische Fehler, die den Wert oder die Tauglichkeit der Kaufsache zu dem gewöhnlichen d. h. dem der Art der Sache entsprechenden oder nach dem Vertrag vorausgesetzten Gebrauch aufheben oder erheblich mindern und außerdem das Fehlen zugesicherter Eigenschaften der Sache ohne Rücksicht auf die Erheblichkeit ihres Fehlens (§ 459).

Daß der Fehler gerade den Gebrauchswert schmälerte, ist nicht nötig, es genügt auch Schmälerung des Verkaufswertes. Auch ist nicht erfordert, daß der Fehler schlechthin, nach Anschauung des Verkehrs, als solcher erscheint, sondern es genügt, wenn der Fehler die volle Tauglichkeit der Kaufsache zu dem nach Inhalt des Vertrags — nicht nach der lediglich einseitigen Erklärung des Käufers — beabsichtigten Gebrauch beeinträchtigt (z. B. das gekaufte Pferd soll nach dem Inhalt des Vertrags sowohl gefahren als geritten werden können. Es stellt sich heraus, daß dasselbe gar nicht zugeritten ist).

Als zugesicherte Eigenschaft wird auch das Versprechen einer bestimmten Größe des Kaufgrundstücks behandelt (§ 468), während bei beweglichen Sachen es Frage des einzelnen Falles ist, ob in dem Fehlen der Quantität ein Mangel liegt, der den Wert oder die Tauglichkeit zu dem gewöhnlichen oder nach dem Vertrag vorausgesetzten Gebrauch aufhebt oder mindert, oder ob die Quantität als zugesicherte Eigenschaft, ihr Fehlen also als Qualitätsmangel anzusehen ist.

Es ist ersichtlich, daß der nach dem Vertrag vorausgesetzte Gebrauch sich mit den zugesicherten Eigenschaften eng berührt. Denn die letzteren können gerade solche sein, welche den nach dem Vertrag vorausgesetzten Gebrauch erst ermöglichen. So kann z. B. der Käufer

---

[1]) §§ 164ff. I 11 mit § 328 I 5 ALR. und Plenarbeschluß des Obertribunals von 21. Juni 1847 Bd. 15 S. 3ff.

eines Deckhengstes sich als Eigenschaft desselben die Fortpflanzungsfähigkeit zusichern lassen. Fehlt diese, so liegt zugleich ein Mangel vor, der die Tauglichkeit des Hengstes zu dem nach dem Vertrage vorausgesetzten Gebrauch aufhebt. Es kann danach im einzelnen Falle schwierig sein, zu entscheiden, ob ein Mangel der letzteren Art vorliegt oder ob eine zugesicherte Eigenschaft fehlt. Und doch ist die Abgrenzung wichtig, weil die Haftung des Verkäufers für das Fehlen einer zugesicherten Eigenschaft schärfer ist, da er gegebenen Falles für das volle Interesse haftet (§ 464).

Der Unterschied dürfte folgender sein: der nach dem Vertrag vorausgesetzte Gebrauch ist ein solcher, den beide Kontrahenten als möglich ansehen. Die zugesicherte Eigenschaft aber ist eine solche, welche der Verkäufer geradezu (ausdrücklich oder stillschweigend) garantiert hat. Auch braucht sich die zugesicherte Eigenschaft gar nicht auf die Tauglichkeit zu dem nach dem Vertrag vorausgesetzten Gebrauch zu beziehen z. B. wenn eine bestimmte Farbe des Hengstes — ganz schwarz — ausgemacht war und sich dann herausstellt, daß der eine Vorderfuß gefärbt ist.

Gewöhnlich wird die Zusicherung beim Abschluß des Kaufvertrags erfolgen und demgemäß auch in den Formen, in denen der Kaufvertrag abgeschlossen wurde. Eine Zusicherung, welche einem gesetzlich in bestimmter Form (z. B. § 313) abzuschließenden und abgeschlossenen Kaufvertrag hinterher zugefügt wurde, ist nur gültig, wenn die für den Hauptvertrag vorgeschriebene Form gewahrt wird. Denn wenn das Gesetz allgemein für einen Kaufvertrag über einen gewissen Gegenstand eine besondere Form verlangt, die vertragsmäßige Zusicherung der Eigenschaft aber ebenfalls diesen Gegenstand betrifft, so kann mangels einer besonderen Gesetzesbestimmung keine Ausnahme gemacht werden.[1])

2. Haftungsgrundsätze. Der Verkäufer haftet nun regelmäßig für die zur Zeit des Gefahrübergangs vorhandenen offenen und heimlichen Mängel (physische Fehler und fehlende zugesicherte Eigenschaften), also auch dann, wenn etwaige tauglichkeits- oder gebrauchsmindernde Fehler erst zwischen Kaufabschluß und Gefahrübergang entstanden sind.

Jedoch ist er von jeder Mängelhaftung nach § 460 S. 1 frei, wenn der Käufer den Mangel beim Abschluß des Kaufvertrags kannte. Die Haftung

---

[1]) A. M. ist Dernburg BR. II § 184 Nr. III.

des Verkäufers aus einem Versprechen, die fehlende Eigenschaft herzustellen oder den vorhandenen Fehler zu beseitigen, wird aber dadurch nicht ausgeschlossen, denn es handelt sich hier nicht um Gewährleistungspflicht.

Für Fehler — für zugesicherte Eigenschaften gilt dies nicht — haftet der Verkäufer auch dann nicht, wenn sie dem Käufer infolge seiner groben Fahrlässigkeit beim Kaufabschluß unbekannt geblieben waren, Verkäufer müßte denn entweder die Abwesenheit des Fehlers zugesichert oder seine Anwesenheit arglistig, d. h. in betrügerischer Absicht oder in dem Bewußtsein verschwiegen haben, daß die Kenntnis des Fehlers auf den Entschluß des Käufers zu kaufen oder zu anderen als den vereinbarten Bedingungen zu kaufen, von bestimmendem Einfluß sein werde[1]) (§§ 459 u. 460).

Keinerlei Gewährleistung findet statt, wenn eine verpfändete Sache öffentlich als Pfand versteigert (§ 461), eine gepfändete Sache im Wege der Zwangsvollstreckung verkauft (§ 806 CPO.), eine unbewegliche Sache im Wege der Zwangsversteigerung veräußert wird (§ 56 der Subh.O. v. 24. März 1897), endlich wenn vertragsmäßig die Gewährleistungspflicht ausgeschlossen ist; doch ist solcher Vertrag nichtig, wenn Verkäufer den Mangel arglistig verschwiegen hatte (§ 476).

Immerhin kann in den vorher erwähnten Fällen des Pfand- und Zwangsverkaufs Schadensersatzpflicht auf Grund von § 826 entstehen. Auch haftet der Versteigerer, welcher sich vertragsmäßig zur Beseitigung eines vorhandenen Fehlers oder zur Herstellung einer fehlenden Eigenschaft verpflichtete, wie jeder Verkäufer, welcher eine solche Verpflichtung einging, aus seinem Versprechen auf Erfüllung und eventuellen Schadensersatz wegen Nichterfüllung. Jedoch ist dies keine Gewährleistung.

3. Die Gewährschaftsansprüche. Die dem Käufer wegen Mängel der Kaufsache zustehenden Ansprüche gehen auf Wandelung[2]) oder Preisminderung — beim Viehkauf jedoch nur auf Wandelung — und beim Kauf generisch bestimmter Sachen auch, anstatt der Wande-

---

[1]) RG. in J. W. Bd. 33 S. 118 Nr. 9.

[2]) Beim Fehlen zugesicherter Größe eines Grundstücks ist aber die Wandelungsklage nur dann gegeben, wenn Käufer den Nachweis führt, daß die Erfüllung des Vertrags wegen Erheblichkeit des Fehlenden für ihn kein Interesse hat (§ 468), weil z. B. der beabsichtigte Bau auf dem Teilgrundstück nicht aufgeführt werden kann.

lung oder Minderung auf Lieferung fehlerfreier, an Stelle der mangelhaften (§§ 480 u. 481).

Zu diesen Ansprüchen tritt, bei arglistig verschwiegenen Fehlern und beim Fehlen einer zugesicherten Eigenschaft, falls die Eigenschaft schon zur Zeit des Vertragsschlusses oder beim Gattungskauf zur Zeit des Gefahrüberganges fehlte, der Anspruch auf Schadensersatz wegen Nichterfüllung (§§ 463 u. 480 Abs. 2), woraus sich ergibt, daß in diesen Fällen prinzipaliter auf Beseitigung des Fehlers oder Beschaffung der versprochenen Eigenschaft zu klagen ist (§ 249).[1])

Sämtliche Ansprüche sind infolge fingierten Verzichts verloren, wenn Käufer die Kaufsache in Kenntnis des Mangels als Erfüllung annahm, ohne sich seine Rechte wegen des Mangels ausdrücklich bei der Empfangnahme vorzubehalten (§ 464).

a) Das Verhältnis dieser Ansprüche zu einander ist folgendes:

Sie können nicht alternativ kumuliert werden, da nach § 253 Nr. 2 die Klageschrift einen bestimmten Antrag verlangt. Auch handelt es sich keinesfalls bei den äditivischen Klagen um einen,

[1]) Natürlich stehen dem Käufer auch die in den §§ 325 und 326 erwähnten Rechte zu. Denn teilweise Unmöglichkeit liegt auch vor, wenn nur mangelhafte Leistung möglich ist. Über die Bedeutung des in den §§ 325 und 326 erwähnten Rechtes auf Schadensersatz wegen Nichterfüllung — Recht des Berechtigten die Differenz zwischen seinem Interesse an der Leistung des Gegners und dem Wert zu verlangen, den das Behalten der eigenen Leistung für ihn hat (sog. Differenzanspruch); oder Recht auf das Erfüllungsinteresse gegen die versprochene Gegenleistung — zu vergleichen: Kisch in Jherings Jahrbüchern 44 68ff., Schöller bei Gruchot 44, 603ff., 45, 511ff., RG. 50, 263ff., Kipp in den Verhandlungen des 27. Deutschen Juristentages S. 249—296. Der Differenzanspruch hat viel für sich, doch ist er mit § 325 Abs. 1, S. 2 kaum zu vereinen.

Neuerdings ist auch streitig geworden, ob nicht schon bei schuldhafter, mangelhafter Erfüllung, z. B. Lieferung mottiger Pelzwaren, sauren Bieres dem Käufer die Vertragsklage auf Schadensersatz wegen Nichterfüllung und das Rücktrittsrecht vom Vertrag zu gewähren sei. Dagegen m. E. mit Recht: Dernburg in J. W. 8, 1ff. und Kipp ebenda 255ff. Dafür aber Staub (Festschrift für den 26. Deutschen Juristentag S. 29ff.) und RG. 52, 19; 53, 201; 54, 286ff. Wozu wären aber die Vorschriften der §§ 463 S. 2 und 480 Abs. 2, welche dem Käufer nur bei arglistig verschwiegenen Fehlern oder bei fehlenden zugesicherten Eigenschaften Schadensersatz wegen Nichterfüllung gewähren, erlassen, wenn das Recht auf Schadensersatz wegen Nichterfüllung schon bei Fahrlässigkeit bestände?

Übrigens kann in der Schadenszufügung durch Lieferung fehlerhafter Kaufsachen eine unerlaubte Handlung nach § 823 Abs. 1 liegen.

alternativ auf Wandelung oder Minderung gerichteten Anspruch. Dem Käufer steht die Wahl frei, ob er wandeln oder mindern oder endlich, beim Fehlen versprochener Eigenschaften oder beim Vorhandensein arglistig verschwiegener Mängel, ob er auf Schadensersatz wegen Nichterfüllung klagen will. Dabei hat der Käufer das Recht des Entschlußwechsels (ius variandi). Er kann also auch die eine Klage anstellen und nach ihrer Zurücknahme den anderen Anspruch erheben; doch setzt die Zurücknahme der Klage Einwilligung des Beklagten voraus, wenn dieser sich auf den geltend gemachten Anspruch bereits eingelassen hatte (§ 271 CPO.). Unter dieser Voraussetzung steht dem Käufer das Recht des Entschlußwechsels zu bis zur Vollziehung der Wandelung oder Minderung oder bis zur rechtskräftigen Verurteilung zu einem von beiden (§ 465 BGB. u. § 894 CPO.). Von dem Entschluß, Schadensersatz wegen Nichterfüllung zu verlangen, kann Käufer noch solange zurücktreten, als rechtskräftige Verurteilung nicht erfolgte. Ist dieselbe erfolgt, so kann von einem ius variandi nicht mehr die Rede sein. Denn der Verkäufer, welcher den richterlichen Befehl erhalten hat zu zahlen, kann nicht gleichzeitig verpflichtet sein zu wandeln oder zu mindern.[1])

In dem Übergang von Wandelungs- zur Minderungsklage rc. eine bloße Klagänderung zu erblicken ist nicht angängig.

Durch die Minderung hinsichtlich eines Mangels wird das Recht des Käufers, wegen eines anderen Mangels Minderung oder Wandelung zu verlangen, nicht ausgeschlossen (§ 475).

Bei dieser Sachlage würde es der Käufer in der Hand haben, die Wahl zwischen Wandelung und Minderung bis zum Ablauf der Verjährungsfrist hinzuziehen, indem er zwar dem Verkäufer das Vorhandensein eines Mangels anzeigte, aber keinerlei Erklärung darüber hinzufügte, ob er wandeln oder mindern wolle. Er könnte inzwischen zum Nachteil des Verkäufers auf Steigen oder Fallen des Markt-

---

[1]) Daß Verkäufer und Käufer hinterher einen Wandelungs vertrag abschließen, ist dadurch nicht ausgeschlossen. Geschieht dies, so kann der Verkäufer sich gegen die Zwangsvollstreckung aus dem auf Schadensersatz lautenden Urteil mit dem Einwand der geschehenen Wandelung aus § 767 CPO. wehren. Ebenso läge es, wenn hinterher die Minderung vollzogen würde. Materiell läge darin ein teilweiser Verzicht auf den Schadensersatz, welcher ja die Preisminderung mit umfaßt. Außer der Wandelung auch noch Ersatz des durch fehlerhafte Lieferung schuldhaft hervorgerufenen Schadens zu verlangen, steht dem Käufer nicht zu. Vgl. 27 Anm. 1.

preises der gelieferten Sache spekulieren und später beim Steigen Preisminderung, beim Fallen Wandelung wählen. Um diesen für den Verkäufer unangenehmen Schwebezustand abzukürzen, gibt § 466 dem Verkäufer das Recht, vom Käufer, der einen Mangel ihm gegenüber behauptete, unter Bestimmung einer angemessenen Frist die Entscheidung, ob er wandeln wolle, zu verlangen. Stillschweigen während der Frist gilt als Verzicht auf die Wandelung. Immerhin kann der Käufer dieser Vorschrift dadurch entgehen, daß er es zunächst unterläßt, dem Verkäufer gegenüber einen Mangel zu behaupten.

b) Die Vollziehung der Wandelung oder Minderung ist nichts anderes als das beiderseitige Einverständnis von Käufer und Verkäufer darüber, daß gewandelt oder gemindert werden solle.[1]) Mit dem Zustandekommen dieses Vertrages, wobei das Einverständnis auch stillschweigend erklärt werden kann und bei welchem die Grundsätze über die bindende Kraft des Vertragsangebots nicht zur Anwendung kommen, ist:

aa) bei der Minderung die durch das Einverständnis bisher gesetzlich bedingte Verpflichtung des Verkäufers unbedingt geworden, sich die Herabsetzung des Kaufpreises in dem Verhältnis, in welchem zur Zeit des Verkaufs der Wert der Sache in mangelfreiem Zustand zu dem wirklichen Wert gestanden haben würde, gefallen zu lassen (§ 472 Abs. 1),[2])

bb) bei der Wandelung aber der Kaufvertrag aufgehoben, und, falls mit der Erfüllung schon begonnen war, die bisher bedingte Verpflichtung von Käufer und Verkäufer unbedingt geworden, einander

---

[1]) Eine weit verbreitete andere Meinung negiert den Wandelungsvertrag als unpraktisch und erblickt in der Wendung des § 465, daß die Wandelung oder Minderung vollzogen ist, wenn die Parteien sich darüber geeinigt haben, lediglich die Festsetzung des Zeitpunktes, in welchem dem Käufer das ius variandi zwischen Wandelung, Minderung und Schadensersatz wegen Nichterfüllung abgeschnitten ist. Nach ihr kann auch ohne vorausgegangene Einigung auf Rückgängigmachung des Vertrags oder auf Herabsetzung des Kaufpreises geklagt werden. Auch könnte bei dieser Auffassung der Käufer, welcher einseitig die Wandelung oder Preisminderung erklärt hatte, sofort mit einer Forderung auf Rückzahlung des ganzen Preises oder eines Teiles desselben gegen eine Gegenforderung des Verkäufers aufrechnen. So praktisch diese Regelung de lege ferenda sein würde, de lege lata ist sie nicht vorhanden.

[2]) Über Minderungsberechnung, falls neben dem in Geld festgesetzten Kaufpreis Leistungen des Käufers, die nicht vertretbare Sachen zum Gegenstande haben, ausbedungen sind (§ 473).

gemäß der Grundsätze über den vertragsmäßigen Rücktritt vom Vertrag die beiderseits empfangenen Leistungen Zug um Zug zurückzugewähren (§ 467).

Demgemäß hat der Verkäufer den Kaufpreis nebst 4% Zinsen seit dem Zahlungstag zurückzuzahlen (§ 467 u. § 367 S. 3); der Käufer aber dem Verkäufer Besitz und Eigentum an der verkauften Sache wieder zu verschaffen. Kann er dies nicht, weil die Sache vor oder nach der Wandelung durch einen von ihm nicht zu vertretenden Umstand zugrunde ging, so ist er von seiner Verpflichtung frei. Ist die Sache zufällig verschlechtert, so hat er lediglich die verschlechterte Sache zurückzugewähren (§§ 467 u. 350).

Ist dagegen durch einen von ihm zu vertretenden Umstand vor der Wandelung Untergang, erhebliche Verschlechterung der Sache oder anderweite objektive oder subjektive Unmöglichkeit ihrer Rückgabe (Verlust durch Diebstahl, Raub, Verlieren) herbeigeführt, so ist die Wandelung wirkungslos (§§ 467 u. 351).[1] Ist nach der Wandelung Untergang oder Verschlechterung der Sache durch sein Verschulden bewirkt, so besteht die Wandelung, der Käufer haftet aber auf Schadensersatz (§ 467 u. § 347). Wie Untergang, wesentliche Verschlechterung 2c. wird behandelt die Umgestaltung der Sache zu einer Sache anderer Art durch Verarbeitung oder Umbildung (§§ 467 u. 352). Es kommt also auch hier darauf an, ob vor der Wandelung die Verarbeitung oder Umbildung erfolgte. Stellte sich jedoch der Fehler erst bei der Umgestaltung heraus, so kann gleichwohl noch gewandelt werden (§ 467 S. 1 Hlbs. 2). Verkäufer muß dann mit der umgestalteten Sache vorliebnehmen.

Ersatz des durch den Vertragsschluß oder den Fehler verursachten Schadens herbeizuführen, ist nicht Zweck der Wandelung.[2] Deswegen können z. B. die Reisekosten des Käufers nicht ersetzt verlangt werden. Immerhin hat der Verkäufer dem Käufer die Vertragskosten zu ersetzen (§ 467 S. 2) — Vertragsstempel, Kosten der notariellen oder gerichtlichen Beurkundung — schwerlich aber Kosten der Auflassung und Rückauflassung. Denn der römischrechtliche Satz, daß zu ersetzen sei,

---

[1]) Die Beweislast dafür, daß diejenigen Tatsachen, welche die Unmöglichkeit der Rückgabe begründen, ohne sein Verschulden eingetreten sind, hat der Käufer zu beweisen, wenn er sich auf ordnungsmäßige Wandelung beruft (RG. in Seuffert Archiv 59, Nr. 101).

[2]) Bei Viehmängeln kommt § 488 in Betracht.

„quod emtionis causa erogatum est" (l. 27 D. 21. 1) ist nicht anerkannt, wie sich p. a. e. c. aus § 488 ergibt.

Wird Einverständnis über Minderung oder Wandelung nicht erzielt, so kann der Käufer auf Ergänzung des Einverständnisses des Verkäufers durch richterliches Urteil klagen (§ 894 CPO.). Ob er mit dieser Klage den Anspruch auf Herabsetzung des Kaufgeldes oder bei der Wandelung den Anspruch auf Rückzahlung des Kaufpreises gegen Rückempfang der Kaufsache kumulieren könne, ist streitig, m. E. aber zu bejahen, da es sich um Geltendmachung gesetzlich bedingter Ansprüche handeln würde. Denn wenn dem Käufer das Recht auf Vollziehung von Minderung oder Wandelung zusteht, so hat er für den Fall der Vollziehung auch schon den Anspruch auf Herabsetzung des Kaufpreises bezw. auf Rückzahlung desselben gegen Rückgabe der Kaufsache. Die Ansprüche auf Vollziehung von Wandelung bezw. Preisminderung einer- und auf Rückgewähr bez. Herabsetzung des Kaufpreises andererseits fließen aus dem Kaufvertrag und stehen im Präjudizialitätsverhältnis. Freilich wird der Anspruch auf Rückgewähr bezw. Herabsetzung erst fällig mit der Rechtskraft des den Verkäufer zur Erklärung seines Einverständnisses mit der Vollziehung der Wandelung oder Minderung verurteilenden Erkenntnisses und es handelt sich also bei seiner Geltendmachung um Verurteilung zu künftiger Leistung. Da aber mit demselben Augenblick, in welchem das auf Wandelung oder Minderung lautende Urteil rechtskräftig geworden ist, auch die Verpflichtung zur Rückzahlung oder Herabsetzung des Kaufpreises fällig wird, so bedarf es der Heranziehung des § 259 CPO. nicht, ganz abgesehen davon, daß bei Weigerung des Beklagten, in die Wandelung 2c. zu willigen, noch nicht die Besorgnis gerechtfertigt ist, er werde sich der zukünftigen Leistung entziehen. Denn m. E. gilt der Satz, daß beim Vorhandensein eines unbedingten und eines aufschiebend bedingten Anspruchs dann beide Ansprüche in derselben Klage verfolgt werden können, wenn die rechtskräftige Verurteilung auf den unbedingten Anspruch die einzige Voraussetzung für die Fälligkeit des bedingten Anspruchs ist. Deswegen hat man im römischen Recht niemals bezweifelt, daß bei der restitutio in integrum mit dem iudicium rescindeus das iudicium rescissorium oder mit der querela inofficiosi testamenti die hereditatis petitio ab intestato verbunden werden kann.[1][2]

---

[1] l. 13 § 1 D. 4. 4 und Windscheid-Kipp III § 584 Anm. 13. Über einen weiteren Fall vgl. Kipp, Verurteilung S. 62 Anm. 1.

[2] Die Literatur zu der Streitfrage gibt am vollständigsten: Langheineken,

Auch die vorläufige Vollstreckbarkeitserklärung des zu Vollziehung von Wandelung oder Minderung verurteilenden Erkenntnisses ist keineswegs ausgeschlossen.[1]) Doch kann natürlich die Rückgewähr nicht vorläufig, d. h. vor Rechtskraft des zu Vollziehung von Wandelung oder Minderung verurteilenden Erkenntnisses erzwungen werden, weil es sich dabei um Verurteilung zu künftiger, d. h. erst am Tage der Rechtskraft fällig werdender Leistung dreht. Denn der sachliche Inhalt des Urteils geht auf Rückgewähr nach Eintritt der Rechtskraft.

c) Besonders gestalten sich Wandelung und Minderung, wenn mehrere Sachen zusammen verkauft oder mehrere Verkäufer oder Käufer bei einem Kaufvertrag beteiligt sind.

Sind von mehreren zusammen verkauften Sachen einzelne mangelhaft, so kann nur wegen der mangelhaften die Wandelung verlangt werden (§ 469 S. 1). Es muß daher, wenn sämtliche Sachen für einen Gesamtpreis verkauft waren, berechnet werden, wie viel von dem Gesamtpreis auf die fehlerhaften Sachen entfällt. Dies soll dadurch geschehen, daß der Gesamtpreis in dem Verhältnis herabgesetzt wird, in welchem zur Zeit des Verkaufs der Gesamtwert der Sachen in mangelfreiem Zustand zu dem Wert der von der Wandelung nicht betroffenen Sachen gestanden haben würde (§ 471). Der Gesamtpreis verhält sich also zu x, wie der Gesamtwert sämtlicher Sachen zu dem Wert der von der Wandelung nicht betroffenen Sachen. Beträgt also der Gesamtpreis zweier Pferde 5000 M., der Gesamtwert in fehlerfreiem Zustand 4000 und der Wert des fehlerlosen Pferdes 2400 M., so entfällt auf das fehlerhafte Pferd ein Kaufpreis von 2000 M. War also der Kaufvertrag schon erfüllt, so ist nunmehr vom Käufer das fehlerhafte Pferd, vom Verkäufer die Summe von 2000 M. zurückzugewähren.

Diese Berechnung findet auch dann Anwendung, wenn Haupt- und Nebensache zusammen verkauft sind und nur die Nebensache mangelhaft ist. Hier kann nur wegen der Nebensache gewandelt werden, während umgekehrt die Wandlung wegen der Hauptsache sich ohne weiteres auf die Nebensache miterstreckt (§ 470).

Sind endlich mehrere Sachen als zusammengehörig verkauft[2]) —

Anspruch und Einrede, Leipzig 1903 S. 215. Dazu kommen noch die Aufsätze von Örtmann in D. R. Bd. 8 S. 4ff. u. S. 29ff., sowie von Biermann im Arch. f. c. Pr. Bd. 95 S. 315ff.

[1]) Kipp, Verurteilung, 1892 S. 115ff.

[2]) Z. B. ein Zweigespann, eine Garnitur Möbel.

einerlei ob für einen Gesamtpreis oder für Einzelpreise jeder einzelnen Sache — so kann der Käufer wegen eines Fehlers der einen Sache Wandelung hinsichtlich aller begehren, wenn die mangelhafte Sache nicht ohne Nachteil für ihn von den übrigen getrennt werden kann. Begehrt er aber nur Wandelung hinsichtlich der fehlerhaften Sache, so kann ihm der Verkäufer einwenden, daß auch er durch die Trennung der fehlerhaften Sache von der fehlerlosen Nachteil erleiden würde und die Erstreckung der Wandelung auf das Ganze verlangen. Der Käufer steht dann vor der Wahl, entweder hinsichtlich aller zusammengehöriger Sachen zu wandeln, oder bei dem Vertrage stehen zu bleiben, unbeschadet natürlich seines Anspruchs auf Preisminderung oder Schadensersatz wegen Nichterfüllung (§ 469 S. 2).

Das Recht auf Preisminderung gestaltet sich bei Verkauf mehrerer Sachen in folgender Weise: Bei der Minderung wegen Fehlerhaftigkeit einzelner von mehreren als zusammengehörig oder nicht zusammengehörig für einen Gesamtpreis verkauften Sachen ist der Gesamtwert aller Sachen zugrunde zu legen, also: der Gesamtwert der sämtlichen Sachen im Falle ihrer Fehlerlosigkeit verhält sich zu dem unter Berücksichtigung der gerügten Fehler sich herausstellenden Gesamtwert wie der Kaufpreis zu X (§ 472 Abs. 2).

Wie es zu halten sei, wenn kein Gesamtpreis festgesetzt wurde, ist beim Fehlen einer Bestimmung im BGB. streitig. Doch wird dieselbe Berechnungsart anzuwenden sein, wenn mehrere zusammengehörige Sachen unter Festsetzung von Einzelpreisen verkauft sind. Denn diese Berechnungsart führt bei Fehlerhaftigkeit einer der zusammengehörigen Sachen dazu, daß auch die Wertminderung der anderen Sache, welche durch den Fehler der ersten indirekt hervorgerufen ist, mit berücksichtigt wird.

Sind freilich die mehreren, zu Einzelpreisen verkauften Sachen nicht zusammengehörig, so wird die Preisminderung nach § 472 Abs. 1 zu berechnen sein, so daß also der Kaufpreis der fehlerhaften Sache sich zu X verhält, wie ihr Wert in fehlerlosem Zustand zu ihrem Wert in fehlerhaftem Zustand.

Sind endlich bei einem Kauf mehrere als Käufer oder Verkäufer beteiligt, so kann das Recht zur Wandelung nur von allen und gegen alle ausgeübt werden. Hat also z. B. einer von mehreren Käufern mit dem Verkäufer die Minderung vollzogen, so ist das Recht der übrigen auf Wandelung erloschen (§§ 467 S. 1 mit 356 und § 474 Abs. 2). Denn das Recht auf Minderung steht jedem der mehreren Käufer und gegen jeden der mehreren Verkäufer selbständig zu (§ 474 Abs. 1).

d) Durch die freiwillige oder zwangsweise Veräußerung oder Belastung der fehlerhaften Kaufsache seitens des Käufers wird sein Recht auf Preisminderung niemals ausgeschlossen.

Grundsätzlich ist auch die Wandelung trotz solcher Veräußerung oder Belastung noch zulässig (§§ 467 und 353). Denn der Käufer kann möglicherweise die Sache noch zurückerwerben.

Steht allerdings zur Zeit, wo gewandelt werden soll, das Unvermögen des Käufers zur Rückgewähr infolge der Veräußerung fest, so ist die Wandelung ausgeschlossen:

aa) wenn aus der stattgehabten Veräußerung dem Käufer ein Vorwurf gemacht werden kann,[1]) indem er z. B. durch seine schlechte Wirtschaft die Zwangsveräußerung verschuldete,[2]) oder in Kenntnis des Fehlers die Veräußerung vornahm, ohne für den Rückerwerb im Fall der Wandelung vorzusorgen, z. B. durch Eintragung einer Vormerkung auf Rückauflassung;

bb) falls aus der stattgehabten Veräußerung ihm kein Vorwurf gemacht werden kann, wenn der Dritterwerber oder einer seiner Leute (§ 278) eine wesentliche Verschlechterung, den Untergang oder die anderweite Unmöglichkeit der Herausgabe der Kaufsache verschuldet oder die Kaufsache durch Verarbeitung oder Umbildung umgestaltet hat — es müßte sich denn der Fehler erst bei der Umgestaltung gezeigt haben (§§ 467 u. 353 Abs. 1).

Ein Verschulden des Dritten liegt aber vor, wenn er Handlungen vornimmt, die dem Käufer als Verschulden zugerechnet werden müßten, wenn er sie selbst vorgenommen hätte, vor allen Dingen also, wenn sie unwirtschaftliche Handlungen waren. Deshalb ist der Untergang, obwohl absichtlich herbeigeführt, kein verschuldeter, wenn z. B. der Erwerber von Rindvieh merkt, daß es von der Rinderpest ergriffen ist und es töten läßt.

Liegt andererseits zu der Zeit, wo die Wandelung erfolgen soll, die Unmöglichkeit der Rückgewähr noch nicht vor, indem z. B. der Dritterwerber sich verpflichtet hatte, im Fall der Wandelung die Sache zurückzugeben, so ist trotz der Veräußerung die Wandelung zulässig.

---

[1]) Dies trifft nicht zu, wenn der Käufer als guter Hausvater gerade zum Verkauf genötigt war, z. B. er verkauft ein fehlerhaftes Pferd, anstatt sein sicheres Krepieren abzuwarten, an den Roßschlächter.

[2]) RG. Bd. 54, 223ff. u. in J. W. Bd. 33 S. 140 Nr. 6.

Ist dieselbe vollzogen und kommt der Käufer nunmehr mit der Rückgewähr der Kaufsache in Verzug, weil z. B. der Dritterwerber, anstatt seiner Rückgabepflicht nachzukommen, die Sache weiter veräußert hat, so kann der Verkäufer dem Käufer eine angemessene Frist mit der Erklärung bestimmen, daß er die Annahme nach dem Ablauf der Frist ablehne. Ist dann die Rückgewähr bis zum Ablauf der Frist nicht erfolgt, so wird die Wandelung nach rückwärts hin unwirksam (§ 354). Ein Recht, wegen desselben Fehlers abermals zu wandeln, hat dann der Käufer nicht.

Möglicherweise hat der Käufer erst nach vollzogener Wandelung die Weiterveräußerung vorgenommen. In diesem Fall liegt in der einfachen Tatsache der Weiterveräußerung ein Verstoß gegen das aus der Wandelung hervorgegangene Schuldverhältnis auf Rückgewähr. Diesen Verstoß hat der Käufer nach § 276 zu vertreten und ist demgemäß nach § 280 schadensersatzpflichtig. Auch hier kommt natürlich § 354 zur Anwendung.

Auch hat der auf Rückzahlung des Kaufpreises verklagte Verkäufer das Recht, den Kaufpreis so lange zurückzubehalten, als bis ihm die verkaufte Sache restituiert wird. Hat er wegen der unmöglich gewordenen Rückgewähr eine Schadensersatzforderung, so rechnet er mit derselben gegen die Forderung des Käufers auf Rückzahlung des Kaufpreises auf (§§ 467 u. 348).

Schließlich kann in der mit Kenntnis des Fehlers erfolgten Veräußerung der Kaufsache seitens des Käufers ein Verzicht desselben auf die Wandelung liegen. Doch hängt dies ganz von der Lage des Falles ab.[1])

e) Über die Verjährung der dem Käufer wegen Mängel der Kaufsache zustehenden Ansprüche gilt folgendes:

In der Normierung der Verjährungsfristen für die Wandelungs- und Minderungsklage folgt das Gesetz dem preuß. Recht, indem für beide Klagen die gleiche Frist festgesetzt wird, welche aber nach der Verschiedenheit der Kaufsache verschieden bemessen ist — 6 Wochen bei Vieh, 6 Monate bei anderen beweglichen Sachen von der Ablieferung, 1 Jahr bei Grundstücken von der Übergabe an.[2])

Indem das Gesetz bei Grundstücken die Übergabe, nicht aber Auflassung und Eintragung, bei beweglichen Sachen die Ablieferung,

[1]) RG. 54, 80ff.

[2]) Die Unterscheidung des preuß. Rechts zwischen Landgütern und städtischen Grundstücken ist aufgegeben (§ 748 I 5 des ALR.).

welche sich durch körperliche Übergabe, durch Übergabe kurzerhand (§ 929 S. 2), nicht aber durch constitutum possessorium oder Abtretung des Anspruchs auf Herausgabe der Sache vollziehen kann, für den Beginn der Verjährung maßgebend sein läßt, trägt es dem Gesichtspunkt Rechnung, daß der Käufer erst durch diese Akte in den Stand gesetzt wird, die Sache auf das Vorhandensein von Fehlern zu prüfen.

Der gleichen kurzen Verjährung, wie der Anspruch auf Wandelung und Minderung, ist der Anspruch auf Schadensersatz wegen Fehlens einer zugesicherten Eigenschaft unterworfen und die Hemmung oder Unterbrechung eines dieser Ansprüche wirkt auch auf die übrigen. Als Hemmungs- und Unterbrechungsgrund kommt, außer den in §§ 202ff. enthaltenen, auch der Antrag des Käufers auf gerichtliche Beweisaufnahme zur Sicherung des Beweises in Betracht (§ 477 Abs. 2 BGB. u. § 488 CPO.).

In Abweichung von den Regeln der gewöhnlichen Verjährung (§ 225) kann bei allen drei Ansprüchen die Frist durch Vertrag verlängert werden (§ 477 Abs. 1 S. 2), jedoch nicht über die Zeitdauer der 30jährigen Verjährung hinaus. Doch wirkt die vertragsmäßige Verlängerung der Verjährungsfrist des einen Anspruchs nicht auf die Verlängerung der Verjährungsfrist für die anderen Ansprüche, da hier lediglich der Vertragswille der Kontrahenten beim Fehlen einer Gesetzesbestimmung ausschlaggebend sein kann. Die Verjährungsfrist beträgt bei allen drei Ansprüchen ohnehin 30 Jahre, wenn der Verkäufer den Fehler oder das Nichtvorhandensein einer zugesicherten Eigenschaft arglistig verschwiegen hatte (§ 477 Abs. 1). Den Grund für die gleichmäßige Behandlung aller drei Ansprüche bildet die Identität ihres Zweckes, die Ausgleichung des dem Käufer durch die Mängel entstehenden Nachteils zu bewerkstelligen.

Die Ansprüche auf Rückgewähr oder Kaufpreiskürzung nach vollzogener Wandelung oder Minderung verjähren in 30 Jahren.

f) Mit der Verjährung eines Anspruchs ist regelmäßig auch seine Geltendmachung im Wege der Einrede ausgeschlossen. Der Käufer jedoch kann die Einrede der Wandelung oder Minderung dann der Klage auf Zahlung des Kaufpreises trotz Verjährung des Wandelungs- oder Minderungsanspruchs entgegensetzen, wenn er vor abgelaufener Verjährung dem Verkäufer Mängelanzeige erstattete oder Antrag auf Sicherung des Beweises stellte, oder dem Verkäufer in einem wegen des Mangels zwischen dem Käufer und einem Dritten anhängigen Prozeß den Streit verkündete.[1])

Nur unter der gleichen Voraussetzung hat er auch das Recht, den verjährten Schadensanspruch noch zur Aufrechnung zu verwenden.

Im Fall der Arglist des Verkäufers bedarf es einer Wahrung der Wandelungs- oder Minderungseinrede oder des Aufrechnungseinwandes nicht (§§ 478 u. 479 mit 390 S. 2).

Die Wirkung der Wandelungs- oder Minderungseinrede ist lediglich gänzliche oder teilweise Abweisung der Klage des Verkäufers auf Zahlung des Kaufpreises, nicht Vollziehung der Wandelung oder Minderung. Doch liegt in der Erhebung der Einrede der Antrag des Käufers auf Abschluß des Wandelungs- bezw. Minderungsvertrages, so daß mit seiner Annahme Wandelung bezw. Minderung vollzogen ist.

VI.

Die Verpflichtungen des Käufers.[2])

1. Der Käufer hat den Kaufpreis zu zahlen entweder sofort oder mit Ablauf der bewilligten Stundung. Ist derselbe nicht gestundet, so muß Käufer ihn von dem Zeitpunkt an, von welchem ihm die Nutzungen gebühren — Übergabe der Kaufsache, Abtretung des Herausgabeanspruchs, bei Grundstücken auch Auflassung und Eintragung —, verzinsen (§§ 433 Abs. 2 u. 452). Diese Zinspflicht beruht auf der schon im römischen Recht (l. 13 § 20 D. 19, 1) enthaltenen Erwägung, daß der Käufer nicht Sache und Preis zugleich nutzen dürfe. Ist die Stundung beendigt, so beginnen von da an Zinsen zu laufen, falls dem Käufer schon die Nutzungen der Kaufsache in diesem Zeitpunkt gebühren.

2. Kommt Käufer mit Zahlung des Kaufpreises in Verzug, so kann der Verkäufer, welcher seinerseits erfüllte, nach § 326 verfahren

---

[1]) Biermann a. a. O. S. 328 hält das Vorhandensein dieser Einrede mit der Vertragstheorie nicht für vereinbar. Aber ist es wirklich ein Widerspruch, wenn der Käufer gegenüber der Klage auf Zahlung des Kaufpreises die Leistung verweigert, weil ihm der Anspruch auf Wandelung zustehe?

[2]) Francke, Begründung des beanspruchten Preisbetrages in Seufferts Bl. f. R. Bd. 65, S. 8—12. Förtsch, Schadensersatz wegen Nichterfüllung bei Zahlungsverzug des Käufers vor Übergabe der Ware in D. J.-Z. Bd. 7 S. 64. Jacobi, Die Abnahmepflicht des Käufers in Iherings Jahrb. Bd. 45 S. 259 bis 288.

und also auch vom Vertrag zurücktreten. Doch steht dem Verkäufer das Rücktrittsrecht nicht zu, wenn der Käufer mit Zahlung des gestundeten Kaufpreises in Verzug geriet. Denn die Rücksichtnahme auf die Interessen des Käufers, der während der Stundungsfrist, in der Hoffnung, rechtzeitig zahlen zu können, die Kaufsache als ihm unwiderruflich gehörig behandelte, verlangt dies (§ 454).

3. Der Käufer hat ferner die gekaufte, ihm vertragsmäßig angebotene Kaufsache abzunehmen, d. h. sie an sich zu nehmen, so daß der Verkäufer sie los ist. Der Verkäufer setzt also den Käufer durch das ordnungsmäßige, aber vergebliche Angebot der Kaufsache nicht nur in Annahme- sondern auch in Leistungsverzug bezüglich seiner Abnahmepflicht. Er kann danach gegen den Käufer auf Abnahme klagen, executio ad faciendam gegen ihn beantragen, nach den Grundsätzen über gegenseitige Verträge Anspruch auf Schadensersatz wegen Nichterfüllung erheben oder vom Vertrage zurücktreten (§§ 325 u. 326). Er kann aber auch wegen Annahmeverzugs des Käufers die Kaufsache für ihn hinterlegen (§ 372), bezw. sie für Rechnung des Käufers versteigern lassen und den Erlös hinterlegen (§ 383), bei Grundstücken auch den Besitz des Grundstücks aufgeben (§ 303).

VII.

Besondere Arten des Kaufs.[1])

1. Der Kauf nach Probe ist ein regelmäßig unbedingter Gattungskauf unter der Verpflichtung des Verkäufers, daß die Lieferung der Probe entspreche (§ 494). Doch kann auch die Absicht sein, die Probemäßigkeit zur Bedingung des Vertrages zu erheben, so daß der Vertrag bei fehlender Probemäßigkeit für nicht geschlossen gilt. Handelt es sich beim Kauf nach Probe um einen unbedingten Kaufvertrag, so hat bei nicht probemäßiger Lieferung der Käufer die wegen fehlender zugesicherter Eigenschaften sich ergebenden Rechte (§§ 462, 463, 480). Macht der Käufer diese Rechte geltend, so trifft ihn die Beweislast für die Probewidrigkeit. Klagt aber der Verkäufer auf Zahlung des Kaufpreises oder Abnahme der Ware, so muß er die Probemäßigkeit beweisen. Hat der Käufer die Ware als Erfüllung angenommen und weigert er jetzt die Zahlung des Kaufpreises wegen Probewidrigkeit, so muß er dieselbe beweisen (§ 363).

---

1) Kuhlenbeck, Wiederkauf, Rückkauf und Vorkauf in J. W. Bd. 30, S. 388 bis 398.

2. Der Kauf zur Probe ist ein unbedingter Vertrag unter Angabe des Beweggrundes.

3. Der Kauf auf Probe oder auf Besicht ist ein bedingter, und zwar im Zweifel aufschiebend bedingter Vertrag, bedingt durch die Billigung der Ware seitens des Käufers (§ 495 Abs. 1), die aber vollständig in seinem Belieben steht. Tritt der Käufer vor erfolgter Billigung seinen Anspruch ab, so kann darin die Billigung liegen. Ist dies nach Lage des Falles nicht anzunehmen, so steht das Recht zur Billigung nur dem Käufer, nicht dem Cessionar zu. Bei auflösend bedingtem Vertrag besteht die Bedingung in der Mißbilligung der Ware. Mit der Billigung bezw. Mißbilligung ist der Käufer an die vertragsmäßig festgesetzte Frist gebunden. Doch kann der Verkäufer auch nachträglich eine angemessene Erklärungsfrist bestimmen. Stillschweigen während der Frist gilt bei aufschiebend bedingtem Vertrag als Ablehnung, bei auflösend bedingtem als Billigung. Ist aber dem Käufer die Ware zum Zweck der Probe übergeben worden, so gilt Stillschweigen des Käufers sowohl bei aufschiebend als bei auflösend bedingtem Vertrag als Billigung (§ 496).

4. Wiederkauf. Man streitet gemeinrechtlich darüber, ob in ihm die Verabredung eines Rücktrittsrechts oder eines pactum de contrahendo liegt. Weder mit der einen, noch mit der anderen Auffassung sind die Bestimmungen des Gesetzes verträglich. Der Rücktritt könnte natürlich nur unter Herstellung des Zustandes erfolgen, welcher bestehen würde, wenn der Vertrag nicht geschlossen wäre Beim Wiederkauf aber werden vom Wiederverkäufer weder die Nutzungen zurückerstattet, noch wird der Kaufpreis vom Wiederkäufer und Verkäufer verzinst. Ja, es braucht nicht einmal die Rückerstattung des ursprünglichen Kaufpreises zu erfolgen, da nach § 501 auch verabredet werden kann, daß der Wiederkäufer den Schätzungswert der Sache zur Zeit der Ausübung des Wiederkaufsrechts bezahlen soll.

Ein pactum de contrahendo aber kann um deswillen nicht angenommen werden, weil es des Abschlusses eines zweiten Kaufvertrags gar nicht bedarf, sondern nur der formlosen Erklärung des Wiederkäufers, sein Recht ausüben zu wollen (§ 497 Abs. 1 a. E.).

Eher könnte man wegen der letzterwähnten Bestimmung im Wiederkauf einen vom Käufer vorgenommenen suspensiv bedingten Verkauf erblicken, bedingt dadurch, daß der Verkäufer innerhalb der vertragsmäßigen oder gesetzlichen Frist die Rückgewähr des Kaufgegenstandes verlangen sollte. Aber mit dieser Auffassung harmoniert nicht die Bestimmung, daß der Wiederkäufer wegen kasueller Verschlechterung des Kaufgegenstandes keine Preisminderung verlangen kann (§ 498 a. E.). Denn an sich würde bei einem suspensiv bedingten Vertrage der Wiederverkäufer die Gefahr zu tragen haben. Der von Enneccerus (Lehrbuch I, § 252, Nr. 1) angegebene Grund für diese Abweichung von den Regeln der Gefahrtragung, daß nämlich der Wiederkäufer gegen Schädigung gedeckt sei, da er ja das Wiederkaufsrecht nicht auszuüben brauche, dürfte nichts beweisen, weil er nicht nur beim Wiederkauf in Betracht käme, sondern bei allen suspensiv bedingten Kaufverträgen, bei denen die Bedingung in die Willkür des Käufers gestellt ist. Auch spricht das Gesetz selbst gegen die Annahme eines mit dem Kaufabschluß bereits zustande gekommenen suspensiv bedingten Wiederkaufs, da nach § 497 Abs. 1 der Wiederkauf erst mit der Erklärung des Verkäufers, daß er das Wiederkaufsrecht ausübe, zustande kommt, also nicht bereits mit dem Kaufabschluß — wenn auch nur bedingt — zustande gekommen sein kann.

Auch als einen auf Wiederverkauf gerichteten Vertragsantrag des Käufers, an welchen derselbe für die im § 503 bezeichnete Frist gebunden wäre,[1]) läßt sich der Vorbehalt des Wiederkaufsrechts nicht auffassen. Denn abgesehen davon, daß es den Sachverhalt auf den Kopf stellen hieße, wenn man in dem vom Verkäufer gemachten Vorbehalt einen Vertragsantrag des Käufers erblickt, so bedürfte der Vertrag der für Kaufverträge vorgeschriebenen Form (z. B. bei Grundstücken § 313). Nach § 497 Abs. 1 S. 2 ist aber die Erklärung des Verkäufers, er übe sein Wiederkaufsrecht aus, formlos. Auch würde sich bei dieser Auffassung die Haftung des Antragstellers in der Zwischenzeit zwischen der Abgabe des Antrages und der Annahmeerklärung des Verkäufers (§§ 498 u. 499), sowie das Recht des Antragstellers auf Ersatz seiner Verwendungen (§ 500) nur schwer erklären lassen.

So wird man dazu gedrängt, ähnlich wie in der vertragsmäßigen Rücktrittserklärung von einem Vertrag, in dem Wiederkauf eine einseitige Rechtshandlung des Wiederkäufers zu erblicken. Dieselbe besteht in der Erklärung der Rückforderung des Kaufgegenstandes gegen Zahlung einer in bekannter Weise nomierten Entschädigung, kurz gesagt: in der Erklärung der Einlösung.[2]) Das Recht zu dieser Erklärung fließt aus dem

[1]) So Planck Vorbemerkung Nr. 3 Abs. 2 vor § 497.

[2]) § 1068 des österreich. Ges.-Buches: Das Recht, eine verkaufte Sache wieder einzulösen, heißt das Recht des Wiederkaufs.

im Kaufvertrag zwischen Verkäufer und Käufer getroffenen Vorbehalt und ist ein vertragsmäßig oder gesetzlich befristetes (§ 503), weshalb es auch nicht der Verjährung unterworfen ist. Die Wirkung der Einlösungserklärung besteht in der Begründung eines gegenseitigen Schuldverhältnisses, gerichtet auf Rückgewähr des Kaufgegenstandes mit dem derzeitigen Zubehör seitens des Wiederverkäufers und auf Rückzahlung des Preises, zu welchem verkauft worden war oder auf Leistung des in dem den Vorbehalt des Wiederkaufes enthaltenden Vertrage anderweit normierten Entgelts, welches nicht notwendig in Geld zu bestehen braucht (§ 515), aber auch der Schätzungswert des gekauften Gegenstandes zur Zeit der Einlösungserklärung sein kann (§ 501), seitens des Wiederkäufers. Dieses gegenseitige Schuldverhältnis ist keineswegs ein Kaufvertrag, obwohl das Gesetz es Wiederkauf nennt, ja überhaupt kein vertragsmäßiges, ebensowenig, wie das durch den Rücktritt begründete ein solches ist. Während aber beim vertragsmäßigen Rücktrittsrecht nur einzelne Bestimmungen über gegenseitige Verträge zur Anwendung kommen (§ 348), so wird das durch die Erklärung des Wiederkaufs begründete Schuldverhältnis, soweit nicht das Gesetz besondere Bestimmungen enthält, wie ein durch Kaufvertrag begründetes zu behandeln sein.[1]) Dies ist daraus zu folgern, daß nach der Ausdrucksweise des Gesetzes mit der Erklärung des Wiederkäufers, er übe das Wiederkaufsrecht aus, der Wiederkauf zustande kommt.

Die besonderen Bestimmungen der §§ 498—500 erklären sich daraus, daß der Wiederverkäufer von der Verabredung des Wiederkaufsrechts an mit Rücksicht auf seine eventuelle Rückgewährspflicht als Verwalter fremden Guts anzusehen ist (vgl. die ähnlichen Bestimmungen beim Rücktrittsrecht §§ 347 u. 353).

Wandelungs- und Minderungsklagen, welche er haben würde, wenn er wirklicher Käufer wäre, sind danach dem Wiederkäufer versagt. Er hat nur einen Anspruch auf Schadensersatz, wenn der Wiederverkäufer zwischen der Verabredung des Wiederkaufsrechts und seiner Ausübung die Kaufsache wesentlich veränderte, schuldhaft verschlechterte oder an der Unmöglichkeit ihrer Leistung schuld ist.

Für Mängel im Recht, welche darauf beruhen, daß ihm von vornherein mangelhaftes Recht am Kaufgegenstand seitens des Verkäufers gewährt ist, haftet der Wiederverkäufer ebenfalls nicht, sondern

---

[1]) Vgl. auch § 915 Abs. 1 S. 2.

nur für Rechtsmängel, welche durch seine eigenen Verfügungen oder durch von seinem Gläubiger betriebene Zwangsvollstreckung oder endlich durch Verfügungen seines Konkursverwalters hervorgerufen wurden.

Die Klage auf Schadensersatz verjährt in der in §§ 477 u. 490 festgesetzten Zeit.

Die vorerwähnten Vorschriften über Mängelhaftung gelten nicht — ebensowenig die über Ersatz von Verwendungen (§ 500) —, wenn als Wiederkaufspreis der Schätzungswert vereinbart ist. Denn in diesem Falle sind bei der Schätzung Mängel und Verwendungen schon berücksichtigt. Hinsichtlich derjenigen Mängel dagegen, welche erst nach Abgabe der Wiederkaufserklärung hervorgerufen sind und der nach dieser Zeit gemachten Verwendungen gelten überall die allgemeinen Vorschriften über gegenseitige Verträge (§§ 323 ff. sowie § 450).

5. Der Vorkauf. Während das Wiederkaufsrecht stets ein obligatorisches Recht ist, kennt das Gesetz ein obligatorisches und ein dingliches[1]) Vorkaufsrecht. Die Vorschriften der §§ 504 ff. beziehen sich nur auf das erstere. Die rechtliche Natur desselben ist die gleiche wie diejenige des Wiederkaufsrechts. Es handelt sich also auch hier nicht um einen Vertrag, sondern um eine einseitige Rechtshandlung des Vorkaufsberechtigten. Dieselbe besteht in der formlosen Erklärung der Forderung des vom Verkäufer an den Käufer veräußerten Gegenstandes zu demselben Gebot, für welches der Käufer den Weiterverkauf an einen Dritten bewirkt hatte.

Dieses Einlösungsrecht[2]) ist also ein bedingtes, bedingt durch die Weiterveräußerung seitens des Käufers. Es entsteht entweder durch einen dem ersten Veräußerungsvertrag (Kauf, Tausch, Schenkung 2c.) beigefügten Nebenvertrag oder durch einen selbständigen Vertrag. Auch kann es durch Vermächtnis begründet werden — indem der Erblasser an seiner Sache dem Vermächtnisnehmer ein Vorkaufsrecht einräumt für den Fall, daß der Erbe die Sache weiterverkaufen sollte — oder auf Gesetz beruhen. Doch kennt das BGB. gesetzliche obligatorische[3]) Vorkaufsrechte nicht, wohl aber das preuß. Berggesetz vom 24. Juni 1865 § 141 und das preuß. Enteignungsgesetz v. 11. Juni 1874 § 57 (vgl. Art. 4 des EG. z. BGB.).

---

[1]) §§ 1094 ff.

[2]) Es handelt sich dabei um ein Recht des rechtlichen Könnens, wie beim Wiederkauf, also um ein subjektives Recht. A. M. Langheineken, Anspruch und Einrede S. 17 Anm. 1.

[3]) Das Vorkaufsrecht der Miterben (§§ 2034 bis 2037) ist ein dingliches.

Mit der Entstehung des Vorkaufsrechts ist die Verpflichtung des Vorkaufsverpflichteten entstanden, dem Vorkaufsberechtigten, sobald der Weiterverkauf an den Dritten stattgefunden hat, den vollen Inhalt dieses Vertrages ohne schuldhaftes Zögern mitzuteilen; sonst macht er sich schadensersatzpflichtig (§ 510 Abs. 1).

Gemäß seiner obligatorischen Natur kann das Vorkaufsrecht nur gegen den Vorkaufsverpflichteten oder seine Universalsukzessoren geltend gemacht werden, nicht gegen denjenigen, an welchen der Vorkaufsverpflichtete oder seine Erben weiterverkauft haben. Hat also die Übereignung auf Grund des Weiterverkaufs schon stattgefunden, so bleibt dem Vorkaufsberechtigten nur der Interesseanspruch gegen den Verpflichteten oder seine Erben. Wird andererseits vor der Übereignung an den Dritten das Vorkaufsrecht ausgeübt und die Rückübereignung an den Vorkaufsberechtigten bewirkt, so ist der Vorkaufsverpflichtete seinem Abkäufer auf Schadensersatz wegen Nichterfüllung verhaftet. Seine Sache ist es also, sich gegen diese Eventualität im voraus bei Abschluß des Kaufvertrags mit dem Dritten zu sichern. Die in dieser Beziehung getroffenen Verabredungen — Abhängigmachung des Kaufs von der Nichtausübung des Vorkaufsrechts, Verabredung des Rücktrittsrechts für den Fall der Ausübung des Vorkaufsrechts — wirken aber nur unter denen, die sie getroffen haben und berühren den Vorkaufsberechtigten nicht (§ 506).

Das Vorkaufsrecht ist an sich nicht übertragbar und nicht aktiv vererblich, da es nur persönlichen Interessen der Berechtigten dienen soll. Doch kann etwas anderes verabredet werden. Bezüglich der Vererblichkeit liegt eine solche Verabredung im Zweifel in der rechtsgeschäftlichen Beschränkung des Vorkaufsrechts auf eine bestimmte Zeit (§ 514).

Dagegen ist das Vorkaufsrecht, wie das Wiederkaufsrecht, der Ausübung nach unteilbar, kann also, wenn es Mehreren gemeinschaftlich zusteht, nur von der Gemeinschaft und bezüglich des ganzen weiterverkauften Gegenstandes ausgeübt werden.[1]) Verkleinert sich also die Gemeinschaft, indem der eine oder andere der Teilhaber auf sein Recht oder dessen Ausübung verzichtet, so schadet dieses den übrigen Teilhabern nicht (§ 513).

---

[1]) Wird nur ein reeller oder ideeller Teil des Gegenstandes des Vorkaufsrechts weiter verkauft, so kann das Vorkaufsrecht auch bezüglich dieses Teiles ausgeübt werden. Denn sonst könnte dasselbe durch sukzessive Teilverkäufe vereitelt werden.

Das Recht zur Ausübung des Vorkaufsrechts ist vertragsmäßig oder gesetzlich — bei Grundstücken 2 Monate, bei anderen Gegenständen 1 Woche seit Mitteilung von dem stattgehabten Verkauf — befristet. Die Einhaltung dieser Frist vollendet nicht erst das Zustandekommen des Vorkaufsrechts, sondern ihre Nichteinhaltung zerstört dasselbe. Unterläßt der Vorkaufsverpflichtete die Mitteilung, so ist die Ausübung des Vorkaufsrechts an keine Frist gebunden. Es ist auch der Verjährung nicht ausgesetzt, da es keinen Anspruch begründet.

Die Wirkung der Ausübung des Vorkaufsrechts ist — die Gültigkeit des mit dem Dritten abgeschlossenen Vertrages oder erfolglose Anfechtnng desselben vorausgesetzt — die Begründung eines Schuldverhältnisses zwischen dem Vorkaufsberechtigten und dem Vorkaufsverpflichteten mit dem gleichen Inhalt, den der mit dem Dritten geschlossene Kaufvertrag hat. Demgemäß muß der Vorkaufsverpflichtete dem Vorkaufsberechtigten den Gegenstand des Vorkaufsrechts, soweit derselbe weiterverkauft ist, so verschaffen, wie er dem Dritten dazu verpflichtet ist, der erstere aber dem letzteren den von dem dritten Käufer versprochenen Kaufpreis unter den in jenem Kaufvertrag festgesetzten Bedingungen leisten.

Diese Verpflichtungen entspringen zwar der einseitigen Erklärung des Vorkaufsberechtigten, unterstehen aber denselben Grundsätzen, wie wenn zwischen ihm und dem Vorkaufsverpflichteten der Kaufvertrag abgeschlossen wäre (§ 505 Abs. 2).

Demgemäß sind die beiderseitigen Ansprüche aus dem neuen Schuldverhältnis übertragbar und vererblich, sowie der Verjährung unterworfen. Die beiderseitigen Verpflichtungen sind Zug um Zug zu erfüllen.

Für Verschulden bis zum Abschluß des Kaufvertrags mit dem Dritten braucht der Vorkaufsverpflichtete nicht einzustehen, noch hat er Anspruch auf Ersatz der in dieser Zeit gemachten Verwendungen. Denn wie beim Wiederkauf zum Schätzungswert (§ 501) bei der Festsetzung des Schätzungswertes Mängel und Verwendungen schon berücksichtigt sind, so ist auch beim Vorkaufsrecht bei der mit dem Dritten erfolgten Festsetzung des Kaufpreises schon die Berücksichtigung der Mängel und Verwendungen erfolgt.

Dagegen vertritt der Vorkaufsverpflichtete sein Verschulden seit Abschluß des Kaufvertrags mit dem Dritten und hat auch Anspruch auf Ersatz der seit dieser Zeit gemachten Verwendungen (§ 450). Auch haftet er von da an für Gewähr der Mängel ebenso, wie er dem Dritten dafür verhaftet ist. Immerhin gelten einige Besonderheiten (§§ 507—509).

Ausgeschlossen ist das Vorkaufsrecht:

a) im Zweifel beim sog. Kindskauf, also, wenn an des Verkäufers künftigen gesetzlichen Erben mit Rücksicht auf dessen Erbrecht verkauft ist § 511 (vgl. § 584 I 20 des preuß. Rechts). Der künftige gesetzliche Erbe darf aber nicht auf sein Erbrecht verzichtet haben; denn dann ist er nicht mehr künftiger Intestaterbe;

b) beim Verkauf im Wege der Zwangsvollstreckung oder durch den Konkursverwalter (§ 512). Denn sonst könnten die Gläubiger des Vorkaufsverpflichteten unter dessen Verpflichtung leiden;

c) im Zweifel beim Verkauf unter Nebenverpflichtungen, welche der Vorkaufsberechtigte nicht erfüllen kann und die auch nicht in Geld schätzbar sind (§ 507) (z. B. eine Auskunft zu erteilen), es müßten denn die Nebenleistungen für das Zustandekommen des Verkaufs unwesentlich gewesen sein.

Zweiter Titel.

Schenkung.

Burckhard, Stellung der Schenkung im Rechtssystem (1891), Schenkungsannahme (1892). **Bekker**, Pand. II §§ 102ff. **Windscheid-Kipp**, Pand. II §§ 365ff. **Dernburg**, B. R. II §§ 205ff. **Cosack** I §§ 139ff. **Enneccerus** I §§ 256ff. **Endemann** I §§ 164ff. **Matthiaß** I § 112. **Ortloff**, Die Schenkung, Arch. f. b. R. Bd. 21, 269—388.

I.

Begriff.[1])

Die Schenkung ist eine vertragsmäßige Zuwendung, durch welche der Schenker aus seinem Vermögen den Geschenknehmer bereichert,

[1]) **Burckhard**, Begriff der Schenkung 1899. **Kuhlenbeck**, Die Schenkung in J. W. Bd. 31, 241—244. **Du Chesne**, Schenkung und Geschäftsführung ohne Auftrag bei Bezahlung fremder Schulden, Sächs. Arch. Bd. 10, 463—468. **Kohler**, Ansprüche zugunsten eines Dritten, Arch. f. b. R. Bd. 21, 259—268. **Putzler**, Zur Anwendung der §§ 517, 518 u. 780 BGB. in J. W. Bd. 30, 387 u. 388.

wenn beide Teile darüber einig sind, daß die Zuwendung unentgeltlich erfolgt (§ 516 Abs. 1). Die Schenkung gehört zu den einseitigen Schuldverträgen.

Der Begriff der Schenkung verlangt also:

1. Eine Zuwendung d. h. eine auf dem Willen des Schenkers beruhende Vermögensverschiebung, einerlei ob die Zuwendung ein Rechtsgeschäft ist oder nicht. Die rechtsgeschäftliche Zuwendung kann sein Überlassung von Sachen zu eigen oder Besitz, Überlassung oder Bestellung von dinglichen Gebrauchs- und Nutzungsrechten, Übertragung von Forderungen, Aufgabe von Vermögensrechten, die dem Schenker gegen den Beschenkten zustanden, Eingehung von Verbindlichkeiten seitens des Schenkers gegenüber dem Beschenkten 2c. Die nichtrechtsgeschäftliche (rein tatsächliche) Zuwendung kann sein vor allen Dingen eine Unterlassung, z. B. Nichtunterbrechung der Verjährung des dem Schenker gegen den Beschenkten zustehenden Forderungsrechtes, oder der Ersitzung der dem Schenker gehörigen Sache durch den Beschenkten, Nichteinlegung der Berufung gegen ein offenbar ungerechtes Urteil — aber auch ein positives Tun, z. B. Reparatur des dem Geschenknehmer gehörigen Hauses durch den Geber, oder tierärztliche Behandlung eines Hundes des zu Beschenkenden.

2. Die Zuwendung muß das Vermögen des Schenkers verringern. Dies trifft überall zu, wo die Schenkung in der Veräußerung des Vermögens des Schenkers oder eines Teiles desselben besteht, oder wo der Schenker ihm selbst gegen den zu Beschenkenden zustehende Vermögensrechte aufgibt, indem er z. B. auf den erworbenen Pflichtteilsanspruch verzichtet. Die vom Schenker unterlassene Vermögensvermehrung dagegen ist regelmäßig keine Schenkung, auch wenn der zu Beschenkende den Vorteil davon hat (§ 517). Immerhin wird man auch in der unterlassenen Vermögensvermehrung dann eine Schenkung erblicken müssen, wenn sie entgegen der gewöhnlichen Erwerbstätigkeit des Schenkers unterbleibt, z. B. ein Zimmervermieter läßt einen unbemittelten Studenten während eines Semesters umsonst wohnen, oder ein Schneidermeister fertigt einem Kunden umsonst den Anzug. Wer dagegen nicht zu vermieten pflegt und obwohl er im einzelnen Fall vermieten könnte, den Mietlustigen unentgeltlich wohnen läßt, schenkt nicht. An sich würde auch der Verzicht auf angefallene, wenn auch noch nicht endgültig erworbene Rechte das Vermögen des Schenkers verringern. Z. B. der

Verzicht auf ein aufschiebend bedingtes oder betagtes Recht, oder der Verzicht des Finders einer verlorenen Sache auf das Recht zum Erwerb des Eigentums an der Sache (§ 976) oder des Nacherben auf die vererbliche Anwartschaft auf die Nacherbschaft (§ 2108 Abs. 2 S. 1). Aber nach der positiven Bestimmung des § 517 soll in Fällen der Art keine Schenkung vorliegen, ebensowenig, wie in der Ausschlagung einer Erbschaft oder eines Vermächtnisses, obwohl nur eine bereits erworbene Erbschaft, ein bereits erworbenes Vermächtnisrecht ausgeschlagen werden kann. Doch hat die Ausschlagung rückwirkende Kraft (§ 1953).

3. Bereicherung des Schenkungsempfängers durch die Zuwendung. Sein Vermögen muß also durch dieselbe vermehrt sein, oder es müssen ihm Ausgaben erspart sein, welche er sonst hätte machen müssen. Ersteres ist nicht der Fall bei der Pfand- oder Bürgenbestellung. Zwar hat hier der Empfänger gegen früher ein Recht mehr in seinem Vermögen. Aber dasselbe entbehrt der Selbständigkeit, es kann nicht selbständiger Gegenstand des Verkehrs sein, sondern sichert nur die Forderung des Pfand- oder Bürgennehmers. Auch die Erfüllung von Verbindlichkeiten ist keine Bereicherung. Deswegen ist die Erfüllung des Schenkungsversprechens nicht selbst Schenkung. Ausgaben werden dem Beschenkten erspart, wenn ihm z. B. unentgeltlich Dienste geleistet werden, deren er bedarf, und die er sonst nur für Geld hätte haben können. Aus demselben Gesichtspunkt kann die unentgeltliche Erteilung von Privatunterricht seitens eines Lehrers, der aus der Erteilung von Privatunterricht seinen Lebensunterhalt zu gewinnen pflegt, Schenkung sein.

4. Einverständnis von Schenker und Beschenkten über die Zuwendung und ihre Unentgeltlichkeit. Die Schenkung ist danach ein Vertrag. Es wird sowohl animus donandi als animus donum accipiendi erfordert. Ersterer wird bisweilen vermutet, Gegenbeweis vorbehalten. Was Eltern oder Großeltern ihren Abkömmlingen und umgekehrt diese jenen ohne gesetzliche Verpflichtung zum Unterhalt gewähren, gilt im Zweifel als geschenkt (§ 685 Abs. 2). Der animus donum accipiendi wird bisweilen fingiert. Bei Zuwendungen nämlich, welche ohne Willen des zu Beschenkenden erfolgen, z. B. durch Bestellung seines Ackers oder Bezahlung seiner Schuld, gilt die Annahme als geschehen, wenn der zu Beschenkende in der ihm vom Schenker gestellten Annahmefrist nicht ablehnt (§ 516 Abs. 2). Stillschweigen gilt also als Annahme. Das Gesetz führt

danach für den zu Beschenkenden, ohne dessen Willen der Geber handelte, eine besondere Erklärungspflicht ein, wenn das Zustandekommen der Schenkung verhindert werden soll, bestimmt durch die Erwägung, daß es regelmäßig nicht als Unannehmlichkeit empfunden werde, beschenkt zu werden. Richtiger wäre es wohl gewesen, das Präjudiz der Ablehnung bei Stillschweigen des zu Beschenkenden aufzustellen. Denn wer etwas geschenkt haben will, muß sich rühren, nicht aber der nichts Begehrende.

Lehnt andererseits der zu Beschenkende innerhalb der Akzeptionsfrist ab, so liegt schon vom Moment der Zuwendung an grundlose Bereicherung vor, da nunmehr eine Schenkung nicht zustande gekommen ist. Demgemäß läuft die Verjährung der Bereicherungsklage schon von der Zuwendung an. Stellt endlich der Zuwender gar keine Akzeptationsfrist, so liegt auch in der dem Anderen gar nicht kundgegebenen Zuwendung, etwa heimlicher Bezahlung einer Schuld desselben, keine Vertragsofferte. Deswegen kann der Zuwender auf Herausgabe der Bereicherung gegen den zu Beschenkenden klagen und muß auch die ihm vom Bereicherten aus freien Stücken zur Rücknahme angebotene Zuwendung bei Vermeidung des Annahmeverzugs zurücknehmen.

Der Schenkungsvertrag kann danach vor der Zuwendung zustande kommen (sog. Schenkungsversprechen), er kann ihr aber auch nachfolgen. Konsens und Zuwendung können aber auch zusammenfallen; so beim Handgeschenk, d. h. der durch sofortige Übergabe vollzogenen Schenkung.

II.

Die Form.

Beim Schenkungsversprechen ist, entsprechend den Vorschriften des preuß. ALR. §§ 1063ff. I 11 gerichtliche Beurkundung des Versprechens erforderlich. Doch ist daneben notarielle Beurkundung vom BGB. zur Wahl gestellt. Die Annahmeerklärung des Beschenkten ist formfrei (§ 518). Die Formvorschrift gilt auch dann, wenn das Schenkungsversprechen in abstrakter Gestalt, als Schuldversprechen oder Schuldanerkenntnis erteilt wird (§ 518 Abs. 1 S. 2). Durch die Bewirkung der versprochenen Leistung wird aber der Mangel der Form geheilt (§ 518 Abs. 2). Dementsprechend bedarf eine sofort vollzogene Schenkung überhaupt keiner besonderen Form.[1]) Doch ist die Form des die Zuwendung bewirkenden Rechtsgeschäfts einzuhalten, z. B. bei Schenkung einer Hypothekenforderung schriftliche Abtretung mit Übergabe des Hypothekenbriefes, bei Schenkung eines Grundstücks Auflassung und Eintragung im Grundbuch. Die landrechtliche Vorschrift, nach welcher sofort vollzogene außergerichtliche Schenkungen binnen einer Frist von 6 Monaten seit der Vollziehung ohne Angabe von Gründen widerrufen werden konnten (§ 1091 I 11), ist beseitigt, ebenso das gemeinrechtliche Gebot der gerichtlichen Insinuation großer Schenkungen (über 500 solidi). Dagegen bedürfen Schenkungen an juristische Personen im Werte von mehr als 5000 Mark der Genehmigung des Königs oder der von ihm bestimmten Behörde. Die Versagung der Genehmigung hat Unwirksamkeit der ganzen Schenkung zur Folge. Sollen jährlich wiederkehrende Leistungen geschenkt werden, so werden dieselben behufs Ermittelung des genehmigungspflichtigen Betrages mit 4% kapitalisiert (Art. 86 EG. z. BGB. u. Art. 6 des preuß. Ausführungsgesetzes).[2])

III.

Die Verpflichtungen des Schenkers.[3])

Die Schenkung ist ein streng einseitiger Vertrag, welcher nur Verpflichtungen des Schenkers erzeugt. Verpflichtungen des zu Beschenkenden müssen besonders verabredet sein, indem z. B. der Beschenkte die Kosten des Vertragsschlusses übernommen hat. Zwar ist die Schuld aus dem Schenkungsversprechen eine Holschuld. Der Beschenkte hat also, einerlei, ob es sich um Geld oder andere Geschenke handelt, das Geschenkte beim Schenker abzuholen, wenn er auf Erfüllung des Geschenkes besteht (vgl. auch § 249 I 5 ALR.). Aber darin liegt keine aus dem Vertrage für ihn sich ergebende Verpflichtung, da er überhaupt nicht verpflichtet ist, das Geschenkte abzunehmen, sondern vielmehr nur eine Beschränkung der Verpflichtung des Schenkers.

Die Verpflichtungen des Schenkers sind folgende:

1. Der Schenker hat nur Vorsatz und grobe Fahrlässigkeit zu

[1]) Dies gilt auch vom schenkungsweisen Erlaß. Denn der Erlaß enthält die Vollziehung der Schenkung (RG. 53, 296).

[2]) Bei Zuwendungen von Todes wegen gilt dasselbe.

[3]) Süßheim, Rechtsfolgen arglistigen Stillschweigens bei Kauf, Schenkung und Miete, Seufferts Bl. f. R. Bd. 66, 205—214, 223—230, 237—243.

vertreten (§ 521). Für sie haftet er also von Abgabe des Schenkungsversprechens an bezüglich der Obhut der geschenkten Sache. Verspricht er eine unmögliche oder gesetzlich verbotene Leistung,[1]) so haftet er für das negative Interesse auch nur, wenn er aus grober Fahrlässigkeit die Unmöglichkeit nicht kannte (§§ 307 u. 309).

2. Der Schenker zahlt keine Verzugszinsen (§ 522) und auch die sonstigen Folgen des Verzugs (§ 286) treten bei ihm nur ein, wenn er vorsätzlich oder grob fahrlässig die rechte Zeit der Leistung versäumt (§§ 521 u. 285). Wohl aber besteht auch für den Schenker die Prozeßzinspflicht (§ 291) und auch § 292 findet auf ihn Anwendung.

3. Der Schenker haftet für Rechts- und Sachmängel des Geschenkes nach folgenden Grundsätzen:

Der Schenker hat im allgemeinen nur den durch arglistig verschwiegene Rechts- oder Sachmängel dem Beschenkten entstandenen Schaden zu ersetzen (§§ 523 Abs. 1 u. 524 Abs. 1). Denn was man hat, das schenkt man eben, wie man es hat, Arglist natürlich ausgenommen. Arglistig verschwiegen sind aber diese Mängel, wenn der Schenker sie kannte und gleichwohl dem Beschenkten böswillig nicht nannte, z. B. es wird ein rotzkrankes Pferd geschenkt, damit dieses die eigenen Pferde des Beschenkten anstecke.

Die Schadensersatzpflicht umfaßt den Schaden, welchen der Beschenkte dadurch erlitt, daß ihm der Rechts- oder Sachmangel nicht bekannt war, also nur das negative Interesse (vgl. die abweichenden Wendungen in §§ 523 Abs. 1 u. 524 Abs. 1 „den daraus entstehenden Schaden" und in Abs. 2 „Schadensersatz wegen Nichterfüllung").

Beim Schenkungs**versprechen** verschärft sich diese Haftung in zwei Fällen zur Haftung für grobe Fahrlässigkeit und zwar:

a) wegen der Rechtsmängel, wenn der Schenker sich verpflichtete, eine erst anzuschaffende Spezies- oder Genussache zu schenken und

b) wegen der Sachmängel, wenn er erst anzuschaffende Genussachen verspricht.

Das erst Anzuschaffende schenkt man also nicht so, wie man es erwirbt. Vielmehr haftet der Schenker für die ihm **beim Erwerb** der Sachen durch grobe Fahrlässigkeit unbekannt gebliebenen Mängel und Fehler (§§ 523 Abs. 2 u. 524 Abs. 2).[2]) Und zwar trifft den

---

[1]) Z. B. ein Pferd, während ein gesetzliches Ausfuhrverbot besteht.

[2]) Über diese m. E. wenig glückliche Regelung vgl. die 1. Auflage S. 28 und 29.

Schenker im Fall zu a die Gewährleistungspflicht des Verkäufers. Seine Schadensersatzpflicht umfaßt nicht nur bei Vorsatz, sondern auch bei grober Fahrlässigkeit das volle Erfüllungsinteresse. Im Fall zu b dagegen hat der Schenker dem Beschenkten auf dessen Verlangen an Stelle der fehlerhaften Sache eine fehlerfreie zu liefern und nur bei arglistigem Verschweigen des Fehlers — nicht bei grob fahrlässigem — dem Beschenkten anstatt dessen Schadensersatz wegen Nichterfüllung zu leisten. Auch die beiden zuletzt genannten Ansprüche unterstehen den Vorschriften über die Gewährleistung wegen Fehler einer verkauften Sache.

Die Rechte aus dem Schenkungsversprechen sind aktiv und passiv vererblich. Jedoch soll bei geschenkten, in wiederkehrenden Leistungen bestehenden Unterstützungen die Verbindlichkeit zur Fortentrichtung nicht auf die Erben des Schenkers übergehen, es müßte denn aus dem Versprechen sich ein Anderes ergeben (§ 520). Stirbt der zu Unterstützende, so ist die Verbindlichkeit erloschen. Auf rückständig gewordene Leistungen beziehen sich diese Sätze nicht.

Im Konkurs des Versprechers können Ansprüche auf Erfüllung des Versprechens nicht geltend gemacht werden; ebensowenig die aus mangelhafter Erfüllung sich ergebenden Ansprüche (§ 63 Nr. 4 KO.). Auch das zum Zweck der Schenkung abgegebene abstrakte Schuldversprechen oder Wechselversprechen kann im Konkurs des Versprechers nicht geltend gemacht werden. Doch liegt dies anders gegenüber dem redlichen Indossatar des Beschenkten.

IV.

Schenkungswiderruf.

Von den Schenkungswiderrufsgründen — grober Undank, nachgeborene Kinder, Übermaß — ist nur der erste, jedoch als schwere Verfehlung nicht nur gegen den Schenker, sondern auch gegen seine nahen Angehörigen (§§ 530—534) beibehalten. Dieses Widerrufsrecht ist ein höchst persönliches Recht, daher nicht übertragbar oder pfändbar und grundsätzlich unvererblich, es müßte denn der Beschenkte den Schenker vorsätzlich und widerrechtlich getötet oder am Widerruf gehindert haben. Es erlischt mit Ablauf eines Jahres seit erlangter Kenntnis des Widerrufsberechtigten über das Vorhandensein seines Widerrufsrechts oder mit dem Tode des Beschenkten, selbstverständlich auch durch Verzeihung oder Verzicht, der übrigens nur gültig ist, wenn er nach erlangter Kenntnis vom Undank erklärt wurde. Es bezieht sich nicht auf Schenkungen, durch welche einer sittlichen oder Anstandspflicht genügt wurde. Ob die sog. remuneratorische Schenkung zu ihnen gehört, ist Frage des Einzelfalles.

Der Widerruf erfolgt durch (formlose) Erklärung an den Beschenkten. Ist der Schenker verstorben oder geschäftsunfähig geworden, bevor der Widerruf dem Beschenkten zuging, so gilt § 130 Abs. 2.

Durch den erfolgten Widerruf wird ein obligatorischer Anspruch auf Rückgewähr des Geschenkes nach den Grundsätzen ungerechtfertigter Bereicherung begründet. Er geht auf Rückauflassung des schenkungshalber veräußerten Grundstücks oder Rückabtretung der aus diesem Grunde abgetretenen Forderung ꝛc. Dieser Anspruch ist aktiv und passiv vererblich; er kann abgetreten und gepfändet werden.

V.

Notbedarf (sog. Kompetenz).[1])

Der 1. Entwurf wollte das beneficium competentiae beseitigen (Mot. II, 298). Die II. Kommission hat dagegen die Einrede des Notbedarfs erweitert und die Reichstagskommission in entfernter Anlehnung an das ALR. (§§ 1123—1128 I, 11) auch eine Klage auf Herausgabe des Geschenkten zugelassen.

1. Die dilatorische (a. M. Endemann) Einrede des Notbedarfs macht gegenüber der Klage aus dem Schenkungsversprechen geltend, daß der Schenker durch Erfüllung des Versprechens unter Vorabzug seiner übrigen Schulden seinen standesgemäßen Unterhalt oder die Erfüllung der ihm gesetzlich obliegenden Unterhaltspflichten gefährden würde (§ 519).[2]), weshalb er einstweilen teilweise oder auch gänzlich die Erfüllung des Schenkungsversprechens verweigere.

Dieses Verweigerungsrecht gestaltet sich aber, wenn mehrere Schenkungsversprechen abgeschlossen sind, verschieden, je nachdem der Abschluß ungleichzeitig oder gleichzeitig erfolgte.

a) Bei ungleichzeitigem Abschluß geht der früher entstandene Anspruch vor (§ 519 Abs. 2). Der Schenker darf also einmal der Erfüllungsklage des früheren Gläubigers gegenüber die Einrede des Notbedarfs nicht damit begründen, daß er noch jüngere, seinen Unter-

---

[1]) Ritter, Zur Rechtswohltat des Notbedarfs, Gruchot Bd. 46, 43—49.

[2]) Nach gem. Recht durfte der Schenker unter Berücksichtigung seiner übrigen Schulden von seiner Schenkungsschuld nur soviel abziehen, als er zur Notdurft des Lebens brauchte.

halt rc. gefährdende Schenkungsschulden habe; dies selbst dann nicht, wenn die jüngere Schuld unbedingt oder unbetagt eingegangen war zu einer Zeit, in welcher die ältere noch bedingt oder betagt war. Denn auch ein bedingter oder betagter Anspruch ist ein Anspruch und wie Dernburg zutreffend hervorhebt, will das Gesetz der Beeinträchtigung eines früheren Schenkungsversprechens durch Erteilung eines späteren entgegentreten (Dernburg B.R. II § 208 III. 5a). Der Schenker darf aber ferner dem früher klagenden jüngeren Gläubiger gegenüber die Einrede des Notbedarfs wegen Vorhandenseins älterer Schenkungsschulden nicht versäumen. Sonst verliert er dem früheren Gläubiger gegenüber die Rechtswohltat insoweit, als er sie dem jüngeren Gläubiger gegenüber versäumte.[1])

b) Bei gleichzeitigen Schenkungsversprechen hat der Schenker die Wahl, welchem Anspruch er die Einrede des Notbedarfs entgegensetzen will.

2. Die Klage wegen Notbedarfs geht auf Rückgabe des Geleisteten wegen eingetretener Bedürftigkeit des Schenkers (§§ 528, 529 BGB.) nach den Grundsätzen ungerechtfertigter Bereicherung. Bedürftigkeit liegt aber vor, insoweit[2]) der Schenker nach Vollziehung der Schenkung zur Bestreitung seines standesgemäßen Unterhalts und zur Erfüllung seiner ihm gegen Verwandte und den jetzigen oder früheren Ehegatten gesetzlich obliegenden Unterhaltspflicht außer Stande ist. Die Klage auf Kompetenz reicht demnach nicht so weit, wie die Einrede der Kompetenz. Namentlich kommt das Vorhandensein unehelicher Abkömmlinge des Klägers für Begründung seiner Klage nicht in Betracht, während die Einrede des Notbedarfs sich allerdings auch auf das Vorhandensein von Unterhaltspflichten gegen uneheliche Kinder stützen kann.[3])

Gegenüber der Klage auf den Notbedarf hat der Beschenkte

a) die Wahlermächtigung, an Stelle der Herausgabe des Geschenks den für den Unterhalt des Schenkers und den Unterhaltsberechtigten erforderlichen Betrag in Gestalt einer mit dem Tode des Schenkers erlöschenden Rente zu leisten. Dagegen führt die Erreichung

---

[1]) Dernburg (§ 208 III Nr. 5a a. E.) will den Verlust der Einrede nur insoweit eintreten lassen, als der Schenker dieselbe dolos nicht vorschützt. Aber das Gesetz sagt apodiktisch: der früher entstandene Anspruch geht vor.

[2]) Crome (§ 233 II. B. b) will stets das ganze Geschenk zurückfordern lassen. § 528 sagt aber „soweit".

[3]) § 519 und § 528, sowie § 1589 Abs. 2.

des Geschenkwertes durch die Rentenzahlungen nicht zum Erlöschen der Rentenpflicht (§ 528 Abs. 1 S. 2 u. 3).

b) Die Einrede des Notbedarfs (§ 529 Abs. 2).

Ständen dem verarmten Schenker mehrere Beschenkte gegenüber, so wäre der zuletzt Beschenkte prinzipaliter zur Klage auf Kompetenz passiv legitimiert. Subsidiär würden aber auch die früher Beschenkten, und zwar von ihnen der später Beschenkte immer zuerst, haften, insoweit der prinzipaliter Legitimierte zur Prüfung der Kompetenz nicht verpflichtet ist, z. B. weil er nicht mehr bereichert ist, oder selbst das beneficium competentiae hat.

Ausgeschlossen ist das Rückforderungsrecht, wenn entweder der Schenker seine Bedürftigkeit vorsätzlich oder grobfahrlässig herbeigeführt hat, oder wenn zur Zeit des Eintritts der Bedürftigkeit seit der Leistung des geschuldeten Gegenstandes zehn Jahre verstrichen sind (§ 529 Abs. 1).

Das Rückforderungsrecht ist höchst persönlich. Es erlischt also mit dem Tode des Schenkers, kann aber auch gegen die Erben des Beschenkten geltend gemacht werden. Ist das Rückforderungsrecht durch Vertrag anerkannt, oder ist es rechtshängig geworden, so ist es auch aktiv vererblich, übertragbar und pfändbar (§ 852 Abs. 2 CPO. und § 400 BGB.).

VI.

Besondere Arten der Schenkung.

Als solche sind zu erwähnen:

1. Die Schenkung des ganzen Vermögens. Sie kann nach BGB. nur das gegenwärtige Vermögen umfassen und der Schenkungsvertrag bedarf der gerichtlichen oder notariellen Beurkundung (§§ 310 und 311).

2. Die Schenkung zur Vergeltung sog. remuneratorische Schenkung — eine wahre Schenkung — hat nur dann Besonderheiten, wenn sie sittliche Pflichts- oder Anstandsschenkung ist. Sie kann dann wegen Bedürftigkeit des Schenkers nicht zurückgefordert und wegen Undankbarkeit des Beschenkten nicht widerrufen werden (§ 534). Auch finden die Schenkungsverbote auf solche sittliche Pflichts- oder Anstandsschenkungen keine Anwendung (§§ 1446 Abs. 2, 1641, 1686, 1804, 2113 Abs. 2, 2205, 2330).

3. Die Schenkung unter einer Auflage. Sie liegt dann vor, wenn der Schenkung eine Nebenbestimmung hinzugefügt ist, daß

der Beschenkte das Geschenk in bestimmter Weise verwenden oder seinerseits etwas leisten solle. Auch im letzteren Fall liegt nicht ein gegenseitiger Vertrag vor, da die Erfüllung der Auflage nicht als Gegenleistung beabsichtigt ist, sondern nur eine wirtschaftliche Beschränkung der Freigebigkeit. Weil die Schenkung unter Auflage auch in diesem Falle ein einseitiger Vertrag bleibt, so besteht sie zu Recht, auch wenn die Nebenbestimmung der Auflage unsittlich oder ihre Erfüllung rechtlich oder tatsächlich unmöglich sein sollte. Doch kann die Auslegung der Vertragsberedungen zu anderem Resultat führen (§ 139). Die Auflage kann den Vorteil des Schenkers oder eines Dritten betreffen. Sie kann im öffentlichen Interesse liegen, aber auch auf den Vorteil des Beschenkten abzielen; doch darf es sich im letzteren Fall nicht um eine bloße Empfehlung des Schenkers handeln, was im einzelnen Fall zweifelhaft sein kann.

Eine Schenkung unter einer Auflage steht im allgemeinen unter Schenkungsnormen. Jedoch gelten folgende Besonderheiten:

a) Sobald das Geschenk geleistet ist, kann der Schenker auf Erfüllung der Auflage klagen. Die Gegenbehauptung des Beklagten, der Schenkungsversprecher habe noch nicht geleistet, ist also nicht Einrede, sondern Bestreiten der eigenen Leistungspflicht. Kläger muß also zur Begründung seiner Klage behaupten, daß er geleistet habe. Sein Anspruch auf Erfüllung der Auflage ist mit Abschluß des Schenkungsvertrags als gesetzlich bedingter entstanden. Doch hat der Beschenkte, wenn die Auflage in Aufwendungen des Beschenkten besteht — z. B. eine Kirche zu bauen — wegen Behaftetseins des Geschenks mit rechtlichen oder faktischen Mängeln insoweit eine Einrede, als der Wert des Geschenks hinter den Kosten der Auflage zurückbleibt und Ausgleichung des Fehlbetrags durch den Schenker nicht erfolgt (§ 526).

Vollzog der Beschenkte die Auflage vor erlangter Kenntnis des Mangels, was er zu beweisen hat, so kann er Nachzahlung des Fehlbetrags verlangen. Durch Annahme des Geschenks in Kenntnis des Mangels geht dem Beschenkten die Einrede nicht verloren. Irrt sich andererseits der Beschenkte über den Wert der Zuwendung — Ausnahme: wenn der Minderwert in rechtlichen oder faktischen Mängeln des Zugewendeten seinen Grund hat — oder über den Betrag der zur Ausführung der Auflage erforderlichen Aufwendungen so ist dies sein eigener Schade.

Die Klage auf Erfüllung steht außer dem Schenker oder seinen

Erben auch dem Dritten, zu dessen Vorteil die Auflage gesetzt war (§ 330 S. 2 u. § 335), oder, wenn die Vollziehung der Auflage im öffentlichen Interesse liegt, auch der zuständigen Behörde zu. Das Klagerecht des Dritten oder der zuständigen Behörde setzt aber ebenfalls Vollziehung der Schenkung voraus. Auch hat die zuständige Behörde erst nach dem Tode des Schenkers ein Klagerecht (§ 525 Abs. 2) und also überhaupt keines, wenn der Schenker auf die Erfüllung der Auflage verzichtete.

Die Klage auf Erfüllung fällt fort, wenn die Erfüllung durch einen vom Beschenkten nicht zu vertretenden Umstand nachträglich unmöglich wurde (§ 275). Die Schenkung bleibt also bestehen, da aus der Unmöglichkeit der Auflageerfüllung — des Nebenzwecks — noch nicht das Hinfälligwerden des Hauptzwecks — der unentgeltlichen Bereicherung — sich ergibt (vgl. jedoch § 139).

Wird die Erfüllung der Auflage durch einen vom Beschenkten zu vertretenden Umstand unmöglich oder verzögert, so verwandelt sich der Anspruch auf Erfüllung in einen Anspruch auf Schadensersatz wegen Nichterfüllung oder verspäteter Erfüllung (§§ 280 u. 285).

b) An Stelle der Erfüllungsklage hat der Schenker oder sein Erbe nach seiner Wahl eine Klage auf Rückforderung des geleisteten Geschenks unter folgenden Voraussetzungen (§ 527):[1])

α) Die Erfüllung der Auflage muß dem Beschenkten infolge eines von ihm zu vertretenden Umstandes unmöglich geworden sein. Liegt nur teilweise Unmöglichkeit vor, so wird der Nachweis erfordert, daß Schenker an der teilweisen Erfüllung kein Interesse hat (§ 325) oder:

β) der Beschenkte muß zur Erfüllung der Auflage rechtskräftig verurteilt und die ihm nach § 283 gesetzte Präklusivfrist unbenutzt verstrichen sein (§ 325 Abs. 2) oder:

γ) der Beschenkte muß mit der Erfüllung der Auflage in Verzug und die ihm gesetzte Präklusivfrist unbenutzt verstrichen sein (§ 326). Doch bedarf es keiner Präklusivfrist, wenn die Erfüllung der Auflage infolge des Verzugs kein Interesse mehr für den Schenker hat.

Die Rückforderungsklage geht nach den Vorschriften über Herausgabe einer ungerechtfertigten Bereicherung (§§ 818 ff.) nur auf denjenigen Betrag der Schenkung, welcher zur Erfüllung der Auflage

---

[1]) „Unter den für das Rücktrittsrecht bei gegenseitigen Verträgen bestimmten Voraussetzungen".

hätte verwendet werden müssen (§ 527 Abs. 1).[1]) Kann Kläger jedoch beweisen, daß er nur unter der Voraussetzung schenkte, daß der Beschenkte die Auflage seinerseits erfüllen werde, so kann das ganze Geschenk zurückgefordert werden, und, falls die Absicht der Vertragschließenden darauf gerichtet war, auch dann, wenn der Beschenkte die Erfüllung der Auflage schuldlos unterließ.

Die Rückforderungsklage versagt, wenn der soeben erwähnte Nachweis nicht erbracht werden kann und zur Erfüllung der Auflage keinerlei Aufwendung seitens des Beschenkten erforderlich ist, was namentlich bei Unterlassungen zutrifft.

Die Rückforderungsklage ist ausgeschlossen, wenn ein Dritter die Erfüllung der Auflage verlangen kann (§ 527 Abs. 2 und oben lit. a Abs. 2). Dagegen schließt der Umstand, daß nach dem Tode des Schenkers die öffentliche Behörde ein Klagerecht auf Erfüllung haben wird, die Rückforderungsklage des Schenkers nicht aus. Hat der Schenker zurückgefordert, so kommt das Klagerecht der öffentlichen Behörde (§ 525 Abs. 2) gar nicht zur Entstehung.

Dritter Titel.

Miete und Pacht.

Windscheid-Kipp II §§ 399ff. Dernburg II §§ 215ff. Cosack I §§ 134ff. Enneccerus I §§ 260ff. Endemann I §§ 167ff. Matthiaß I §§ 118ff. Fränkel, Das Miet- und Pachtrecht, 1897. Vogel, Miete von Wohnungen, 1897. Fuld, Das Mietrecht, 1898. Brückner, Miete von Wohnungen 2. Aufl., 1902. Mittelstein, Die Miete, 1900. Brühl, Miete und Pacht nach Reichsrecht, 2. Aufl., 1900. Örtmann, Miete, Pacht und verwandte Verträge, A. österr. G.-Z. Bd. 51, 281—285, 289—290. Becker, Miete und Pacht, 1902. Beer, Das Recht der Wohnungsmiete, 1903. Schuhmacher, Der landwirtschaftl. Pachtvertrag, 1901.

I.

Begriff.

Die Miete ist ein Vertrag, durch welchen die eine Partei zur Gebrauchsgewährung einer Sache, die andere zu einer gewöhnlich in Geld bestehenden Gegenleistung sich verpflichtet (§ 535). Bei der Pacht erhält der Pächter auch noch das Recht auf Fruchtziehung

[1]) Nach den Grundsätzen des röm. Rechts steht die donatio sub modo ihrem ganzen Betrag nach unter dem Recht der Voraussetzung (Pernice Labeo III, S. 196ff.).

(§ 581 Abs. 1 S. 1) gemäß den Regeln ordnungsmäßiger Wirtschaft. Die Gegenleistung braucht bei beiden Verträgen nicht in Geld zu bestehen; es können auch Sachen oder die Gebrauchs- oder Nutzungsüberlassung an Gegenständen, ja selbst Dienste gegengeleistet werden — was umsomehr zu billigen ist, als auch schon nach römischem Recht bei der Pacht eines Grundstücks die Gegenleistung in einem Teil der aus ihm gezogenen Früchte bestehen kann und ein Vertrag, bei welchem der Gebrauch einer Sache gegen etwas anderes als Geld versprochen ist, analog dem Mietsvertrag beurteilt wird.[1])

Gegenstand der Miete können nur Sachen sein, Gegenstand der Pacht auch Rechte (§§ 535 u. 581). Die Überlassung der Ausübung eines Wohnungsrechtes, einer Jagd- oder Fischereiberechtigung[2]) gegen Entgelt ist also Pachtvertrag (§§ 1092 u. 1093). Die unentgeltliche Gestattung des Gebrauchs eines Rechts ist Leihe.

Auch die eigene Sache kann gemietet oder gepachtet werden für die Zeit, für welche dem Eigentümer Gebrauch oder Nutzung nicht zustehen, weil z. B. einem Dritten der Nießbrauch daran eingeräumt war. Verbrauchbare Sachen können nur zu anormalem Gebrauch gemietet werden, z. B. Früchte zur Ausschmückung einer Tafel.

Beide Verträge folgen im allgemeinen denselben Grundsätzen (§ 581 Abs. 2). Die Verschiedenheiten beziehen sich zumeist auf Grundstücke.

II.

Form.[3])

Im allgemeinen ist nur formlos erklärte Willenseinigung der Vertragschließenden über Gebrauch bezw. Nutzung des Vertragsgegenstandes und die zu machende Gegenleistung erforderlich. Doch bedürfen beide Verträge, wenn sie über ein **Grundstück**[4]) auf länger als ein Jahr abgeschlossen werden, der Schriftform. Sonst gilt der Vertrag als auf unbestimmte Zeit abgeschlossen und muß mindestens ein Jahr lang seit dem vertragsmäßigen Beginn der Miet- oder Pachtzeit ein-

---

[1]) l. 5 § 2 D. de praescript. verbis 19, 5 und **Dernburg** Pandekten II § 111.

[2]) RG. 51, 281.

[3]) **Guttmann**, Die Dauer der Grundstücksmietverträge als Voraussetzung ihrer Formbedürftigkeit (§ 566 BGB.) in D. R. Bd. 6, 345 u. 346.

[4]) Beim Jagdpachtvertrag ist die Jagd Gegenstand, nicht das Grundstück. Daher Schriftform nicht erforderlich (RG. 51, 280. Vgl. Art. 69 EG. z. BGB.).

gehalten werden, so daß Kündigung für einen früheren Termin wirkungslos ist (§§ 566, 580).

III.

Die Verpflichtungen des Vermieters oder Verpächters (locator).[1])

Es sind folgende:

1. Der locator muß dem conductor den vertragsmäßigen Gebrauch der Sache mit Zubehör während der ganzen Vertragszeit gewähren (§ 536). Dazu gehört:

a) meistens die Übergabe der Sache, weil diese Übergabe regelmäßig die Voraussetzung für den Gebrauch ist; z. B. nicht bei der Miete einer bloßen Schlafstelle oder eines in den Räumen des Vermieters zu bestimmten Stunden zu benutzenden Pianinos. — Gewährt der locator die Sache überhaupt nicht, so geht gegen ihn die Vertragsklage auf Erfüllung. Wird durch einen von ihm zu vertretenden Umstand die Erfüllung unmöglich, so hat conductor die Rechte aus § 325.

b) Die Erhaltung der Sache in gebrauchsfähigem Zustand während der Vertragszeit. Deshalb treffen ihn die ohne ordnungswidrigen Gebrauch des conductor nötig gewordenen (§ 548) Reparaturen, wobei die Grundsätze von Treu und Glauben, sowie die Verkehrssitte zu berücksichtigen sind. Ist also die Ausbesserung ganz unverhältnismäßig kostspielig, so besteht keine Reparaturpflicht. Ist die Vertragssache untergegangen, so liegt Unmöglichkeit der Erfüllung vor, weshalb die §§ 323—325 zur Anwendung kommen. Bei der Pacht landwirtschaftlicher Grundstücke hat der Pächter die gewöhnlichen Ausbesserungen auf eigene Kosten zu bewirken (§ 582), denn sie gelten wirtschaftlich als Last der Nutzungen.

2. Der locator hat für Sachmängel und zugesicherte Eigenschaften einzustehen, einerlei, ob die Sachmängel zur Zeit des Vertragschlusses vorhanden waren oder sich erst während der Vertragszeit einstellten, und ob die zugesicherten Eigenschaften bereits beim Vertragsschluß

---

[1]) Schöller, Die Folgen schuldhafter Nichterfüllung, insbesondere der Schadensersatz wegen Nichterfüllung bei Kauf, Pachtvertrag und Miete, Gruchot Bd. 46, 1—42, 258—291. Tumpowsky, Der Mängelanspruch des Mieters, 1902. Schäfer, Das außerordentliche Kündigungsrecht des Mieters wegen Gesundheitsgefährlichkeit der Mietsache (§ 544 BGB.) in Seufferts Bl. f. R. Bd. 67, 257—265. Kiehl, Die Exmissionsklausel und das Aufrechnungsrecht des Mieters (§§ 389, 357, 554 BGB.) in Gruchot Bd. 45, 753—764.

fehlten, oder erst später fortfielen — es müßte sich dann die Zusicherung nur auf den Beginn des Vertrags beziehen z. B. frisch abgezogenes Parquet oder frischgestrichene Fußböden, neugemalte Wände oder Decken sind versprochen. Das Versprechen einer bestimmten Größe des Vertragsgrundstücks gilt als Zusicherung einer Eigenschaft (§ 537).

Voraussetzung ist dabei aber, daß der Sachfehler die Tauglichkeit der Sache zu dem vertragsmäßigen Gebrauch aufhebt oder mindert. Erheblichkeit der Minderung, wie sie beim Kauf vorgesehen ist (§ 459 Abs. 1 a. E.), wird nicht verlangt.

Die dem conductor wegen dieser Fehler und fehlender zugesicherter Eigenschaften zustehenden Rechte, welche zum Teil aber noch besondere Voraussetzungen haben, sind folgende:

a) Der conductor kann Beseitigung des Fehlers und Beschaffung der zugesicherten Eigenschaft verlangen, wie sich daraus ergibt, daß locator während der ganzen Vertragszeit den vertragsmäßigen Gebrauch gewähren muß (§ 536). Gerät der locator mit der Beseitigung der Mängel in Verzug, so kann conductor den Mangel selbst beseitigen und Ersatz der erfordert gewesenen Aufwendungen verlangen (§ 538 Abs. 2).

b) Der conductor ist für die Zeit der Aufhebung der Tauglichkeit von der versprochenen Gegenleistung befreit, für die Zeit der Minderung nur zu geminderter Gegenleistung verpflichtet (§ 537 Abs. 1). Hat er die Gegenleistung im voraus gemacht, so kann er sie nach den Grundsätzen ungerechtfertigter Bereicherung zurückfordern. Beruht jedoch die Aufhebung oder Minderung der Tauglichkeit auf einem vom locator zu vertretenden Umstand, so ist § 543 a. E. entsprechend anzuwenden und locator haftet vom Empfang der Gegenleistung an für jede Fahrlässigkeit.[1])

c) Der conductor kann fristlos den Vertrag kündigen. Voraussetzung ist aber einmal, erhebliche Vorenthaltung des Gebrauchs in gegenständlicher oder zeitlicher Beziehung — es sei denn, daß die Kündigung für den conductor durch ein besonderes Interesse gerechtfertigt wird[2]) — und ferner, erfolglose Aufforderung an den locator um Abhilfe binnen angemessener Frist (§ 542) — es müßte sich denn

---

[1]) So mit Recht Crome § 236 Anm. 82.

[2]) Z. B. ein Zimmer der gemieteten Etagenwohnung ist unbrauchbar, aber bei der starken Familie des Mieters unentbehrlich; die Heizung des gemieteten Zimmers ist in Unordnung. Sie könnte in einigen Tagen repariert sein, der erkrankte Mieter darf sich aber nicht in ungeheizten Räumen aufhalten.

um ein Fixgeschäft handeln (§ 361) oder die Erfüllung des Vertrages infolge des die Kündigung veranlassenden Umstandes kein Interesse mehr für den conductor haben.

Hatte der conductor die geschuldete Gegenleistung im voraus gemacht, so gilt hinsichtlich der Rückforderung für die nach der Kündigung liegende Vertragszeit das unter b Gesagte (§ 543 Abs. 2).

d) Der conductor kann Schadensersatz wegen Nichterfüllung verlangen (§ 538) nach folgenden Grundsätzen:

War der Sachmangel bereits zur Zeit des Vertragsschlusses da oder fehlte die zugesicherte Eigenschaft bereits zu dieser Zeit, so haftet der locator auch ohne Verschulden.[1]) Trat der Mangel oder der Wegfall der zugesicherten Eigenschaften aber erst nach Abschluß des Vertrages ein, so haftet der locator nur dann auf Schadensersatz, wenn er entweder den Eintritt des Mangels oder den Fortfall der Eigenschaft verschuldete oder die Beseitigung des unverschuldet eingetretenen Mangels, soweit sie ihm obliegt, verzögerte. Vorausgesetzt ist dabei jedoch, daß der conductor den erst während der Vertragszeit auftauchenden Mangel oder eintretenden Wegfall der zugesicherten Eigenschaft ohne schuldhaftes Zögern dem locator anzeigt, widrigenfalls er insoweit seinen Anspruch verliert, als der locator wegen Unterlassung der Anzeige Abhilfe zu schaffen außerstande ist (§ 545).

Sowohl die Befreiung von der Gegenleistung als Kündigungs- und Schadensersatzrecht fehlen, wenn sie durch Vertrag ohne Arglist des locator ausgeschlossen wurden (§ 540), oder wenn der conductor beim Abschluß des Vertrags den Fehler kennt oder ohne arglistiges Verschweigen des locator grob fahrlässig nicht kennt, endlich, wenn der conductor den beim Vertragsabschluß ihm unbekannten Mangel im Moment der Überlassung der Sache kennt und sich seine Rechte nicht vorbehält (§§ 539 u. 543 Abs. 1). Sind jedoch zum Aufenthalt von Menschen bestimmte Räume gemietet (z. B. Fabrik- oder Schulräume), so steht bei erheblicher Gesundheitsgefährlichkeit derselben dem Mieter das Kündigungsrecht stets zu, also auch dann, wenn er den Mangel beim Vertragsabschluß kannte, ja selbst wenn er auf Geltendmachung des Mangels verzichtet hatte (§ 544).[2])

---

[1]) RG. 52, 173.

[2]) Hat der Mieter den gesundheitsgefährdenden Zustand der Wohnung während der Vertragsdauer erst schuldhaft herbeigeführt, so hat er das Kündigungsrecht nicht (RG. 51, 210ff.).

3. Der locator hat juristische Mängel der Vertragssache (fehlende Verfügungsberechtigung, vorhandene dingliche Rechte dritter Personen) zu vertreten, vorausgesetzt, daß durch den Mangel dem conductor der vertragsmäßige Gebrauch der Sache ganz oder zum Teil entzogen ist (§ 541). Ob der Mangel bereits beim Vertragsabschluß vorhanden war oder hinterher entsteht, ist im allgemeinen gleichgültig. (Vgl. jedoch §§ 571ff. u. 986 Abs. 2. Diese juristischen Mängel werden wie Sachmängel behandelt und geben dem conductor die gleichen Rechte wie solche (vgl. Nr. 2). Nur schadet dem conductor grobfahrlässige Nichtkenntnis des Mangels beim Vertragsabschluß und vorbehaltlose Annahme in Kenntnis des Mangels nichts (§ 541).

4. Der locator hat die Lasten und Abgaben, welche auf dem Vertragsgegenstand ruhen, sowie die Gefahr, von welcher die Sache betroffen wird, zu tragen (§§ 546 u. 323).

5. Der Vermieter muß die Untervermietung an einen geeigneten Untermieter gestatten, wenn er sich nicht der Aufkündigung des Vertrags innerhalb der gesetzlichen Frist aussetzen will (§ 549). Das Kündigungsrecht fehlt natürlich, wenn die Untervermietung vertragsmäßig verboten war. Der Pächter hat kein Kündigungsrecht (§ 596 Abs. 1).

6. Verwendungen, welche der conductor auf die Sache machte, muß der locator gemäß den Regeln der auftragslosen Geschäftsführung ersetzen (vgl. §§ 678, 679, 683, 685 Abs. 1). Doch sind notwendige Verwendungen stets zu ersetzen und vom Ersatz der Futterkosten des vermieteten oder verpachteten Tieres ist locator stets befreit (§ 547). Das ius tollendi muß der locator dulden (§ 547 letzter Satz).

IV.

Die Verpflichtungen des Mieters oder Pächters (conductor).[1])

Dieselben sind:

1. Zahlung des Miet- oder Pachtzinses. Sie hat, mangels entgegengesetzter Vereinbarung, postnumerando nach Ablauf der Vertrags-

---

[1]) Mittelstein, Gebrauchsüberlassung im Sinn des § 552 in D. J.-Z. Bd. 8 S. 447. Nissen, Ein Beitrag zur Struktur der Ansprüche an den Dritten aus §§ 556, 604 BGB. in J. W. Bd. 32, 201—204. Riedel, Verliert der Vermieter durch Annahme verspätet gezahlter Miete den Räumungsanspruch? in D. R. Bd. 7, 144 u. 145.

zeit zu erfolgen. Ist jedoch der Zins nach Zeitabschnitten bemessen, z. B. wöchentlich 10 Mark, so muß er am Ende jedes einzelnen Zeitabschnitts entrichtet werden (§ 551). Bei Grundstücken, Wohnungs- oder anderen Räumen ist der nach Quartalen oder längeren Zeitabschnitten bemessene Miet- oder Pachtzins nach dem Ablauf je eines Kalenderquartals und bei landwirtschaftlichen Grundstücken der nach Jahren bemessene Pachtzins nach dem Ablauf je eines Pachtjahres zu zahlen (§§ 551 Abs. 2 u. 584), und zwar am 1. Werktage des folgenden Kalenderquartals bezw. Pachtjahres.

Von dieser Verpflichtung zur Zinszahlung wird der conductor durch einen in seiner Person liegenden Grund, der ihn an der Benutzung der Sache hindert, z. B. Erkrankung, nicht befreit. Insoweit jedoch dadurch der locator Aufwendungen erspart, z. B. bei Häusermiete durch Selbstbewohnen oder durch Nichtbenutzung von Gas- und Wasserleitung, welche er gemäß des Vertrags dem Mieter zu gewähren hatte, oder durch anderweite Verwertung des Gebrauchs z. B. Weitervermietung Vorteil erlangt, darf conductor den Zins kürzen (§ 552 S. 1 u. 2). Geht aber die Vertragssache durch einen vom conductor nicht zu vertretenden Umstand unter oder wird sie dem conductor vorenthalten, so braucht conductor vom Untergang an oder für die Zeit der Vorenthaltung keinen Zins zu zahlen (§§ 323 u. 552 S. 2).

Einen Remissionsanspruch des Pächters wegen kasuellen Untergangs der noch nicht eingeheimsten Früchte erkennt das BGB. nicht an.[1])

Kommt der conductor mit Zahlung des Zinses in Verzug, so stehen dem locator die Rechte aus § 326 zu. Dazu tritt noch ein fristloses Kündigungsrecht, wenn conductor für zwei aufeinander folgende Termine mit der Zinszahlung ganz oder teilweise im Verzug ist (§ 554 Abs. 1 S. 1). Das Kündigungsrecht ist ausgeschlossen, sobald conductor den rückständigen Zins nachgezahlt hat (§ 554 Abs. 1 S. 2). Die vorgenommene Kündigung wird nach rückwärts hin wirkungslos, wenn conductor eine aufrechenbare Gegenforderung hat und unverzüglich nach der Kündigung die Aufrechnung erklärt (§ 554 Abs. 2).

2. Einhaltung vertragsmäßiger Benutzung. Der conductor hat bei Obhut und Fürsorge für die Vertragssache die im Verkehr erforderliche Sorgfalt zu beachten (§ 276) und namentlich jede Ver-

[1]) Anders l. 15 D. locati 19, 2 und §§ 478ff. I 21 ALR.

tragswidrigkeit zu unterlassen, widrigenfalls er schadensersatzpflichtig wird, und nach fruchtloser Abmahnung einer Klage auf Unterlassung (§ 550), sowie bei erheblicher Gefährdung oder Verletzung der Rechte des locator fristloser Kündigung des Vertrags sich aussetzt (§ 553).[1])

Hat er, selbst mit Erlaubnis des locator, eine Aftervermietung oder Verpachtung vorgenommen, so haftet er für jedes Versehen des Afterconductor, wie wenn er es selbst begangen hätte, nicht also, wie bisher nach gem. Recht, nur für culpa in etigendo oder auf Abtretung seiner Klagen (§ 549 u. l. 11 pr. D. loc. cond. 19, 2).

Willkürliche Veränderungen der Miet- oder Pachtsache darf conductor nicht vornehmen (§ 558), selbst wenn sie an sich Verbesserungen sein sollten, sonst macht er sich schadensersatzpflichtig. Sind aber die Veränderungen auch für den locator Verbesserungen, so kommen die Grundsätze über unbeauftragte Geschäftsführung zur Anwendung. Der Pächter landwirtschaftlicher Grundstücke dagegen darf im Allgemeinen die Bebauungsart verändern. Nur über die Pachtzeit hinausgreifende Änderungen in der wirtschaftlichen Bestimmung des Grundstücks (z. B. Abholzung eines Waldes, Anlegung eines Steinbruchs, Karpfenteichs an Stelle der bisherigen Felder) bedürfen der Erlaubnis des Verpächters (§ 583), der sonst fristlos kündigen, oder auf Unterlassung und Schadensersatz klagen kann.

Die Schadensklage des locator verjährt in 6 Monaten seit Rückgabe (§ 558 Abs. 1). Ist aber der Anspruch auf Rückgabe verjährt, so ist damit ohne weiteres auch die Verjährung der Schadensklage eingetreten (§ 558 Abs. 3).

Verschlechterungen durch vertragsmäßigen Gebrauch hat conductor nicht zu vertreten (§ 548). Denn zum Gebrauch ist er nach dem Inhalt des Vertrags berechtigt. Ausnahmen: §§ 586 Abs. 2 S. 2 u. 588 Abs. 2.

3. Unverzügliche Anzeige an den locator, wenn im Laufe der Vertragszeit Mängel der Sache oder Anmaßungen Dritter von Rechten an der Sache hervortreten oder eine Vorkehrung zum Schutz der Sache gegen eine nicht vorhergesehene Gefahr erforderlich wird (§ 545 Abs. 1). Die Anzeigepflicht bezieht sich auch auf solche

[1]) Greift der Mieter durch die Benutzung des gemieteten Grundstücks in das Eigentumsrecht am Nachbargrundstück ein, so liegt darin im Zweifel eine Verletzung des Mietvertrags, die den Vermieter zur Klage auf Unterlassung oder zur Kündigung berechtigt (RG. 47, 164).

Mängel, welche den Gebrauch der Vertragssache nicht beeinträchtigen. Denn nicht auf das dem conductor, sondern auf das dem locator Schädliche kommt es hier an, zu dessen Abwehr der locator durch die Anzeige in den Stand gesetzt werden soll. Die Unterlassung der Anzeige macht den conductor schadensersatzpflichtig für den aus der Unterlassung hervorgehenden Schaden und bewirkt den Verlust der unter Nr. IV, 2 u. 3 besprochenen Rechte (§ 545 Abs. 2). Doch treten diese Folgen nicht ein: wenn der locator schon die Mängel usw. kennt (denn dann bedarf es keiner Anzeige mehr), oder wenn der conductor ohne Verschulden seinerseits entweder annehmen durfte, daß locator den Mangel 2c. kenne oder selbst den Mangel 2c. nicht erkannt hatte.

4. Rückgabe der Sache und ihres Zubehörs nach Beendigung des Vertragsverhältnisses in dem Zustande, in welchen sie durch den vertragsmäßigen Gebrauch bei sorgfältiger Obhut des conductor gelangt war (§ 556 Abs. 1). Findet sich also bei der Rückgabe ein nicht durch vertragsmäßigen Gebrauch herbeigeführter Fehler, z. B. eine zerbrochene Fensterscheibe, so hat conductor zu beweisen, entweder, daß der Fehler bereits bei Übergabe der Sache an ihn vorhanden war, oder daß er durch einen von ihm nicht zu vertretenden Umstand herbeigeführt wurde.

Der Pächter eines landwirtschaftlichen Grundstücks hat in dem Zustand zurückzugeben, welcher ordnungsmäßiger Bewirtschaftung während der Pachtzeit entspricht. Endigt also der Vertrag vor der Ernte, so sind die gemäß ordnungsmäßiger Bewirtschaftung auf dem Grundstück stehenden unreifen Früchte mit herauszugeben (§§ 591, 592), sollte auch das Grundstück dem Pächter unbestellt übergeben sein. Der Pächter hat jedoch Anspruch auf Ersatz der Bestellungskosten.

Der Pächter eines Landguts muß in landwirtschaftlichem Interesse bei der Rückgewähr soviel von den vorhandenen Erzeugnissen mit zurückgeben, als zur Fortsetzung der Wirtschaft bis zur nächsten Ernte gebraucht wird und sämtlichen vorhandenen, auf dem Gute gewonnenen Dünger (§ 593). Dies auch dann, wenn zu Beginn der Pachtung solche Erzeugnisse oder Dünger nicht vorhanden waren.[1])

Gegenüber der Klage auf Rückgewähr hat der conductor beweglicher Sachen die Einrede der Zurückbehaltung wegen Verwendungen (§ 547 u. § 556 Abs. 2), und auch der conductor von Grundstücken den Einwand, daß die Miet- oder Pachtsache ihm gehört.

[1]) Über Rückgewähr eines Landguts nach Taxe, § 594.

Verzögert der conductor die Rückgabe, einerlei ob mit oder ohne Schuld, so ist er deswegen schadensersatzpflichtig. Der Schaden beträgt bei Miete mindestens den Betrag des Zinses, welcher auf die Zögerungszeit entfallen würde, wenn der Vertrag weiter liefe (§ 557), bei der Pacht dagegen denjenigen Teil des vereinbarten Pachtzinses, welcher sich nach dem Verhältnis ergibt, in welchem die Nutzungen, die der Pächter während der Dauer der Vorenthaltung zog oder hatte ziehen können, zu den Nutzungen des ganzen Pachtjahres stehen (§ 597). Wenn also der Pächter dem Verpächter das Grundstück gerade während der Erntezeit vorenthält und während dieser Zeit die ganze Ernte einheimst, so muß er auch den ganzen Pachtzins zahlen, obwohl die Zeit der Vorenthaltung vielleicht nur $^1/_4$ des Pachtjahres währte.

Die Vertragsklage des locator auf Rückgewähr der Sache ist nach § 556 Abs. 3 auch gegen den Dritten erstreckt, welchem der conductor den Gebrauch der Sache — entgeltlich oder unentgeltlich — überließ, obwohl durch den Vertrag mit dem Dritten keineswegs ein Vertragsverhältnis zwischen dem Dritten und dem locator begründet wird. Vielmehr handelt es sich um eine gesetzliche Gesamtschuld,[1]) deren Voraussetzung der Umstand bildet, daß der Dritte sein Recht zum Besitz vom conductor ableitet und deren Inhalt einzig und allein die durch die Rückgabeverbindlichkeit des conductor näher bestimmte Rückgabepflicht ist. Deshalb kann der Drittbesitzer die seinem auctor gegenüber dem Anspruch des locator zustehenden Einwendungen ebenfalls gebrauchen, nicht dagegen die ihm selbst gegen seinen auctor zustehenden Einwendungen. Nur soweit es sich um Verwendungen handelt, welche der Drittbesitzer auf die Sache gemacht hat und die der conductor, wenn er sie selbst gemacht hätte, vom locator ersetzt verlangen könnte (§ 547), muß der Dritte ihretwegen ebenfalls die Einrede des Zurückbehaltungsrechts gegenüber der Herausgabeklage des locator haben.

---

[1]) Vgl. Örtmann, Kommentar zu § 556 Anm. 3 u. 4, sowie Stammler: die Einrede aus dem Recht eines Dritten 1900 S. 44ff. (in der Festgabe für Dernburg). A. M. Hellwig: Verträge auf Leistung an Dritte, 1899 S. 421, welcher die Bestimmung des § 556 Abs. 3 für selbstverständlich hält, weil es sich um Anstellung der Klage aus dem besseren Besitz handle. Ganz abgesehen davon, daß diese Klage nur bei beweglichen Sachen gegeben ist — auch § 1006 Abs. 3 gilt nur für bewegliche Sachen — so fragt es sich, warum sie das Gesetz (§ 556 Abs. 3) nur gibt gegen den, an welchen der Mieter den Gebrauch der Sache überließ? (vgl. namentlich Romeick: die abgeleitete Schuld 1902 S. 14ff.).

Hat der Drittbesitzer die Sache vor Rechtshängigkeit des gegen ihn gerichteten Herausgabeanspruchs seinem auctor zurückgegeben, so ist er ohne sein Verschulden unvermögend, seiner Herausgabepflicht gegen den locator zu genügen. Hat er dies nach der Rechtshängigkeit getan, so haftet er wegen des darin liegenden Verschuldens auf Schadensersatz wegen Nichterfüllung. Gab er die Sache an einen anderen, so ist auch gegen diesen der Herausgabeanspruch aus § 556 Abs. 3 begründet. Ebenso gegen die weiteren Nachmänner. Ist der Drittbesitzer Eigentümer der Sache, so besteht für ihn überhaupt keine Herausgabepflicht. Denn die Voraussetzung der in § 556 Abs. 3 normierten Gesamtschuld, daß der Dritte sein Recht zum Besitz vom conductor ableitet, trifft hier nicht zu. Gemäß der Grundsätze über die Gesamtschuld wird nach § 425 Abs. 2 a. E. das gegen den conductor ergangene Urteil nicht rechtskräftig für oder wider den Dritten und umgekehrt. Auch kann von Anwendung des § 325 CPO. keine Rede sein, da der Dritte weder Rechtsnachfolger des conductor ist, noch bei Anstellung der Vertragsklage auf Herausgabe der Sache eine in Streit befangene Sache vorliegt.[1]) Ebensowenig kann der Dritte gegenüber der (Vertrags-)Klage des Vermieters eine laudatio auctoris vornehmen (§ 76 CPO.).

V.

Sicherungsmittel.[2])

Schon dem römischen Rechte war das gesetzliche Pfandrecht des Vermieters an den invecta et illata des Mieters und des Verpächters

---

1) A. M. Örtmann a. a. O. u. Crome § 237 Anm. 47.

2) Siber, Das gesetzliche Pfandrecht des Vermieters, des Verpächters und des Gastwirts in Fischers Abh. Bd. 5 Heft 2. Über die Beschränkung des gesetzl. Pfandrechts auf Sachen des Mieters vgl. Brückner in D. R. Bd. 5 S. 525 u. 526. Francke ebenda S. 616. Bieringer ebenda S. 879 u. 880. Ferner Francke in Seufferts Bl. f. R. Bd. 66, S. 41—43, 357—359. Schorer in D. J.-Z. Bd. 5, 202 u. 203 und Erwiderungen von Labes ebenda 225, 818, und Geub ebenda 479. Altvater, Vereinbartes Zurückbehaltungsrecht des Vermieters in D. J.-Z. Bd. 7, 314 u. 315. Hellwig, Zurückbehaltungsrecht an unpfändbaren Sachen in D. R. 7, 169—171. Über den gleichen Gegenstand auch Ortloff Arch. f. b. R. Bd. 22, 281—312, Örtmann in D. J.-Z. Bd. 8, 186 bis 189. — Pfändungs- und Vermieterpfandrecht Goldstein in D. J.-Z. Bd. 8, 401, Götte ebenda S. 472. Pfandrecht im Konkurs Grünebaum in D. R. Bd. 6, 84 u. 85 und Kreißelmeyer, München 1903. von Brünneck, Die Pfandhaftung des dem Pächter eines Landguts vom Eigentümer veräußerten Inventars in Gruchot Bd. 44, 97—109.

an den Früchten des Grundstücks bekannt.[1]) Diese Pfandrechte haben im BGB. folgende Gestaltung erhalten:

1. Der Vermieter von Wohnungs- und anderen Räumen, sowie der Vermieter oder Verpächter von Grundstücken haben ein gesetzliches Pfandrecht an den im Eigentum des conductor, nicht des subconductor stehenden, eingebrachten Sachen (§ 559). Ausgenommen sind die nach § 811 CPO. der Pfändung entzogenen Sachen. Jedoch ergreift das Pfandrecht des Verpächters eines landwirtschaftlichen Grundstücks auch die der Pfändung nach § 811 Nr. 4 nicht unterworfenen Sachen des Pächters, sowie die Früchte des Grundstücks (§ 585).

Die durch das Pfand gesicherten Forderungen bestehen grundsätzlich aus sämtlichen bereits fälligen Forderungen aus dem Vertragsverhältnis (Zinsrückstände, Entschädigungsforderungen[2]), sowie aus der Zinsforderung für das laufende und das folgende Vertragsjahr (§§ 559 S. 2 u. 581 Abs. 2).

Trifft das Pfandrecht des Vermieters oder Verpächters von Wohnungs- oder anderen Räumen oder nicht landwirtschaftlichen Grundstücken mit einem Pfändungspfandrecht zusammen, indem eingebrachte Sachen gepfändet wurden (§ 805 Abs. 1 CPO.), so sichert das erstere nur den Zins des letzten Jahres vor der Pfändung (§ 563).

Bei Pachtungen landwirtschaftlicher Grundstücke ist stets der gesamte Pachtzins für Vergangenheit und Zukunft gesichert (§ 585 S. 1).

Das Pfandrecht entsteht frühestens mit der Einbringung in die gemieteten Räume oder in das gemietete oder gepachtete Grundstück. Gelangt die eingebrachte Sache erst hinterher in das Eigentum des conductor oder wird sie erst hinterher pfändbar, so entsteht erst mit diesem Zeitpunkt das Pfandrecht. Guter Glaube des locator ersetzt nicht das fehlende Eigentum des conductor. § 1207 gilt nur für das Vertragspfandrecht.

Das Pfandrecht endigt nach den gewöhnlichen pfandrechtlichen Grundsätzen, also namentlich durch Pfandverkauf (§ 1242) durch Abtretung der versicherten Forderung ohne das Pfandrecht (§ 1250 Abs. 2), durch Erlöschen der versicherten Forderung (§ 1252) 2c.

[1]) l. 4 pr. l. 7 pr. D. in quib. caus. 20, 2.

[2]) „Künftige" Entschädigungsforderungen, d. h. solche, bei denen der Schaden tatsächlich noch nicht eingetreten ist, sollte auch der Grund für den Schaden bereits gegeben sein, sind nicht durch Pfandrecht gesichert (RG. 54, 302).

Ferner aber auch durch gutgläubigen Erwerb der Pfandsache seitens eines Dritten (§ 936) und durch Entfernung der Sachen von dem Grundstück mit Wissen und ohne Widerspruch des Pfandgläubigers (§ 560 S. 1). Widerspricht also der Gläubiger und erfolgt die Entfernung gleichwohl, oder erfolgt sie ohne Wissen des Gläubigers, so bleibt das Pfandrecht bestehen.

Trotzdem hat der Pfandgläubiger das Recht, die Fortschaffung der Pfandsachen vom Grundstück zu verhindern (sog. Perklusionsrecht), da es mit Schwierigkeiten verknüpft sein kann, den Verbleib der fortgeschafften Sachen zu ermitteln und auch die Gefahr des Erwerbes durch Dritte in gutem Glauben droht. Er kann zu diesem Behuf die Pfandsachen auch eigenmächtig in Besitz nehmen (§ 561), wenn der conductor auszieht. Doch steht dem Pfandgläubiger das Präklusionsrecht nicht zu (§§ 560 u. 562):

wenn die zurückgebliebenen Sachen zur Sicherung des locator offenbar ausreichen;

wenn die Entfernung der Sachen im regelmäßigen Geschäftsbetrieb[1]) des conductor oder den *gewöhnlichen* Lebensverhältnissen[2]) entsprechend erfolgt war;

wenn für die zu entfernende *Sache* in Höhe ihres Wertes Sicherheit geleistet wird.

Die solchergestalt entfernten Sachen werden mit ihrer Entfernung vom Grundstück pfandfrei. Kehrt der conductor mit ihnen zurück, so wird mit der Illation ein neues Pfandrecht begründet — ausgenommen in dem zuletzt erwähnten Fall.

Sind andererseits Pfandsachen trotz zu befürchtenden, gerechtfertigten Widerspruchs heimlich oder sind sie nach Widerspruch entfernt, so erlischt das Pfandrecht *erst*, wenn der Gläubiger von erlangter Kenntnis der Fortschaffung an einen Monat hat verstreichen lassen, ohne den pfandrechtlichen Anspruch auf Herausgabe, sei es zwecks Zurückschaffung auf das vom conductor noch bewohnte Grundstück, sei es behufs eigener Besitzergreifung, wenn der conductor ausgezogen ist, gerichtlich geltend zu machen[3]) (§ 561 Abs. 2). Der Anspruch richtet

---

[1]) Z. B. der Mieter eines Ladens verkauft von seinen Waren, oder der Pächter eines Landgutes verkauft den überschüssigen Viehstand.

[2]) Z. B. der Mieter zieht im Winter seinen Pelz an und geht damit aus, er verreist und nimmt seinen Koffer mit, er schickt im Sommer seinen Pelz zwecks Aufbewahrung zum Kürschner.

[3]) Durch Klage, Antrag auf Erlaß einer einstweiligen Verfügung.

sich gegen jeden, welcher die Pfandsachen hinter sich hat, auch gegen den Pfandschuldner. Wird der Anspruch gerichtlich geltend gemacht, so hat der Pfandgläubiger seine Unkenntnis von der Entfernung oder seinen Widerspruch zu beweisen. Sache des Gegners ist der Nachweis, daß ein Fall gerechtfertigter Entfernung vorlag.

Nicht Beendigung, sondern nur Abwendung der Geltendmachung des fortbestehenden Pfandrechts erzielt der Pfandschuldner, wenn er für die durch das Pfandrecht gesicherten Forderungen genügende anderweite Sicherheit leistet (§ 562 S. 1). Sicherheitsleistung in Höhe des Wertes sämtlicher eingebrachter Sachen zerstört das Pfandrecht an diesen Sachen, hindert aber nicht die Entstehung neuen Pfandrechts an später eingebrachten Sachen (§ 562 S. 2).

2. Der Pächter hat ein gesetzliches Pfandrecht, wenn er ein Grundstück mit Inventar pachtete. Hier sind zwei Fälle zu unterscheiden. Entweder:

a) Der Verpächter trägt die Gefahr kasuellen Untergangs und kasueller Verschlechterung, was regelmäßig der Fall ist. Hier hat der Pächter eine Forderung gegen den Verpächter auf Ergänzung des zufälligen Abgangs (§ 586 Abs. 2), oder:

b) der Pächter trägt die Gefahr kasuellen Untergangs und kasueller Verschlechterung. Dies trifft zu, wenn er das Inventar zum Schätzungswert unter der Verpflichtung, es bei der Beendigung der Pacht nach dem Schätzungswert zurückzugewähren (§ 587) übernimmt. Eigentümer des Inventars wird hier der Pächter nicht, doch hat er für seine Ergänzung zu sorgen. Soweit nun bei der Rückgewähr die Taxe hinter der zur Zeit der Übernahme aufgestellten zurückbleibt, ist der Pächter ersatzpflichtig. Im umgekehrten Fall dagegen ist er ersatzberechtigt, insoweit nicht einzelne vom Pächter angeschaffte Stücke nach den Regeln ordnungsmäßiger Wirtschaft für das Grundstück überflüssig oder zu wertvoll waren und deshalb vom Verpächter bei der Rückgewähr zurückgewiesen wurden (§§ 588, 589).

Sowohl für die Forderung zu a als diejenige zu b hat der Pächter ein gesetzliches Faustpfandrecht an den in seinen Besitz gelangten Inventarienstücken, welches aber durch Sicherheitsleistung abgewendet bezw. abgelöst werden kann (§ 590 S. 2).

VI.

Die Beendigung des Miet- oder Pachtverhältnisses.[1])

Sie vollzieht sich natürlich durch freiwillige Vereinbarung und Untergang der Sache, sowie nach preuß. Recht auch durch Enteignung,[2]) weiter durch Eintritt einer auflösenden Bedingung und Ablauf der Vertragszeit, sowie endlich Kündigung.

Besonderes ist nur bezüglich des zuletzt genannten Endigungsgrundes zu bemerken. Die Kündigung ist:

1. Kündigung unter Einhaltung gesetzlicher Kündigungsfristen und möglicherweise zu gesetzlichen Terminen. Das BGB. hat nämlich im Gegensatz zum röm. Recht, aber im Anschluß an die Partikulargesetzgebung (§§ 341 ff. I, 21 ALR.) gesetzliche Kündigungsfristen aufgestellt.

a) die Kündigungsfristen bezw. -termine sind:

bei der Pacht von Grundstücken oder Rechten am 1. Werktage desjenigen Halbjahres, mit dessen Schluß das Pachtjahr endigt (§ 595);

bei der Miete von Grundstücken, Wohnungs- oder anderen Räumen spätestens am 3. Werktage des Kalenderquartals, mit dessen Schluß geräumt werden soll. Ist jedoch der Mietzins nach Monaten bemessen, so muß spätestens am 15. des Monats gekündigt werden, mit dessen Schluß der Vertrag endigen soll. Bei nach Wochen bestimmtem Mietzins muß spätestens am 1. Werktage der Kalenderwoche, mit deren Ablauf der Vertrag endigen soll, gekündigt werden;

bei Miete oder Pacht beweglicher Sachen muß drei Tage im voraus gekündigt werden (§§ 565 u. 581 Abs. 2).

Nur eintägige Kündigungsfrist wird erfordert, wenn der Mietzins einer beweglichen oder unbeweglichen Sache nach Tagen bestimmt ist (§ 565 Abs. 3).

b) Die Fälle der Kündigung sind:

Abschließung des Vertrags auf unbestimmte Zeit (§§ 564 Abs. 2 u. 566);

Ablauf des 30. Vertragsjahres, wenn der Vertrag für länger als 30 Jahre abgeschlossen war (§ 567);

---

[1]) Über Kündigungsfristen **Düringer** in D. R. Bd. 5, 5—6 u. 576—577. Über Beamtenversetzung **David** und **Keyßner** in D. R. Bd. 7, 146 u. 224 bis 229. **Schönfeld**, Der Übergang der Kündigungsbefugnis in D. R. Bd. 6, 367 bis 368.

[2]) § 45 Enteignungsges. v. 11. Juni 1874.

Grundlose Verweigerung der Überlassung der Mietsache an einen Dritten (§§ 549 Abs. 1 u. 596 Abs. 1);

Tod des Mieters — sowohl der Vermieter als die Erben des Mieters haben das Kündigungsrecht, jedoch nur für den ersten nach a zulässigen Termin (§ 569);

Tod des Pächters — nur die Erben desselben, nicht der Verpächter, haben das Kündigungsrecht, jedoch nur für den ersten nach a zulässigen Termin (§ 596 Abs. 2);

Konkurseröffnung über das Vermögen des Mieters oder Pächters, falls die Überlassung des Vertragsgegenstandes schon vor der Konkurseröffnung an den Mieter oder Pächter stattgefunden hatte[1]) (§ 19 KO.), sowohl locator als Konkursverwalter haben das Kündigungsrecht;

Erwerb des Miet- oder Pachtgrundstücks durch den Ersteher in einer Zwangsversteigerung, falls die Überlassung des Grundstücks an Mieter oder Pächter schon vor der Beschlagnahmezeit des Grundstücks stattgefunden hatte; das Kündigungsrecht steht nur dem Ersteher zu und ist nur für den ersten nach a zulässigen Termin gegeben (§ 57 Zwangsversteig.-Gesetz v. 24. März 1897);

Versetzung (freiwillige oder Strafversetzung) von Militärs, Beamten, Geistlichen und Lehrern an öffentlichen Unterrichtsanstalten an einen anderen Ort; diese Personen können ihre Mietsräume (Garçon- oder Familienwohnung), Pferdestall 2c. zum ersten nach a zulässigen Termin kündigen (§ 570).[2])

2. **Fristlose** Kündigung d. h. Auflösung des Vertrags für die Zukunft durch einfache Erklärung an die Gegenpartei steht bald dem locator, bald dem conductor zu.

a) Der locator hat dieses Kündigungsrecht in folgenden Fällen:

wegen erheblichen, vertragswidrigen Gebrauchs der Sache durch den conductor, wozu auch Beharren bei der unbefugten sublocatio gehört (§ 553), vorausgesetzt, daß eine Ermahnung zur Einstellung des Mißbrauchs erfolglos war;

wegen erheblichen, vertragswidrigen Gebrauchs durch diejenigen Personen, an welche der conductor, sei es auch erlaubter Weise, die

---

[1]) Über den umgekehrten Fall § 20 KO.

[2]) Auf Versetzungen in den Ruhestand findet dies schwerlich Anwendung. Weder der Wortlaut des Gesetzes noch die ratio legis ist für entsprechende Anwendung, da die Pensionierung für sich allein die Notwendigkeit einer Wohnungsänderung nicht erzeugt. (A. M. **Dernburg** § 226 V.)

Sache überlassen hatte, vorausgesetzt, daß eine Ermahnung zur Einstellung der Vertragswidrigkeit erfolglos war (§ 553);

wegen erheblicher Vernachlässigung der Obhut über die Sache, sei es durch den conductor, sei es durch den, an welchen der conductor den Gebrauch überlassen hatte (§ 553);

wegen Verzugs bezüglich der Zinszahlung für zwei aufeinanderfolgende Termine (§ 554).[1])

b) Der conductor kann fristlos kündigen:

wegen verspäteter Gewährung oder wegen Wiederentziehung des vertragsmäßigen Gebrauchs — regelmäßig vorausgesetzt, daß eine zur Abhilfe gesetzte angemessene Frist fruchtlos verstrichen ist (§ 542);

wegen erheblicher Gesundheitswidrigkeit der für den Aufenthalt von Menschen bestimmten Vertragsräume (§ 544).[2])

VII.

Stillschweigende Verlängerung des Vertragsverhältnisses (relocatio tacita).[3],[4])

Dieselbe findet nicht statt, wenn sie vertragsmäßig ausgeschlossen ist. Anderenfalls hat die Fortsetzung des Gebrauchs seitens des Mieters oder Pächters die Verlängerung des durch Ablauf der Vertragszeit oder durch Kündigung beendigten Vertragsverhältnisses auf unbestimmte Zeit zur Folge, wenn weder conductor noch locator seinen entgegenstehenden Willen binnen einer Frist von zwei Wochen dem Gegenkontrahenten erklärt. Die Frist beginnt für den conductor mit der Fortsetzung des Gebrauchs, für den locator mit der erlangten Kenntnis von der Fortsetzung (§ 568). Bis zum rechtzeitigen Widerspruch[5]) oder bis zum Ablauf der Widerspruchsfrist ist also die Fort-

[1]) Die gemeinrechtlichen Rücktrittsgründe des locator wegen Notwendigkeit einer mit dem Gebrauch unverträglichen Reparatur und wegen unvorhergesehenen eigenen Bedürfnisses (l. 3 C. de loc. et cond. 4, 65) sind beseitigt.

[2]) Das Kündigungsrecht besteht nicht, wenn der Mieter selbst während der Vertragsdauer den gesundheitsgefährdenden Zustand der Wohnung durch eigenes Verschulden herbeigeführt hat (RG. 51, 212).

[3]) Reuter, Zulässigkeit der relocatio tacita bei der Pacht in D. J.-Z. Bd. 5 S. 470.

[4]) Vgl. l. 13 § 11 l. 14 D. loc. 19, 2 und §§ 325 I ff. 21 ALR.

[5]) Der Widerspruch braucht nicht ausdrücklich erklärt zu werden, sondern kann auch implizite in anderen Erklärungen enthalten sein, z. B. in der Erklärung des locator, er sei gegen höheren Zins mit der Fortsetzung einverstanden, oder in der Anzeige anderweiter Vermietung oder des Verkaufs der Sache nach Beendigung des ursprünglichen Vertragsverhältnisses.

setzung des Vertrags in der Schwebe. Hat eine der Parteien widersprochen, so war eine Verlängerung des Vertrags nicht eingetreten und ist eine Entschädigungspflicht für den conductor begründet (§§ 557 u. 597). Hat sie nicht widersprochen, so bestehen die im alten Vertragsverhältnis zwischen den Kontrahenten festgesetzten Vertragsverbindlichkeiten bis zur Beendigung des verlängerten Vertrags weiter. Da die Verlängerung auf unbestimmte Zeit gilt, so kann von jeder Seite mit Einhaltung der gesetzlichen Frist gekündigt werden (§ 564 Abs. 2).

VIII.

Kauf bricht nicht Miete oder Pacht.[1])

Nach gem. Recht galt der Satz: „Kauf bricht Miete", d. h. der Erwerber des Eigentums an einer vermieteten Sache war berechtigt, dem conductor als bloß obligatorisch Berechtigtem den Gebrauch der Sache vermöge des stärkeren Eigentums zu entziehen und ihn auf den aus dem Miet- oder Pachtvertrag gegen den locator entstandenen Interesseanspruch zu verweisen (l. 12 l. 18 pr. D. de vi 43, 16). Nach preußischem ALR. dagegen erlangte der conductor durch Übergabe der Miet- oder Pachtsache oder durch Eintragung auf dem vermieteten oder verpachteten Grundstück ein dingliches Recht an der Sache und brauchte also dem späteren Erwerber derselben nicht zu weichen, da dieser die Sache nur belastet mit dem dinglichen Miet- oder Pachtrecht erwarb (§§ 2 ff. I 21 ALR.).

Der I. E. folgte dem römischen Recht. Das BGB. dagegen hat dem conductor das Recht zur Fortsetzung des Gebrauchs oder der Nutzung der Sache eingeräumt. Mit einer Anerkennung der Miete

---

[1]) Eccius, Zur Frage von der Dinglichkeit der Miete oder Pacht in Gruchot Bd. 46, 572—577. Darüber auch Fuchs ebenda S. 549—572, 840 bis 842. Hesse, Die rechtl. Natur der Miete im BGB., 1902. Romeik, Die abgeleitete Schuld. Erster Abschnitt: Die abgeleitete Mietschuld, 1901. Rönnberg, Wann hat der Mieter im Fall des § 571 zu kündigen im Arch. f. b. R. Bd. 17, 78—88. von Brünneck, Wie gestalten sich die Rechte und Verpflichtungen aus der vom Mieter oder Pächter bestellten Sicherheit nach Veräußerung des vermieteten oder verpachteten Grundstücks? Gruchot Bd. 47, 289—303. Über die Frage, ob § 573 sich auch auf Pfändungen der Miet- oder Pachtzinsforderung bezieht Bendix in J. W. Bd. 31, 58—60, 354—355, Kulau ebenda S. 283 bis 284, Lafrenz ebenda 352—354 und Reinhard im Sächs. Arch. Bd. 12, 129 bis 135. Harasser, Wirkung der Zwangsversteigerung auf die Dauer des Mietverhältnisses in Seufferts Bl. f. R. Bd. 65, 309—313.

oder Pacht, auch nicht der Grundstücksmiete oder -Pacht, als dinglicher Rechte hat dies nichts zu tun.[1]) Denn das Gesetz verlangt zur Erwerbung eines dinglichen Rechts an einem Grundstück die Eintragung im Grundbuch und kennt den preußisch-rechtlichen Satz, daß jedes Recht zur Sache durch Eintragung dinglich werde, nicht. Auch kann das Miet- oder Pachtrecht nicht gegen jeden Dritten, sondern nur gegen den Grundstückserwerber nach BGB. geltend gemacht werden.

Vielmehr erreicht das BGB. den Schutz des conductor in dem Gebrauchs- oder Nutzungsrecht an den ihm bereits übergebenen Sachen auf andere Weise, wobei man die locatio beweglicher und unbeweglicher Sachen (Grundstücke, Wohnungs- und andere Räume) zu unterscheiden hat.

1. Bei Miete und Pacht beweglicher Sachen, die bereits im Besitz des conductor sind, vollzieht sich der Eigentumswechsel durch die unter der Absicht der Eigentumsübertragung erfolgende Abtretung des dem locator gegen den conductor zustehenden Herausgabeanspruchs (§ 931). Geschieht diese, so kann der conductor dem klagenden Erwerber dieselben Einreden entgegensetzen, welche ihm gegenüber dem abgetretenen Anspruch zustehen (§ 986 Abs. 2), also auch die Einrede der res locata.

2. Bei Miete und Pacht von Grundstücken 2c. aber tritt, wenn nach der Überlassung des Grundstücks an den conductor ein Dritter oder an seiner Stelle ein Vierter 2c. Eigentümer des Grundstücks wird, derselbe an Stelle des locator in die sich während der Dauer seines Eigentums aus dem Vertragsverhältnis ergebenden Rechte und Verpflichtungen ein (§§ 571 Abs. 1 u. 579). Ob er das Eigentum durch Veräußerung oder auf andere Weise z. B. Okkupation des derelinquierten Grundstücks (§ 928) erwirbt, ist gleichgültig, da § 571 Abs. 1 entsprechend anzuwenden ist. Nur beim Erwerb auf Grund der Zwangsvollstreckung oder im Konkurs des locator durch Veräußerung des Konkursverwalters gilt der Satz: „Kauf bricht Miete". Denn der Ersteher ist berechtigt, dem conductor unter Einhaltung der gesetzlichen Frist zu kündigen und zwar zum ersten zulässigen Termin (§ 57 Zwangsvollstr.-O. u. § 21 KO.). Versäumt er diesen Termin, so gilt der Satz: „Kauf bricht nicht Miete". Doch braucht der Er-

---

[1]) A. M. Cosack § 243 und Fuchs in Gruchots Beiträgen Bd. 46 S. 569 ff. Siehe dagegen aber Crome in Iherings Jahrb. Bd. 87 S. 1 ff. und Eccius in Gruchots Beiträgen Bd. 46 S. 570 ff. und RG. 54, 233.

steher Vorausverfügungen über den Zins, welche über das laufende und das folgende Quartal hinausreichen, selbst dann nicht gelten zu lassen, wenn er sie beim Eigentumswechsel kannte.

Damit sind Miete und Pacht von Grundstücken ꝛc. zu Zustandsobligationen erklärt.[1]) Der Zustand mit welchem die zweiseitige Obligation verknüpft ist, ist das jeweilige Eigentum an dem vermieteten oder verpachteten Grundstück. Der locator ist also aus dem Vertrag nur für die Zeit seines Eigentums berechtigt und verpflichtet. Geht das Eigentum auf einen anderen über, so ist nun dieser für diejenige Zeit des Vertragsverhältnisses berechtigt und verpflichtet, welche in die Dauer seines Eigentums fällt und so fort.

a) Die Voraussetzungen für die Gestaltung der einfachen Miet- oder Pachtobligation zur Zustandsobligation sind:

α) daß während der Vertragszeit ein Eigentumswechsel bezüglich des Vertragsgrundstücks eintrat;

β) daß zur Zeit dieses Eintritts die Überlassung des Vertrags-

---

[1]) Meiner Auffassung haben sich angeschlossen: Dernburg § 222, Planck, Örtmann zu § 571, Crome § 242, Hellwig Verträge S. 426. Dagegen namentlich Enneccerus § 266 Nr. 4 und Romeick, die abgeleitete Schuld, 1902 S. 58ff. Des Letzteren Gründe gegen Annahme einer Zustandsobligation sind folgende: 1. Eine Verknüpfung der Vertragsobligation mit dem Grundstück könnte erst vorliegen, wenn dem conductor das Grundstück überlassen sei. Nach § 578 aber sollten die gleichen Grundsätze wie bei der Überlassung auch gelten, wenn der Erwerber vor der Überlassung durch Vertrag mit dem locator die Erfüllung von dessen Pflichten übernommen habe. Aber das spricht nicht gegen die Annahme einer Zustandsobligation. Denn bei ihr ist eben die Überlassung des Grundstücks an den conductor nicht der entscheidende Zustand, wie Verf. meint, wohl aber das Eigentum am Grundstück. Die Überlassung ist ja nach der eigenen Ausführung Romeicks, mit der ich vollkommen übereinstimme, überhaupt kein Zustand, sondern lediglich die Bereitstellung des Grundstücks zur Besitzergreifung. In Wirklichkeit sind sowohl die Überlassung mit nachfolgendem Eigentumswechsel als andererseits der Eigentumswechsel vor der Überlassung an den Mieter, dann aber mit hinzutretendem Übernahmevertrag zwischen locator und Erwerber, Erfordernisse des Inslebentretens der Zustandsobligation. 2. Auch in der Person des Grundstückserwerbers sei nicht das Eigentum desselben am Grundstück der Zustand, an den die Obligation geknüpft sei. Denn nicht das Eigentum des Erwerbers schlechtweg, sondern das durch Rechtsgeschäft des locator an den Erwerber veräußerte Eigentum bewirke den Eintritt des Erwerbers in das Vertragsverhältnis. — So allerdings nach dem Wortlaut des Gesetzes. Aber warum soll der conductor in seinem Recht auf den Gebrauch des Grundstücks nur geschützt sein, wenn der locator veräußert. Das Schutzbedürfnis ist doch auch dann vorhanden, wenn der conductor durch Dereliktion des Grundstücks seitens des locator, welches nun der Okkupation durch den Fiskus zugänglich wird, beeinträchtigt wird.

grundstücks an den conductor schon erfolgt war, oder der Erwerber dem locator gegenüber die Erfüllung der aus dem Vertragsverhältnis sich ergebenden Pflichten übernommen hatte. Ob der conductor zur Zeit des Eigentumswechsels noch im Besitz des Grundstücks sich befindet, ist gleichgültig.[1]) Nur der Vertrag muß noch fortdauern, nicht der Besitz. Deswegen kann auch dem locator der Besitz wieder eingeräumt sein z. B. zu einem Erweiterungsbau. Denn dadurch wird der Vertrag nicht beendigt.

b) Die Gestaltung der Zustandsobligation im einzelnen ist folgende:

α) Mit dem Eigentumswechsel scheidet der locator aus dem Miet- oder Pachtverhältnis aus und tritt der conductor für die Dauer seines Eigentums in dasselbe ein. Doch haftet von da an der locator dem conductor für die Erfüllung der Vertragspflichten des Erwerbers und seiner Nachmännern als Bürge ohne Rechtswohltat der Vorausklage (§§ 571 Abs. 2 S. 1 u. 579 S. 2).[2])

---

[1]) A. M. Hellwig S. 424. Vgl. namentlich Dernburg § 223 Nr. 2 a. E.

[2]) Nach Hellwig, Verträge S. 427 ff. hört der locator durch den Eigentumswechsel nicht auf, Subjekt der Mietsobligation zu sein. Doch ist nicht er während der Dauer des Rechts des Erwerbers aus dieser Mietsobligation berechtigt, sondern der Erwerber. Für die aus ihr hervorgehenden Verpflichtungen dagegen sollen haften der Grundstückserwerber und der locator, letzterer jedoch in modifizierter Weise „wie ein Bürge, der auf die Einrede der Vorausklage verzichtet hat" d. h. nur auf Schadensersatz wegen Nichterfüllung der dem Erwerber obliegenden Verpflichtungen. Außerdem bestehe eine Vertragshaftung nur des locator, wenn dieser nach der Veräußerung den conductor in seinem vertragsmäßigen Gebrauch beeinträchtige. — Die Konsequenz dieser Auffassung, welche den locator trotz des Eigentumswechsels noch Subjekt des Miet- oder Pachtverhältnisses bleiben läßt, würde m. E. sein, daß locator auch durch Vertrag mit dem conductor den Miet- oder Pachtvertrag noch abändern, ja aufheben könnte. Denn der von H. gemachte Unterschied zwischen Vertragsverhältnis und Vertrag — über ersteres soll der locator noch Macht haben, über letzteren nicht — ist undurchführbar. — Von H.s Standpunkt aus würden weiter die nach § 574 gültigen Vorauszahlungen der Regel entsprechen, während die Gültigkeit von Vorauszahlungen offenbar eine Ausnahme ist, woran die Fassung des Gesetzes nichts ändert. — Bleibt der locator Subjekt des Mietverhältnisses, so müssen auch die nach dem Eigentumswechsel entstehenden Zinsforderungen zunächst dem Vermieter entstehen. H. nimmt aber an, daß sie direkt dem Eigentumserwerber entstehen. — Aus der Anordnung des Gesetzes, daß der locator wie ein Bürge, welcher auf die Einrede der Vorausklage verzichtet hat, hafte, folgt für H.s Auffassung kaum etwas. Denn da der locator sich nicht als selbloser Bürge verbürgt hat, sondern kraft Gesetzes so haftet, ist die Ausdrucksweise des Gesetzes gerechtfertigt. Das „wie ein Bürge" ist gleichbedeutend mit „als Bürge", vgl. auch Romeick a. a. O. S. 34 ff.

Er kann sich von dieser Verpflichtung durch Mitteilung des Eigentumswechsels an den conductor befreien, vorausgesetzt, daß der conductor es unterläßt, daraufhin zum ersten nach Gesetz oder Vertrag zulässigen Termin (dem Erwerber) zu kündigen (§ 571 Abs. 2 S. 2). Die Befreiung tritt nur für die nach Ablauf der Kündigungsfrist entstehenden Verpflichtungen des Erwerbers ein.

Weil der locator als Bürge haftet, so kann seine Lage durch Rechtsgeschäfte des Erwerbers mit dem conductor nicht verschlechtert werden, wohl aber durch Verschulden oder Verzug des Erwerbers, so stehen ihm ferner alle Einreden des Erwerbers zu (§§ 767 u. 768), so hat er die dilatorischen Einreden der Anfechtbarkeit und Aufrechenbarkeit (§ 770), so geht die von ihm befriedigte Forderung des conductor gegen den Erwerber auf ihn über (§ 774),[1] so kann er unter den in § 775 enthaltenen Voraussetzungen Befreiung von der Bürgschaft verlangen und wird ipso iure von ihr insoweit frei, als der Erwerber eine für seine Forderung bestellte Sicherheit ꝛc. zum Schaden des locator aufgibt (§ 776).

β) Der Erwerber tritt mit dem Eigentumserwerb an Stelle des locator in das Vertragsverhältnis mit dem conductor ein, so wie es sich zur Zeit des Eigentumswechsels gestaltet hatte. Denn natürlich können bis dahin locator und conductor ihren Vertrag noch ändern.

Demgemäß haftet der Grundstückserwerber für die Erfüllung der während der Dauer seines Eigentums sich ergebenden Vertragspflichten persönlich und mit seinem ganzen Vermögen. Er muß während seines Eigentums dem conductor die Vertragssache in gebrauchsfähigem Zustand vorleisten, hat also die Reparaturkosten zu tragen, auch wenn die Reparaturbedürftigkeit schon unter dem locator eingetreten war, und die während seines Eigentums vom conductor gemachten notwendigen Verwendungen diesem zu ersetzen. Er macht sich schadensersatzpflichtig, wenn er seine Verpflichtungen nicht erfüllt, namentlich die infolge seines Verschuldens entstandenen Sachmängel nicht beseitigt. Dagegen haftet er nicht für die bereits gegen seinen auctor eingetretenen und von diesem nicht befriedigten Schadensersatzansprüche.

Auf der anderen Seite tritt aber der Erwerber auch in die während seiner Eigentumsdauer sich ergebenden Rechte ein. Bezüglich ihrer aber ist er nicht Rechtsnachfolger des locator. Sie standen demselben,

[1]) Wäre der locator noch Subjekt der Obligation, so wäre auch dies nicht erklärlich.

da sie erst während der Eigentumszeit des Erwerbers entstehen, noch gar nicht zu. Vielmehr hat er sie aus eigenem Recht als Eigentümer des Grundstücks. Deswegen können seiner Klage auf Zahlung des Zinses nicht Einwendungen aus der Person des locator, wohl aber solche aus dem Mietsvertrag und seiner Beschaffenheit entgegengesetzt werden. Denn der Mietsvertrag, so wie er zur Zeit des Eigentumserwerbs bestand, ist die Grundlage seiner Rechtsstellung,[1]) vorausgesetzt natürlich, daß er selbst durch einen Vertrag mit dem conductor den Mietsvertrag nicht abändert. Er hat also z. B. eine gegen den locator zustehende Zurückbehaltungseinrede des conductor bei der Klage auf den Mietzins nicht zu fürchten, wohl aber die einredeweise Anfechtung des Vertrags wegen Betrugs. — Weil er jetzt der Berechtigte im Mietsverhältnis ist, so steht auch ihm das Kündigungsrecht zu, so muß an ihn gekündigt werden, so bedarf es seiner Zustimmung zur Aftervermietung; mit ihm sind etwaige Abänderungen des Mietsvertrags zu vereinbaren, er hat das Recht auf Rückgabe des Vertragsgrundstücks oder Raumes, wenn während seines Eigentums der Vertrag endigt.

γ) Zweifelhaft konnte es sein, ob der Erwerber in die durch Sicherheitsleistung[2]) an den locator für die Erfüllung der Vertragsverpflichtungen des conductor begründeten Rechte eintrete. Denn wenn diese Rechte auch akzessorischer Natur sind, so ist doch der Erwerber nicht Zessionar des locator. Immerhin handelt es sich dabei um Sicherheitsleistung für gegenwärtige und zukünftige Forderungen. Entstehen nun diese Forderungen in der Person des Erwerbers, so ist es durchaus sachgemäß, wenn das Gesetz ihm auch das Recht auf die für diese Forderungen eingeräumte Sicherheit zugesteht (§ 572). Er tritt von selbst in die durch Sicherheitsleistung an den locator begründeten Rechte ein. Auch ihm haften also die bestellten Pfandrechte, jedoch, wie man wird hinzufügen müssen, nur soweit als sie nicht bereits durch die Rechte des locator oder bei mehrfacher sukzessiver Veräußerung eines Vormannes absorbiert sind.[3]) Ist der locator rc. wegen dieser Rechte befriedigt, so kann der Erwerber Aushändigung

---

[1]) Deswegen ist, wenn bei einem Mietsvertrag für die Dauer von 5 Jahren sofortige Vorausbezahlung der ganzen Zinssumme verabredet ist, und erfolgte, diese Zahlung auch dem während der Vertragsdauer in das Mietverhältnis eintretenden Eigentumserwerber gegenüber gültig.

[2]) §§ 232 ff.

[3]) RG. 53, 251.

der Restkaution, der Pfandsache, verlangen. Ist die Aushändigung erfolgt, so haftet der Erwerber nunmehr auch dem conductor auf Rückgewähr. Die gleiche Haftung tritt auch ohne Aushändigung ein, wenn der Erwerber dem locator gegenüber die Verpflichtung zur Rückgewähr übernommen hat (§ 572 S. 2). Der Zustimmung des conductor bedarf es dazu nicht. Es handelt sich um einen Vertrag zugunsten eines Dritten.

c) Einschränkungen des Grundsatzes, daß der locator nur für die Zeit seines Eigentums am Grundstück aus dem Vertrag berechtigt ist, treten nach doppelter Richtung ein, teils zugunsten des conductor, teils zugunsten Dritter, welche an der Miet- oder Pachtzinsforderung Rechte erworben haben. Wollte man nämlich jenen Grundsatz strikt durchführen, so würden Vorausverfügungen des locator über die in die Eigentumszeit des Erwerbers fallenden Zinsraten (Erlaß, Abtretung, Verpfändung, Pfändung, Arrestierung — § 135 Abs.) und im voraus mit ihm vorgenommene Rechtsgeschäfte des conductor über die Zinsforderung (z. B. Stundung, Vorausbezahlungen des Zinses an den locator) dem Grundstückserwerber gegenüber wirkungslos sein. Ebensowenig könnte gegenüber der Zinsforderung des Grundstückserwerbers mit einer Gegenforderung gegen den locator aufgerechnet werden.

Die Einschränkungen sind folgende:

α) Vorausverfügungen, welche der Erwerber beim Eigentumserwerb kannte oder welche auf das beim Eigentumswechsel laufende oder das ihm folgende Kalenderquartal sich beziehen, sind gültig (§ 573).

β) Rechtsgeschäfte zwischen locator und conductor über den künftigen Zins sind gültig, wenn der conductor von dem Eigentumswechsel keine Kenntnis hatte,[1]) oder, falls sie vor dem Eigentumswechsel vorgenommen wurden, wenn sie sich auf das zur Zeit der erlangten Kenntnis vom Eigentumswechsel laufende und das folgende Kalenderquartal bezogen (§§ 574 u. 407). Die Anwendung dieser Bestimmung wird dadurch nicht ausgeschlossen, daß das Rechtsgeschäft zugleich eine Verfügung enthält, wie z. B. der Erlaß.

γ) Gegenüber einer Zinsforderung des Erwerbers für das Kalenderquartal, in welchem der conductor von dem Eigentumswechsel Kunde erlangte, sowie für das folgende Quartal kann der

---

[1]) Der Beweis der Kenntnis liegt dem Erwerber ob.

conductor mit einer ihm gegen den locator zustehenden Gegenforderung aufrechnen; gegenüber Zinsforderungen für spätere Zeit ist die Aufrechnung mit gegen den locator zustehenden Gegenforderungen dagegen ausgeschlossen. Soweit danach die Aufrechnung mit Forderungen an den locator zulässig ist, kann der conductor aufrechnen selbst mit einer zur Zeit des Eigentumswechsels noch nicht entstandenen Gegenforderung.

Die Aufrechnung mit Gegenforderungen an den locator ist stets ausgeschlossen:

wenn der conductor die Gegenforderung gegen den locator erst nach erlangter Kunde vom Eigentumswechsel erwarb oder

wenn die vorher erworbene Gegenforderung gegen den locator erst nach erlangter Kenntnis vom Eigentumswechsel und später als die Zinsforderung fällig wurde (§§ 575 u. 406).

δ) Der conductor darf denjenigen, dessen Eigentumserwerb am Vertragsgrundstück der locator ihm anzeigte, in Ansehung der nach dieser Anzeige entstandenen Zinsforderung als seinen Gläubiger behandeln, selbst wenn diese Anzeige wahrheitswidrig ist und der conductor dies weiß. Auch die Zurückziehung der Anzeige seitens des locator hilft nur, wenn sie mit Zustimmung des als Grundstückserwerber Genannten erfolgt (§§ 576 mit 409).

3. Die Ausdehnung des Grundsatzes: „Kauf bricht nicht Miete" auf die Bestellung dinglicher Rechte am Grundstück seitens des locator.

Miete oder Pacht, als obligatorische Rechte könnten in ihrer Ausübung wie durch Veräußerung des Grundstücks so auch durch Einräumung dinglicher Rechte an dem Grnndstück gefährdet werden, deren Ausübung dem conductor den Gebrauch des Miet- oder Pachtgrundstücks entziehen würde, wie z. B. ein Erbbaurecht, Nießbrauchsrecht oder Wohnrecht. Mit Rücksicht hierauf werden derartige dingliche Rechte welche nach Überlassung des Grundstücks an den conductor vom locator bestellt werden, entsprechend einem nach diesem Zeitpunkt eingetretenen Eigentumswechsel behandelt, d. h. der dinglich Berechtigte tritt, wie der Erwerber des Grundstücks für die Dauer seines Rechtes in das Miet- oder Pachtverhältnis ein (§ 577). Er muß also dem conductor den Gebrauch des Grundstücks belassen, hat dafür aber auch Anspruch auf den Zins. Weil er den ihm kraft seines dinglichen Rechts gebührenden Gebrauch nicht erhält, so erhält er anstatt dessen das Entgelt, das der locator für Überlassung des Gebrauchs an den conductor sich ausbedungen hatte.

Fällt das dingliche Recht während der Dauer des Miet- oder Pachtvertrages fort, so hat es nunmehr der conductor nur wieder mit dem locator oder demjenigen zu tun, der an seiner Stelle Eigentümer des Grundstücks geworden ist. Nicht etwa, weil der locator niemals aus dem Vertragsverhältnis ausgeschieden war, sondern weil der dinglich Berechtigte nur „während der Dauer seines Rechts" in das Vertragsverhältnis eingetreten und also der locator nur für diese Dauer ausgeschieden war. Immerhin ist der Dritte, so lange er im Vertragsverhältnis steht, vollberechtigtes Subjekt desselben. Er kann deshalb auch durch Vertrag mit dem conductor das Vertragsverhältnis, in welches er eingetreten war, lösen. Ob er sich damit gegen den locator vergeht, ist eine andere Frage. Hat der dinglich Berechtigte den Zins auf längere Zeit vorauserhoben, und endigt sein dingliches Recht vor Ablauf dieser Zeit, so hat er Forderungen erhoben, deren Gläubiger er nicht war. Demgemäß hat der conductor an den locator nochmals zu zahlen.

Handelt es sich andererseits um solche dinglichen Rechte, durch deren Ausübung der vertragsmäßige Gebrauch des conductor nur beschränkt wird, wie z. B. um Grunddienstbarkeiten, so findet ein Eintritt des dinglich Berechtigten in das Miet- oder Pachtverhältnis nicht statt. Immerhin steht auch hier der dinglich Berechtigte hinter dem conductor zurück. Denn er ist verpflichtet, die Ausübung seines Rechts insoweit zu unterlassen, als diese den vertragsmäßigen Gebrauch des conductor beeinträchtigen würde (§ 577 S. 2). Handelt der dinglich Berechtigte dieser Verpflichtung zuwider, so kann der conductor auf Unterlassung der Störung klagen, er kann aber auch nach § 859 Abs. 1 vorgehen. Klagt umgekehrt der dinglich Berechtigte auf Gestattung der Ausübung seines Rechts, so kann sich der conductor durch Einrede aus § 577 S. 2 verteidigen.

Vierter Titel.

Leihe.

Windscheid-Kipp II §§ 374ff. Dernburg II §§ 280ff. Cosack I § 141. Enneccerus I §§ 271ff. Endemann I § 188. Matthiaß I § 120. Klein, Die Rechtsformen der Gebrauchsleihe im deutschen BGB., Wien 1902.

I. Begriff und Gegenstand.

Die Leihe ist der durch Hingabe der auszuleihenden Sache entstehende und auf unentgeltliche Gestattung des Gebrauchs dieser Sache durch den Entleiher gerichtete Vertrag (§ 598). Er begründet ein unvollkommen zweiseitiges Schuldverhältnis.

Gegenstand der Leihe können danach nur individuell bestimmte und regelmäßig unverbrauchbare Sachen sein; wenigstens können verbrauchbare Sachen nur zu anormalem Gebrauch, z. B. Früchte zur Ausschmückung einer Tafel, verliehen werden. Aber auch die eigene Sache des Entleihers kann Gegenstand des Vertrags sein, wenn dem Verleiher zeitweise das ausschließliche Recht des Gebrauchs der Sache zustand, z. B. als Mieter, Nießbraucher &c. Auch fremde Sachen können verliehen werden (vgl. § 600).

Das Gesetz beschränkt die Leihe auf Sachen. Immerhin wird die Verpflichtung zur unentgeltlichen Gestattung der Ausübung eines Rechts nach Leihvertragsgrundsätzen zu beurteilen sein, soweit darin nicht eine Schenkung liegt. Eine Schenkung würde aber nicht vorliegen, wenn das Recht, dessen Ausübung gestattet wird, nur Annehmlichkeiten gewährt, welche im Verkehr nicht für Geld zu haben sind.

II.

Die Verpflichtungen des Verleihers.

1. Derselbe hat dem Entleiher den Gebrauch zu gestatten (§ 598), nicht zu gewähren, und haftet nur für Vorsatz und grobe Fahrlässigkeit bei der Erfüllung dieser Verpflichtung (§ 599). Dies selbst dann, wenn die Leihe im Interesse des Verleihers liegt, z. B. er verleiht einen neuen Meerschaumkopf, damit der Verleiher ihn anraucht.[1]) Er hat also nicht die Verpflichtung dem Entleiher die Sache während der Vertragszeit in gebrauchsfähigem Zustand vorzuleisten, wie der Vermieter, sondern er darf ihn nur nicht am Gebrauch der überlassenen Sache hindern.[2]) Das würde er aber z. B. tun, wenn er den ihm wieder zugelaufenen verliehenen Jagdhund dem Entleiher verweigern würde.

---

[1]) Anders nach l. 5 § 10 D. commod. 13. 6. und Dernburg II § 231 II 2.

[2]) Nach Dernburg II § 231 II 1 soll dieser Unterschied zwischen den Verpflichtungen des Vermieters und Verleihers nicht bestehen.

Weil der Verleiher nicht zur Gewährung des Gebrauchs verpflichtet ist, so braucht er auch nicht die gewöhnlichen Kosten der Erhaltung der verliehenen Sache während der Vertragszeit zu tragen (§ 601 zu vergl. mit § 547).

2. Der Verleiher hat nur für arglistig verschwiegene Rechts- oder Sachmängel der verliehenen Sache einzustehen (§ 600). Er haftet für den durch sie verursachten Schaden, z. B. er verleiht arglistig ein rotzkrankes Pferd und verursacht dadurch die Ansteckung des eigenen Pferdes des Entleihers.

3. Verwendungen, welche der Entleiher machte[1]) hat der Verleiher zu ersetzen, entweder wenn er ihnen zustimmte oder aus dem Gesichtspunkt unbeauftragter Geschäftsführung (§ 601 Abs. 2 S. 1 und § 683).

4. Das Wegnahmerecht des Entleihers wegen Einrichtungen, mit denen dieser die Sache versah, muß er dulden (§§ 601 Abs. 2 S. 2 u. 258).

III.
Die Verpflichtungen des Entleihers.

1. Der Entleiher darf die Sache nicht durch Vernachlässigung der ihm obliegenden Sorgfalt gefährden (§ 605 Nr. 2 a. E.). Er haftet aber für jede Fahrlässigkeit und für solche seiner Leute wie für seine eigene (§§ 276 u. 278). Demgemäß ist er verpflichtet, die Sache am passenden Ort aufzustellen, schädliche Einflüsse (Nässe, Kälte 2c.), soweit dieselben nicht mit dem Gebrauch verknüpft sind, von ihr fernzuhalten,[2]) etwaige Zufälle, von denen die Sache betroffen wurde, unverzüglich dem Verleiher anzuzeigen. Droht der entliehenen Sache zugleich mit eigenen des Entleihers eine gemeinsame Gefahr, so wird der Entleiher demgemäß bei der Rettung die eigenen Sachen nicht bevorzugen dürfen.

2. Der Entleiher muß, wenn er gebraucht,[3]) vor allem den vertragsmäßigen Gebrauch der Sache einhalten, darf also nicht Früchte

---

[1]) Ausnahme: die gewöhnlichen Erhaltungskosten.

[2]) Versicherungspflicht gegen Feuersgefahr 2c. besteht nicht; wohl aber die Pflicht, eine geliehene Maschine zu ölen, um sie vor dem Verrosten zu behüten, oder das geliehene Pferd zu bewegen, um Steifwerden der Glieder, Blutstockungen, Verdauungsstörungen zu verhüten.

[3]) Eine Verpflichtung zum Gebrauch besteht für den Entleiher im allgemeinen nicht.

und Nutzungen von der Sache ziehen — soweit es ihm nicht etwa im Vertrage gestattet wurde — und die Sache namentlich keinem Dritten überlassen (§ 603). Denn die Leihe beruht auf persönlichem Vertrauen.

Gebraucht er vertragswidrig, so steigert sich seine Haftpflicht bis zum Zufall, derselbe müßte denn die Sache auch ohne den vertragswidrigen Gebrauch getroffen haben, was der Entleiher zu beweisen hat. Derselbe haftet demgemäß unter der gleichen Voraussetzung auch für zufällige Verschlechterung oder zufälligen Untergang der Sache beim Dritten, an den er unbefugt die Sache überließ.

3. Ein dem Leihvertrag in einem Nebenvertrag etwa zugefügte Auflage muß der Entleiher erfüllen, z. B. einer übernommenen Unterlassungspflicht nachkommen.[1])

4. Bei Ablauf des Vertrags muß der Entleiher die Sache mit allen Akzessionen dem Verleiher **zurückbringen**, denn dies ergibt sich aus der Natur des Schuldverhältnisses (§§ 604 Abs. 1 und 269 Abs. 1). Doch hat er wegen seiner Verwendungen das Zurückbehaltungsrecht (§ 273). Den durch vertragsmäßigen Gebrauch erzielten Gewinn behält der Entleiher, z. B. einen Preis, den er mit einem zur Beteiligung an einem Wettrennen geliehenen Rennpferde erstritt. Für das durch seine Schuld Fehlende hat er Ersatz zu leisten.

Hat der Entleiher den Gebrauch der geliehenen Sache einem Dritten erlaubter oder unerlaubter Weise, entgeltlich oder unentgeltlich überlassen, so geht nach Beendigung des Leihvertrags **auch** gegen den Dritten der Rückgewährsanspruch. Der Entleiher und der Dritte haften dann also als gesetzliche Gesamtschuldner auf die Rückgabe. Auch der Dritte muß die Sache dem Verleiher **zurückbringen** (§ 604 Abs. 4).

IV.
Die Verjährung.

Die **Klage des Entleihers auf Schadensersatz** wegen Arglist oder groben Verschuldens des Verleihers, und die **Klage des Verleihers auf Rückgabe** verjähren in den gewöhnlichen Fristen. Dagegen sind die **Ersatzansprüche des Verleihers** wegen Veränderungen oder Verschlechterungen und die **Ansprüche des Entleihers** wegen seiner Verwendungen und Gestattung des Wegnahmerechts einer Verjährungszeit von sechs Monaten unterworfen (§ 606).

---

[1]) So mit Recht Crome § 248 Nr. 4.

Die Verjährungszeit **beginnt** für die Ersatzansprüche des Verleihers mit Rückgabe der Sache, für die Verwendungs- und Wegnahmeansprüche des Entleihers mit der Beendigung des Vertrags (§§ 606 S. 2 u. 558 Abs. 2).

Ist der Rückgabeanspruch des Verleihers verjährt, so ist auch die Verjährung seiner Ersatzansprüche eingetreten (§§ 606 S. 2 u. 558 Abs. 3).

V.

Die Beendigung der Leihe.

Der Vertrag endigt:

1. Mit Ablauf der vereinbarten oder aus dem Gebrauchszweck sich ergebenden Zeit.

2. Vor Ablauf dieser Zeit mit (fristloser) Kündigung seitens des Verleihers. Dazu ist er befugt (§ 605):

a) bei unvorhergesehenem eigenen Bedarf;

b) bei vertragswidrigem Gebrauch der Sache seitens des Entleihers, insbesondere unbefugter Überlassung des Gebrauchs an einen Dritten;

c) bei erheblicher Gefährdung der Sache durch Vernachlässigung der dem Entleiher obliegenden Sorgfalt;

d) beim Tode des Entleihers.

3. Sobald der Verleiher die Sache zurückverlangt, wozu er jederzeit berechtigt ist, wenn die Dauer der Leihe sich weder aus der Vereinbarung der Vertragschließenden, noch aus dem Zweck der Leihe ergibt (§ 604 Abs. 3).

4. Sobald der Entleiher die Sache zurückgibt, wozu er im Zweifel jederzeit, selbst vor Ablauf der Leihzeit befugt ist (§ 271 Abs. 2).

Fünfter Titel.

Darlehen.

Windscheid-Kipp II §§ 370ff. **Dernburg** II §§ 233ff. **Cosack** I § 142. **Enneccerus** I §§ 274ff. **Endemann** I § 184. **Matthiaß** I § 121. **Crome**, Die paktionischen Rechtsgeschäfte S. 365ff. **Schloßmann**, Über den Vorvertrag und die rechtliche Natur der sogen. Realkontrakte in Iherings Jahrb. Bd. 45 S. 1—96. **Stintzing**, Die Vorverpflichtung im Gebiete der Schuldverhältnisse, 1. Heft 1903. **Fritze**, clausula rebus sic stantibus im Arch. f. b. R. Bd. 17, 20ff. **Silberschmidt**, Über denselben Gegenstand in Seufferts Bl. f. R. Bd. 67, 149—159.

I.

Begriff.

Das Darlehn, eine Unterart der Leihe, ist der normaler Weise durch Hingabe vertretbarer Sachen (Geld, Wertpapiere, Eier ꝛc.) geschlossene Realvertrag, gerichtet auf Gebrauch und Verbrauch mit der Verpflichtung zur Rückgewähr in gleicher Menge, Art und Güte (§ 607 Abs. 1).[1]) Regelmäßig leistet daher der Darlehnsgeber die Darlehnsvaluta in der Absicht sofortiger Eigentumsübertragung. Doch ist dies nicht wesentlich. Denn es können auch fremde Sachen unter der erkennbaren Voraussetzung nachträglicher Genehmigung des Eigentümers als Darlehn gegeben werden. Fehlt es allerdings an dieser erkennbaren Voraussetzung, so kommt es für das Zustandekommen des Darlehnsvertrags auf den guten Glauben des Empfängers an. Ist er vorhanden, so entsteht mit der Übergabe das Darlehn (§§ 932, 935 Abs. 2); fehlt er, so kommt trotz des Verbrauchs kein Darlehn zustande, sondern der Empfänger haftet dem bisherigen Eigentümer wegen unerlaubter Handlung (§ 823 Abs. 1).

Der Verschaffung des Eigentums steht es gleich, wenn die Valuta auf Anweisung des Darlehnsnehmers sofort einem Dritten, z. B. dem Gläubiger desselben, ausgezahlt wird.

Andererseits bedarf es keineswegs der unmittelbaren Hingabe der Valuta durch den Darleiher oder seinen Vertreter. Vielmehr wird, wie bisher, die Hingabe von Sachen mit der Verabredung, daß der Empfänger sie verkaufen und den erlösten Kaufpreis als Darlehn behalten solle, als Weg zum Zustandebringen eines Dahrlehns anzuerkennen sein.[2]) Das Darlehn kommt dann zustande mit dem Eingang des Erlöses beim Verkäufer. Die Gefahr der hingegebenen Sachen trägt bis zum Verkauf im Zweifel ihr Geber (vgl. l. 4 per l. 11 D. de reb. cred. 12. 1).

Endlich führt auch die Verabredung, daß der Darlehnsnehmer die aus anderem Grunde (Kauf, Miete, Schenkungsversprechen ꝛc.) geschuldeten vertretbaren Sachen als Darlehn schulden solle, zu einem

[1]) Wird eine Verpflichtung zur Darlehnsgewährung eingegangen, so liegt ein Vorvertrag vor, dessen Erfüllung in dem Abschluß des Darlehnsvertrags bestehen würde und welcher sowohl unentgeltlich oder entgeltlich abgeschlossen werden kann.

[2]) Werden dem Darlehnsnehmer Waren zum Schätzungswert übergeben, so schuldet er den Schätzungswert. Die Waren sind dann an den Darlehnsnehmer verkauft, der Kaufpreis aber ist ihm kreditiert.

Darlehn.[1]) Es wird in solchem Fall so angesehen, als hätte der Schuldner die geschuldeten Sachen dem Gläubiger geleistet, sie aber als Darlehnsvaluta zurückerhalten (§ 607 Abs. 2). Daß der Schuldner zur Zeit der Verabredung die geschuldeten Sachen wirklich besaß, ist nicht erfordert.

II.

Die Darlehnsfähigkeit.

Der Darlehnsgeber muß veräußerungs- der Darlehnsnehmer verpflichtungsfähig sein. Fehlt es an diesen Erfordernissen, so haben, wenn ein gültiges Darlehn entstehen soll, die gesetzlichen Vertreter mitzuwirken. Das Sct. Macedonianum und die partikularrechtlichen Beschränkungen der Subalternoffiziere rc. (§§ 678ff., 685 I 11 ALR.) sind meistens beseitigt; doch ist z. B. in Preußen die Bestimmung, daß Darlehne an Mitglieder des kgl. Hauses zu ihrer Klagbarkeit der Genehmigung des Königs bedürfen, aufrecht erhalten (§§ 676 u. 677 I 11 ALR. u. Art. 57 EG. z. BGB. Art. 89, Ib des preuß. Ausführungsges.).

III.

Das Rechtsverhältnis zwischen Darlehnsgeber und Darlehnsnehmer.

1. Der Darlehnsvertrag ist ein streng einseitiger Vertrag.[2]) Verpflichtungen des Darlehnsgebers ergeben sich aus dem Darlehnsvertrag nicht. Wohl aber entstehen solche aus dem etwa vorausgegangenen pactum de mutuo dando.[3]) Wurde ein solcher Vorvertrag abgeschlossen, so ergibt sich aus ihm die Verpflichtung des Darlehnsversprechers zum Abschluß des Darlehnsvertrags und im Fall des Verzugs zum Schadensersatz. Da der Darlehnsvertrag ohne Verschaffung des Eigentums an den dargeliehenen Sachen nicht zustande kommt, so folgt, daß der Dahrlehns-

---

[1]) Wurden die vertretbaren Sachen nicht geschuldet, weil z. B. die Schuld nichtig oder mit Erfolg angefochten war, so entsteht kein Darlehn. Denn es fehlt dann an der Darlehnsvaluta. Der Beweis hierfür liegt dem Dahrlehnsnehmer ob.

[2]) A. M. Cosack § 142, IV, 1.

[3]) Vgl. auch Crome II 2 § 247 Nr. 4. Das pactum de mutuo dando kann seitens des Darlehnsversprechers wegen wesentlicher Verschlechterung in den Vermögensverhältnissen des anderen Teiles widerrufen werden (§ 610). clausula rebus sic stantibus, RG. 50, 257.

versprecher auch für Gewährung des Eigentums verhaftet ist. Auch können sich, wenn für die Gewährung des Darlehns Entgelt versprochen war, gemäß §§ 445 und 493 Gewährleistungsansprüche aus dem Vorvertrag ergeben. Ohne Vorvertrag jedoch haftet der Darleiher nur nach den Grundsätzen unerlaubter Handlungen, wenn er schuldhaft gefälschtes Geld, amortisierte Wertpapiere, verdorbene Sachen gibt.

2. Die Verpflichtungen des Darlehnsempfängers[1]) sind folgende:

a) Wenn Zinsen verabredet sind, was in einem dem Realvertrag beigefügten Nebenvertrag geschehen kann, so hat er dieselben an deren Fälligkeitstag zu zahlen. Ist ein Fälligkeitstag nicht verabredet, so sind sie bei länger als auf Jahresfrist ausgeliehenen Darlehnen am Jahresschluß, vom Empfang des Darlehns an gerechnet, zu zahlen, sonst bei Rückerstattung des Kapitals (§ 608).

b) Die Rückerstattung des gewährten Darlehns zur Zeit der Fälligkeit. Bei Verzug zahlt er Verzugszinsen. Zufälliges Unvermögen zur Rückzahlung befreit ihn nicht (§ 279). Ist das Darlehn auf unbestimmte Zeit gegeben, so bestehen gesetzliche Kündigungsfristen (bei Beträgen bis 300 Mk. ein Monat, darüber drei Monat). Das zinslose Darlehn kann der Schuldner auch ohne voraufgegangene Kündigung zurückzahlen (§ 609). — Der Ort der Rückerstattung richtet sich nach den §§ 269 und 270; nicht gilt, wie Cosack annimmt, der Ort, an welchem das Darlehn gegeben wurde, als Rückerstattungsort.

Durch Nebenvertrag kann ausgemacht werden, daß mehr oder weniger als der empfangene Darlehnsbetrag zurückgewährt werden soll. In dem Mehr liegt regelmäßig die Verabredung von Entgelt für die Gewährung des Darlehns; das an dem Empfangenen Fehlende gilt als geschenkt.

Sechster Titel.

Dienstvertrag.

Dernburg II §§ 304 ff. Cosack I §§ 143 ff. Enneccerus I §§ 277 ff. Endemann I §§ 172 ff. Crome II §§ 257 ff. Windscheid-Kipp II § 401 S. 698, § 402 S. 711. Hachenburg, Dienst- und Werkvertrag, 1898. Lotmar,

[1]) Die Frage nach dem Vertrag, durch welchen sich jemand zur Annahme eines Darlehns verpflichtet, ist im BGB. nicht geregelt. Sie war auch nach

Der Arbeitsvertrag nach dem Privatrecht des Deutschen Reichs, Bd. 1, Leipzig, Duncker & Humblot, 1902. Prenner, Der gewerbliche Arbeitsvertrag nach deutschem Recht, München, C. H. Beck, 1902. Fuld, Das Reichsgericht und die Anwendung des Arbeitsrechtes in D. R. Bd. 7, 142.

I.
Begriff.

Der Dienstvertrag ist die Willenseinigung zweier Parteien, Inhalts deren sich die eine — der Dienstpflichtige — zur Leistung von Diensten, die andere — der Dienstherr — zur Leistung eines Entgelts für die Dienste verpflichtet (§ 611).

Es handelt sich dabei um eine Art von Miete. Gemietet wird die fremde Arbeitskraft — locatio conductio operarum; deswegen wird auch der Dienstvertrag in verschiedenen Beziehungen der Miete entsprechend geregelt (§§ 614 u. 551, 620 u. 564, 621 u. 565, 624 u. 567, 625 u. 568).

Der sog. Dienstverschaffungsvertrag, durch welchen sich der eine dem anderen zur Verschaffung fremder Arbeitskraft verpflichtet, kann nicht Dienstvertrag sein; meist wird es sich dabei um einen Mäklervertrag handeln, z. B. Verträge zwischen Gesindevermieter und Herrschaft (§ 652), doch kann auch ein Werkvertrag, und wenn die Verpflichtung unentgeltlich übernommen wurde, ein Auftrag vorliegen.

II.
Gegenstand des Dienstvertrages.[1])

1. Der Dienstpflichtige kann sich zu Diensten jeder Art verpflichten, soweit dieselben nicht unmöglich, verboten oder unsittlich sind. Auch lebensgefährliche Dienste können versprochen werden, soweit darin nicht eine Unsittlichkeit liegt (§ 618 Abs. 1 a. E.). Solche liegt aber dann vor, wenn für die durch die Dienste zu erreichenden Zwecke der Einsatz des Lebens nicht lohnt, nicht also bei den im Interesse des Kulturfortschritts notwendigen Berufen (Luft-, Seeschiffahrt ꝛc.). Ob die Dienste niederer (sog. Handdienste) oder höherer Art sind, z. B. Tätigkeit des Privatlehrers, Rechtsanwalts,

---

früherem Recht streitig. Dernburg Pand. II § 85, Preuß. Privatr. II § 179 Anm. 7. Seufferts Arch. II Nr. 165 u. X Nr. 37. M. E. wird man sich für Klagbarkeit eines solchen Vertrags entscheiden müssen gemäß des Grundsatzes der Vertragsfreiheit.

[1]) Lenel, Die auf Geschäftsbesorgung gerichteten entgeltlichen Verträge in Jherings Jahrb. Bd. 44, 31—42.

Arztes, Schriftstellers, Künstlers), ob es sich um Vornahme von Handlungen tatsächlicher Natur oder von Rechtshandlungen dreht, ist für ihre Zulassung als Inhalt eines Dienstvertrages gleichgültig.

Auch eine Geschäftsbesorgung kann Gegenstand des Dienstvertrages sein (§ 675). Was aber darunter zu verstehen ist, läßt das Gesetz vollkommen im Dunkeln. Nur soviel ist ersichtlich, daß es auch Dienstverträge ohne Geschäftsbesorgung gibt. Demgemäß muß „die Geschäftsbesorgung" einen engeren Sinn haben. Nach den Protokollen (II S. 377) soll es sich bei der Geschäftsbesorgung „um die Entfaltung einer solchen Tätigkeit handeln, die innerhalb des Rechtsbereichs des Geschäftsherrn vorzunehmen sei", eine Wendung, welche wegen ihrer Unbestimmtheit nicht brauchbar ist. So sind denn auch die verschiedensten Versuche zur Begriffsbestimmung der Geschäftsbesorgung gemacht.[1]) Am meisten dürfte der Versuch Hellwigs[2]) für sich haben, nach welchem unter Geschäftsbesorgung die Entfaltung der Tätigkeit zur Erledigung einer bestimmten Angelegenheit oder einer Mehrheit bestimmter Angelegenheiten zu verstehen ist — einerlei ob rechtlicher oder tatsächlicher Natur. Deshalb ist die Annahme eines Tagelöhners ohne Bezeichnung der zu erledigenden Angelegenheit kein Dienstvertrag mit Geschäftsbesorgung, ebensowenig die Gesindemiete. Wohl aber sind Dienstverträge mit Geschäftsbesorgung die Verträge mit dem Rechtsanwalt, mit einem Operateur, mit dem Prozeßbevollmächtigten auf Führung eines Prozesses, mit einem Dienstmann auf Ausrichtung eines Botenganges, mit einem Koch auf Zubereitung eines Diner ꝛc.

2. Auf seiten des Dienstherrn bildet den Gegenstand des Dienstvertrags „Vergütung" für die Dienste. Dieselbe braucht nicht in Geld zu bestehen, sondern kann auch andere Sachen, Gewährung von Rechten oder ihrer Ausübung, ja auch wiederum Dienste zum Inhalt haben, oder in einem Anteil am Ertrage der Arbeit bestehen. Die Vergütung kann, namentlich wenn sie in Geld oder anderen vertretbaren Sachen besteht, nach Zeitabschnitten (Tage-, Wochenlohn), aber auch als Stück- oder Akkordlohn festgesetzt sein.

Ist über die Höhe der Vergütung nichts bestimmt, so ist taxmäßige und in Ermangelung einer Taxe ortsübliche Vergütung zu

---

[1]) Vgl. namentlich Lenel in Jherings Jahrb. Bd. 44 S. 31 ff.

[2]) Hellwig, Verträge auf Leistung an Dritte § 71 Anm. 42. Über Werkverträge mit Geschäftsbesorgung vergleiche den siebenten Titel.

entrichten (§ 612 Abs. 2). Besteht auch keine Ortsüblichkeit, so kann der Dienstpflichtige nach §§ 316ff. die Höhe der Vergütung festsetzen.

Ist gar keine Vergütung verabredet, so gelten die gleichen Grundsätze, wenn die Dienste den Umständen nach — wo für Verkehrssitte, Beruf oder Gewerbe des Dienstpflichtigen in Betracht kommen — nur gegen Vergütung zu erwarten waren (§ 612 Abs. 1).

III.
Der Abschluß des Dienstvertrags.

Er geschieht formlos. Wird der Antrag zur Eingehung eines Dienstvertrages, welcher eine Geschäftsbesorgung zum Gegenstand hat, an jemand gemacht, der zur Vornahme einer solchen Geschäftsbesorgung öffentlich bestellt ist (z. B. ein Kassenarzt, Badearzt, Auktionator, Rechtsanwalt, Notar, Gerichtsvollzieher) oder sich dazu öffentlich (z. B. ein Bankier, Naturheilarzt) oder dem Antragsteller gegenüber erboten hat, so hat der Oblat eine etwaige Ablehnung des Antrags dem Antragsteller unverzüglich zu erklären, sonst macht er sich schadensersatzpflichtig (§§ 675 u. 603, — anders: § 362 HGB.).

IV.
Das zwischen den Vertragschließenden entstehende Rechtsverhältnis.[1])

1. Durch den Dienstvertrag kann begründet werden:

a) ein dauerndes (§§ 617, 629, 630) oder ein nichtdauerndes Rechtsverhältnis. Ersteres trifft schon dann zu, wenn das Dienstverhältnis auf die Dauer angelegt ist, d. h. auf eine längere Dauer desselben nach dem gewöhnlichen Lauf der Dinge zu rechnen ist, z. B. Dienstmiete auf unbestimmte Zeit oder auf mehrere Jahre fest. Übrigens kann die Dienstmiete längstens auf fünf Jahre unkündbar geschlossen werden (§ 624);

---

[1]) Schöller bei Gruchot 46, 1—42, 253—291. Marcus, Die übliche Gegenleistung bei Arbeitsverträgen in D. R. Bd. 5, S. 43—44. Über Aufrechnung gegen Lohnforderungen vgl. u. a. Fuld in Seufferts Bl. f. R. 66, 77—81, 101—107. Löwenbach i. D. R. Bd. 5, 586—587. Schmelzle i. Seufferts Bl. f. R. 66, 289—295, 305—318. Sinzheimer, „Lohn und Aufrechnung", Berlin bei Heymann, 1902. — Sinzheimer, Das Kammergericht und die Frage des Zurückbehaltungsrechts an unpfändbaren Lohnforderungen i. D. R. Bd. 7, 426—427.

Zu § 616 BGB.: von Blume i. D. R. Bd. 6, S. 6—9 u. 188. Hilse daselbst S. 69. Weber i. D. J.-Z. Bd. 7, 199. Zu § 617: Cohn in D. R. Bd. 6, S. 392. Schultzenstein i. Arch. f. b. R. Bd. 23, S. 220—321. Zu § 618: Hahn bei Gruchot 45, 213—219.

b) ein Subordinations- oder Koordinationsverhältnis. Das erstere ist vorhanden, wenn die Dienstpflichtigen dem Dienstherrn untergeben sind, insofern sie während der Dauer des Dienstverhältnisses innerhalb des Kreises der im Dienstvertrag übernommenen Obliegenheiten nach dem Willen des Dienstherrn zu handeln haben. Dahin gehören die Gesindeverträge, die Theaterengagementsverträge, die Verträge mit den Handlungsgehilfen, dem Leibarzt ꝛc. Bei den sog. freien Dienstverträgen aber stehen Dienstherr und Dienstpflichtiger lediglich in dem Verhältnis von Gläubiger und Schuldner z. B. Verträge mit Arzt, Rechtsanwalt, Lehrer.

Als Folge des Subordinationsverhältnisses ergeben sich die in den §§ 617—619 enthaltenen Verpflichtungen des Dienstherrn — bei Erkrankung von in die häusliche Gemeinschaft aufgenommenen Dienstpflichtigen: Verpflegungs- und ärztliche Behandlungspflicht, Fürsorgepflicht für Wohnung, Schlafraum, Arbeits- und Erholungszeit mit Rücksicht auf Gesundheit, Sittlichkeit und Religion des Verpflichteten; sonst Schutzpflicht gegen Gefahr für Leben und Gesundheit, soweit die Natur der Dienstleistung Schutz gestattet.

2. Die Verpflichtungen des Dienstpflichtigen. Er hat die ihm obliegenden Dienste vereinbarungsgemäß auszuführen und haftet dabei für jede Fahrlässigkeit (§§ 611 Abs. 1 u. 276). Er muß die Dienste im Zweifel in Person leisten, hat also keine Substitutionsbefugnis (§ 613). Die Zuziehung von Gehilfen ist nicht ausgeschlossen, wenn dies die Art der Dienstleistung mit sich bringt, z. B. bei ärztlichen Diensten. Er haftet dann aber auch für die Fahrlässigkeit der Gehilfen wie für seine eigenen (§ 278). Dagegen schuldet er die Dienste, je nach ihrer Natur, nicht nur der Person des Gegenkontrahenten, sondern auch dessen Erben, nicht aber seinen Singularsukzessoren (§ 613 S. 2).

Besteht der Dienst in einer Geschäftsbesorgung, so muß der Dienstpflichtige den Anweisungen des Dienstherrn bei Ausführung des Geschäfts folgen, und alles, was er aus der Geschäftsbesorgung erlangte, herausgeben.[1]) Auch hat er Auskunfts- und Rechnungslegungspflicht (§ 675).

Erfüllt der Dienstpflichtige die ihm obliegenden Pflichten nicht, so findet gemäß § 888 Abs. 2 CPO. keine executio ad faciendum

[1]) Auf Trinkgeld, welches der Geschäftsbesorger bei Abschluß des Geschäfts erhielt, bezieht sich dies nicht. Es handelt sich dabei um eine Schenkung an den Geschäftsbesorger.

statt. Wohl aber finden die allgemeinen Vorschriften über schuldhafte Unmöglichkeit der Erfüllung oder Verzug bei gegenseitigen Verträgen Anwendung (§§ 325 u. 326). Beruht dagegen die Unmöglichkeit der Erfüllung auf Verschulden des Dienstherrn, so behält der Dienstpflichtige den Anspruch auf die Gegenleistung (§ 324). Ist endlich die Unmöglichkeit der Dienstleistung durch einen von keiner der Parteien zu vertretenden Umstand herbeigeführt, so kann dieser Umstand in der Person des Dienstpflichtigen (z. B. der für eine Tournee engagierte Rezitator erkrankt und es muß ihm der Kehlkopf exstirpiert werden) oder des Dienstherrn liegen (z. B. derselbe hat sich auf ein Jahr einen Lehrer für die italienische Sprache — wöchentlich drei Stunden à fünf Mark — engagiert und stirbt nach Monatsfrist), oder endlich auch unabhängig von den Personen der Kontrahenten eintreten (z. B. die Dienstleistung wird obrigkeitlich verboten). In allen drei Fällen ist der Dienstvertrag für die Zukunft aufgehoben (§ 323).

Liegt dagegen keine objektive Unmöglichkeit vor, sondern ist nur der Dienstherr durch in seiner Person liegende Umstände gehindert, von den geschuldeten Diensten Gebrauch zu machen (z. B. weil er erkrankte und die italienischen Stunden nicht einhalten konnte), so schuldet er die Vergütung, falls nur der Dienstpflichtige die Dienste zu leisten fortdauernd im Stande ist. Denn der Dienstvertrag ist Mietvertrag. Wie es für die Zahlungspflicht des Sachmieters gleichgültig ist, ob er die gemietete Sache gebraucht oder nicht, so muß es auch für die Vergütungspflicht des Dienstmieters gleichgültig sein, ob er die gemietete Arbeitskraft gebraucht oder nicht, einerlei aus welchem Grunde. Dies ergibt die entsprechende Anwendung des § 552.

Durch einen in der Person des Dienstpflichtigen liegenden Umstand kann Unmöglichkeit der Leistung nur für eine verhältnismäßig unerhebliche Zeit eingetreten sein. War dieser Umstand vom Dienstpflichtigen nicht verschuldet, so behält der Dienstpflichtige den Anspruch auf volle Vergütung (§ 616);[1] z. B. der

[1] Ausnahme von § 323. Abs. 1 a. E. Auf Diensterträge mit verabredetem Stücklohn findet diese Ausnahme keine Anwendung. Denn für die fertiggestellten Stücke wird der Lohn verabredet. Soll etwa der Stücklohnarbeiter, welcher für mehrere Dienstherren arbeitete, die Wahl haben, von welchem Dienstherrn er den Lohn für die Stücke, welche er in der Behinderungszeit hätte fertigstellen können, verlangen will? Und steht denn ohne weiteres fest, daß der Stücklohnarbeiter die Zeit seiner Behinderung zur Arbeit benutzt haben würde?

Dienstpflichtige wird als Zeuge vor Gericht geladen oder zu einer Kontrollversammlung befohlen, oder von einem vorübergehenden Unwohlsein befallen. Ob der Dienstpflichtige die zeitweilige Behinderung bei Abschluß des Vertrags voraussehen konnte oder nicht, ist gleichgültig.

Wird danach bei in der Person des Dienstpflichtigen liegenden, unverschuldeten Hinderungsgründen der Leistung die Vergütigung fortgeschuldet, so ist dies erst recht bei außerhalb der Person des Dienstpflichtigen liegenden unverschuldeten Hinderungsgründen anzunehmen, z. B. das Theater, in welchem ein Schauspieler engagiert ist, brennt ab, es tritt Landestrauer ein 2c.[1])

Nimmt der Dienstherr die ihm angebotenen Dienste nicht an, so wird der Dienstpflichtige in Abweichung von den gewöhnlichen Grundsätzen über den Annahmeverzug (§ 322 Abs. 2) von seiner Leistungspflicht frei, weil er sonst durch Bereithaltung für die geschuldete Dienstleistung in der anderweiten Verwertung seiner Arbeitskraft zu sehr gehemmt sein würde. Er behält aber den Anspruch auf die verabredete Vergütung unter Anrechnung dessen, was er durch das Unterbleiben der Dienstleistung erspart oder durch anderweite Verwendung seiner Arbeitskraft erwirbt oder zu erwerben böswillig unterläßt (§ 615).

3. Die Verpflichtungen des Dienstherrn sind folgende:

a) Er hat die verabredete Vergütung regelmäßig erst nach Leistung der Dienste zu machen (§ 614).

b) Er hat die Verpflegungs- und ärztliche Behandlungspflicht des in die häusliche Gemeinschaft aufgenommenen Dienstpflichtigen nach Maßgabe von § 617.

c) Er hat Schutzvorrichtungen zu treffen für seine Dienstpflichtigen gegen Gefährdung von Leben und Gesundheit, soweit die Natur der Dienstleistung dies gestattet (§ 618). Die Vernachlässigung dieser Verpflichtung macht ihn in demselben Umfang schadensersatzpflichtig, wie wenn er eine unerlaubte Handlung begangen hätte (§§ 842 bis 846).

d) Bei Beendigung eines dauernden Dienstverhältnisses hat er dem Dienstpflichtigen auf dessen Verlangen ein schriftliches Zeugnis über Art und Dauer des Dienstes und, wenn es gewünscht wird, auch über seine Leistungen und seine Führung auszustellen (§ 630).

---

[1]) Dernburg II § 305, III Abs. 4 u. 5.

e) Handelt es sich um eine Geschäftsbesorgung, so hat der Dienstherr dem Dienstpflichtigen auf Verlangen Vorschuß zu leisten, auch ihm die gemachten Aufwendungen, soweit sie den Umständen nach für erforderlich gehalten werden dürften, zu ersetzen (§§ 675, 669 u. 670).

V.

Beendigung und Verlängerung des Dienstverhältnisses.[1])

Als Endigungsgründe kommen in Betracht:

1. Neben der Ausführung der Dienste auch Zeitablauf, wenn der Vertrag auf bestimmte Zeit eingegangen ist (§ 620).

2. Kündigung mit Einhaltung der gesetzlichen Frist, falls das Dienstverhältnis auf unbestimmte Zeit eingegangen war (§ 620 Abs. 2). Die Kündigungsfristen sind dieselben, wie bei der Sachmiete und richten sich also nach den Zeitabschnitten, nach denen die Vergütung bemessen ist. Nur ist bei nach Quartalen bemessener Vergütung eine Kündigungsfrist von sechs Wochen vor Ablauf des Kalenderquartals genügend (§§ 620 u. 565). Handelt es sich um Dienste höherer Art mit festen Bezügen, deren Vornahme die Erwerbstätigkeit des Dienstpflichtigen vollständig oder hauptsächlich in Anspruch nimmt, so greift stets die zuletzt erwähnte Kündigungsfrist Platz, auch wenn die Vergütung nach kürzeren Zeiträumen als Quartalen bemessen sein sollte (§ 622). Wenn jedoch die Vergütung gar nicht nach Zeitabschnitten bemessen sein sollte, so beträgt die Kündigungsfrist nur zwei Wochen (§ 623 Halbs. 2).

Eine sechsmonatliche Kündigungsfrist ist endlich vorgeschrieben bei auf mehr als fünf Jahre oder auf Lebenszeit eingegangenen Dienstverhältnissen für den Dienstflichtigen und in dessen Interessen. Die Frist beginnt mit dem Ablauf von fünf Jahren seit Beginn des Dienstverhältnisses (§ 624). Der Dienstherr ist an solche Verträge gebunden.

3. Kündigung ohne Einhaltung einer Kündigungsfrist. Sie greift Platz:

a) wenn die Vergütigung nicht nach Zeitabschnitten bemessen ist (§ 623 Halbs. 1). Ausnahme: Halbs. 2.

---

[1]) Fuld, Die Aufhebung des Dienstvertrags bei Gruchot 44, 592—603. David i. D. R. Bd. 6, 146, Fischer i. D. R. Bd. 7, 335 u. Meyer daselbst S. 356. Hilse daselbst S. 480—481.

b) Wenn ein wichtiger Grund zur Kündigung vorliegt, worüber das pflichtmäßige Ermessen des Richters entscheidet. Die Gründe können sowohl in der Person des Dienstherrn als des Dienstpflichtigen eintreten (Treubruch, unsittliches Betragen, Vernachlässigung der Vertragspflichten 2c.) (§ 626). Ob das Dienstverhältnis auf bestimmte oder auf unbestimmte Zeit eingegangen war, ist gleichgültig.

c) Auch ohne Vorliegen wichtiger Gründe, wenn der Vertrag auf Dienste höherer Art gerichtet ist, welche auf Grund besonderen Vertrauens übertragen zu werden pflegen, es müßte dann das Dienstverhältnis dauernd und mit festen Bezügen eingegangen sein (§ 627).[1])

d) Wenn eine Ehefrau sich einem Dritten zu von ihr in Person zu bewirkenden Dienstleistungen verpflichtet hat. Das Kündigungsrecht steht dem Ehemanne nach vorausgegangener Ermächtigung durch das Vormundschaftsgericht zu (§ 1358).

In den Fällen b—d hat der Dienstpflichtige verhältnismäßige Vergütung für die von ihm zur Zeit der Kündigung schon gemachten Leistungen zu verlangen, er müßte denn entweder durch sein vertragswidriges Verhalten die Kündigung seitens des Dienstherrn veranlaßt oder ohne vertragswidriges Verhalten des Dienstherrn seinerseits gekündigt haben und außerdem der Dienstherr nachweisen, daß die geleistete Arbeit infolge der Kündigung für ihn kein Interesse mehr hat (§ 628 Abs. 1 S. 2). Hatte der Dienstpflichtige von der Vergütung mehr, als ihm danach gebührt, bereits voraus empfangen, so hat er dies Mehr herauszugeben und haftet für die Erfüllung dieser Verpflichtung entweder nach den Grundsätzen über den Rücktritt vom Vertrag (§ 347) oder, falls die Kündigung wegen eines von ihm nicht zu vertretenden Umstandes erfolgte, nach den Grundsätzen ungerechtfertigter Bereicherung (§ 628 Abs. 1 S. 3). Im ersteren Fall hat er also vom Empfang des Mehr an, wie ein Verwalter fremden Guts, für jedes Versehen einzustehen; im letzteren Fall erst vom Augenblick der eingetretenen Rechtshängigkeit des Herausgabeanspruchs an (§ 818 Abs. 4).

4. Der Tod des Dienstpflichtigen.

[1]) Z. B. Engagement eines Rechtsanwalts für einen Prozeß; nicht aber Engagement eines Rechtsanwalts als Rechtsbeistand einer Bank mit einem Jahresgehalt von 10 000 M. Oder: Engagement eines Arztes in einem Krankheitsfall; nicht aber Engagement als Hausarzt mit einen Jahreshonorar von 500 M.

5. Der Konkurs des Dienstherrn nach Maßgabe der §§ 22 u. 23 KO.

Eine stillschweigende Verlängerung des Dienstverhältnisses nach seiner Beendigung (durch Zeitablauf oder Kündigung) kann dadurch eintreten, daß der Dienst mit Wissen und ohne unverzüglichen Widerspruch des Dienstherrn fortgesetzt wird. Die Verlängerung gilt auf unbestimmte Zeit (§ 625).

VI.
Die im BGB. nicht geregelten Dienstverträge.

Aufrecht bleiben erhalten:

a) Die reichsgesetzlichen Bestimmungen, welche besondere unter den Dienstvertrag fallende Verhältnisse regeln (Art. 32 EG.). Dahin gehören die Dienstverhältnisse des Handelsgesetzbuchs (§§ 59—104, 511—555, 740—753), der Gewerbeordnung (§§ 105—139m und 154), der Seemannsordnung vom 27. Dezember 1872, der Strandungsordnung vom 17. Mai 1874, des Binnenschiffahrtsgesetzes vom 15. Juni 1895 in der Fassung vom 20. Mai 1898, des Flößereigesetzes vom 15. Juni 1895.

b) Die landesgesetzlichen Vorschriften über die Gesindemiete (Art. 95 EG.). Daher besteht im Gebiete des preuß. ALR. noch die Gesindeordnung vom 8. Nov. 1810, jedoch mit folgenden Modifikationen: Das Züchtigungsrecht der Dienstherrschaft ist aufgehoben und es sind andererseits die Vorschriften der §§ 617—19 (Fürsorgepflicht) und der § 624 (Kündigungsrecht bei mehr als fünfjähriger Bindung) anwendbar.

Siebenter Titel.
Werkvertrag.

Crome, Partiarische Rechtsgeschäfte, 1897, S. 252ff. Hachenburg, Dienst- und Werkvertrag, 1898. Emerich, Kauf- und Werklieferungsvertrag, 1899. Riezler, Der Werkvertrag, 1900. Dernburg II §§ 317ff. Cosack I §§ 147ff. Enneccerus I §§ 285ff. Endemann I §§ 172ff. Matthiaß I § 128. Crome II §§ 264ff. Windscheid-Kipp II § 401 u. S. 699, 705, 707, 712.

I.
Begriff.

Der Werkvertrag ist die Willenseinigung zweier Parteien, Inhalts deren sich die eine — der Unternehmer — zur Herbeiführung des versprochenen Erfolges, die andere — der Besteller — zur Entrichtung der vereinbarten Vergütung verpflichtet (§ 631) — locatio conductio operis.

Auch beim Werkvertrage bildet also, wie beim Dienstvertrag, Arbeit den Vertragsgegenstand. Während aber der Dienstvertrag einzig und allein die Arbeitsleistung zum Gegenstand hat, so tritt beim Werkvertrag noch der durch Arbeit zu erzielende Erfolg hinzu. Gleichwohl liegt eine Garantieübernahme für den Eintritt des Erfolges im Werkvertrag nicht. Deshalb wird der Unternehmer von seiner Vertragspflicht frei, wenn er durch von ihm nicht zu vertretende Umstände an der Herbeiführung des Erfolges verhindert wird (§ 275). Andererseits wird die Vergütung nur für den Erfolg zugesagt. Da aber der Erfolg selbst zusammengesetzter Natur sein und sich also aus einer Summe kleinerer Erfolge zusammensetzen kann, so liegt immer noch Werk- und nicht Dienstvertrag vor, wenn für jeden kleineren Erfolg besonders Vergütung versprochen ist (§ 641 Abs. 1), z. B. ein Tapezierer hat die Dekoration mehrerer Zimmer einer Etage übernommen und mit Rücksicht auf die verschiedene Beschaffenheit der Zimmer ist bezüglich jedes Zimmers Separatvergütung festgesetzt.

Über die Abgrenzung des Werkvertrages vom Kaufvertrag vgl. unter Nr. VII.

II.

Vertragsgegenstand.

Der **seitens des Unternehmers** herzustellende Erfolg kann durchaus verschiedener Art sein. Er kann in der Beförderung von Personen oder Sachen nach einem bestimmten Ort,[1]) in der Herstellung oder Veränderung von Sachen bestehen. Auch ein sog. immaterieller Erfolg, z. B. Herstellung wissenschaftlicher oder künstlerischer Arbeiten kann bezweckt werden. So fällt der Verlagsvertrag, der sich übrigens nach dem RG. vom 19. Juni 1901 richtet (Art. 76 EG.), begrifflich unter den Werkvertrag, ebenso der Theaterbesuchsvertrag. Letzterer ist nicht Platzmiete oder Kauf eines Theaterbillets. Auch eine **Geschäfts-**

[1]) Derartige Verträge richten sich meist nach Spezialgesetz, so daß die Vorschriften des BGB. nur subsidiär zur Anwendung kommen. So das Handelsfrachtgeschäft, das Speditionsgeschäft, die Personenbeförderung zur See oder die gewerbsmäßige Personenbeförderung zu Lande oder auf Binnengewässern durch die dazu bestimmten Anstalten. (HGB. §§ 1 Nr. 5, 425 ff., 407 ff., 664 ff. und RG. betreffend die Binnenschiffahrt vom $\frac{\text{15. Juni 1895.}}{\text{20. Mai 1896.}}$

besorgung[1]) soll nach § 675 Gegenstand des Werkvertrags sein können, z. B. die Einziehung einer Forderung des Bestellers gegen einen Dritten seitens des Unternehmers, die Restaurierung eines Gemäldes des Bestellers.

Es ist aber mit Hellwig anzunehmen, daß danach jeder Werkvertrag eine Geschäftsbesorgung zum Gegenstand hat.[2])

---

[1]) Vgl. über den Begriff:. Sechster Titel II, 1 und ferner III a. E., IV 2 Abs. 2, 3 lit. e und § 675 BGB.

[2]) Man hat dagegen eingewendet, daß § 675 offenbar einen Werkvertrag kenne, der keine Geschäftsbesorgung zum Gegenstande habe. Aber das scheint nur so, und erklärt sich aus der mangelhaften Fassung des Gesetzes. § 606 E. II bestimmt nämlich, daß gewisse Vorschriften über den Auftrag Anwendung finden sollen, wenn die Verpflichtung zur Geschäftsbesorgung durch einen Dienst- oder Werkvertrag übernommen ist. Der Auftrag aber ist nach § 593 E. II der Vertrag, durch welchen sich der Beauftragte zur unentgeltlichen Besorgung des ihm übertragenen Geschäfts verpflichtet. Der Standpunkt des Gesetzgebers ist also offenbar folgender: Eine Geschäftsbesorgung kann übernommen werden durch Auftrag, Dienstvertrag, Werkvertrag. Auch wenn die Geschäftsbesorgung durch Dienstvertrag oder Werkvertrag übernommen wurde, so finden gewisse Vorschriften über den Auftrag Anwendung. Hätte man die ursprüngliche Fassung beibehalten, so hätte der Anschein, daß es Werkverträge gebe, welche keine Geschäftsbesorgung zum Gegenstand haben, gar nicht entstehen können.

Obwohl danach nun jeder Werkvertrag eine Geschäftsbesorgung zum Gegenstand hat, so können m. E. doch nicht auf jeden Werkvertrag die Vorschriften über den Auftrag (§§ 663, 665 bis 670, 672 bis 674) entsprechende Anwendung finden, wie auch Lenel (Iherings Jahrbücher Bd. 44, 37 ff.) durchaus zutreffend annimmt. Wenn aber nun Lenel meint, der Werkvertrag umfasse auch den entgeltlichen Auftrag, also das Geschäft, durch welches sich der Unternehmer nicht zur Herstellung des Werkes verpflichte, sondern nur zu einer Tätigkeit, welche auf Herstellung eines Werkes abziele, so dürfte dies mit der in § 631 gegebenen Begriffsbestimmung des Werkvertrages nicht übereinstimmen und ein solcher entgeltlicher Auftrag vielmehr unter den Begriff des Dienstvertrages fallen. Vielmehr setzt die Anwendung der zitierten Bestimmungen über den Auftrag auf den Werkvertrag m. E. voraus, daß der Werkvertrag durch die Parteien selbst eine besondere Gestaltung erfahren habe. Es muß nämlich ausgemacht sein, daß der Unternehmer den Anweisungen des Bestellers zu folgen hat und von der Tragung der Kosten der Ausführung des Werkes frei, ja sogar befugt sein soll, Vorschuß für die Kosten der Ausführung zu verlangen. Fehlt es an der einen oder anderen Abmachung, so kommt die betreffende Bestimmung über den Auftrag nicht zur Anwendung. Denn an sich braucht der Unternehmer den Weisungen des Bestellers nicht zu folgen — aus § 645 geht nicht das Gegenteil hervor —; er verspricht das fertige Werk und wie er es herstellt ist seine Sache. An sich muß der Unternehmer, abgesehen vom Stoff, die Kosten der Herstellung tragen und hat keinen Anspruch auf Ersatz von Aufwendungen oder gar auf Vorschuß. Daß der Unternehmer, welcher zur Herstellung derartiger Werke gegen ein für allemal festgesetztes Entgelt öffentlich bestellt ist,

Die seitens des Bestellers zu leistende Vergütung kann in Vermögenswerten aller Art bestehen. Für die Bemessung derselben gelten dieselben Grundsätze wie beim Dienstvertrag[1]) (§ 632).

III.

Die Verpflichtungen des Unternehmers.

Es sind folgende:

1. Er hat das versprochene Werk in der bedungenen Art und Zeit zu leisten und haftet dabei für jede Fahrlässigkeit und für diejenige seiner Leute, wie für seine eigene (§§ 276 und 278). Daß der Unternehmer selbst das Werk herstellt, ist nicht wesentlich. Auch der Entreprise-Vertrag, d. h. die Übernahme der Herstellung eines Werkes und die Befugnis, dasselbe auf eigene Kosten durch einen Unternehmer herstellen zu lassen, ist Werkvertrag. Doch kann allerdings auch persönliche Herstellung des Werkes beabsichtigt sein, was aus der Natur der Leistung und den Verkehrsgrundsätzen unter Berücksichtigung der ganzen Sachlage zu entnehmen ist. So wird z. B. ein berühmter Maler, der die Herstellung eines Bildes übernommen hat, dasselbe in Person ausführen müssen. War der Unternehmer zur Substitution befugt, so haftet er nur für culpa in eligendo, soweit nicht aus dem Vertrag eine weitergehende Haftung sich ergibt. Den Stoff zur Herstellung des Werkes liefert Besteller.

Kommt der Unternehmer mit der Herstellung des Werkes in Verzug, so setzt er sich den in § 326 normierten Folgen aus. Doch kann der Besteller auch ohne Verzug des Unternehmers bei nicht rechtzeitiger Herstellung des Werkes vom Vertrag zurücktreten (§ 636), wenn der Unternehmer die ihm gesetzte Nachfrist nicht einhielt. Der Bestellung einer Nachfrist bedarf es nicht, wenn ein Fixgeschäft vorlag (§ 361), wenn die rechtzeitige Leistung vom Unternehmer verweigert wurde, oder der sofortige Rücktritt durch ein besonderes Interesse des Bestellers gerechtfertigt wird, endlich, wenn die rechtzeitige Leistung unmöglich ist (§ 634 Abs. 2). Auch der sofortige Rücktritt kann erst nach verstrichener Leistungszeit erfolgen. Nur wenn die recht-

---

z. B. zur Eichung von Gefäßen, oder sich öffentlich zur Herstellung ein Werkes — natürlich gegen ein von ihm angegebenes Entgelt — erboten hat, auf einen an ihn gerichteten Vertragsantrag sich zu erklären hat, wenn er ablehnen will, kann natürlich nur für den Fall gelten, daß der Antrag seiner öffentlichen Bestellung oder seinem öffentlichen Erbieten entspricht.

[1]) Sechster Titel II 2 a. E.

zeitige Leistung wirklich unmöglich ist, schadet es natürlich dem Besteller nichts, daß er schon vor der Leistungszeit mit Berufung auf die Unmöglichkeit rechtzeitiger Leistung zurücktrat. Irrte er sich aber in dieser Beziehung, und erfolgt die Leistung doch noch rechtzeitig, so ist sein Rücktritt wirkungslos.

Bei verschuldeter Unmöglichkeit der Erfüllung greift § 325 ein.

Die Verpflichtung des Unternehmers zur Herstellung des Werkes kann der Besteller schon vor der Leistungszeit durch Klage geltend machen (l. 72 § 2 D. de verb. oblig. 45. 1). Wenn den Umständen nach die Besorgnis gerechtfertigt ist, daß der Schuldner sich der rechtzeitigen Leistung entziehen würde, was dann zutrifft, wenn nach der konkreten Sachlage bei längerer Verschiebung des Beginnes des Werkes die rechtzeitige Herstellung unwahrscheinlich ist, so gilt auch § 259 CPO.

2. Der Unternehmer trägt die Gefahr bis zur Abnahme des Werks (§ 644 Abs. 1), d. h. er erhält keinerlei Vergütung, wenn dasselbe vor der Abnahme durch Zufall zugrunde ging. Wird es nur zufällig verschlechtert, so braucht der Besteller es nicht abzunehmen (§ 640). Die Abnahme ist aber wie beim Kaufvertrag (§ 433 Abs. 2), lediglich die tatsächliche Hinnahme[1]) nicht auch die Billigung durch den Besteller; denn sonst wäre bei jedem Werk eine Abnahme möglich, während doch § 640 Abs. 1 Werke kennt, deren Beschaffenheit trotz vertragsmäßiger Herstellung eine Abnahme nicht zuläßt.

Verweigert der Besteller die Abnahme des vertragsmäßig hergestellten Werks, so kommt er dadurch in Annahmeverzug und trägt von da an die Gefahr (§§ 640 Abs. 1 u. 644 Abs. 1 S. 2).[2])

Ist nach der Beschaffenheit des Werks eine tatsächliche Hinnahme ausgeschlossen, z. B. beim Vertrag, durch welchen die Beförderung dritter Personen oder von Gütern an Dritte versprochen wurde, oder weil der Besteller sich bereits im Besitz befindet, oder weil es sich um eine Theatervorstellung handelte, so geht die Gefahr mit der Vollendung des Werkes auf den Besteller über (§ 646).

---

[1]) So schon die 1. Auflage. Derselben Meinung Dernburg II § 318 II 1.

[2]) Verweigert der Besteller die Vornahme einer Handlung, welche zur Herstellung des Werkes erforderlich ist, so hat der Unternehmer keinen Anspruch auf Schadensersatz gemäß § 326 Abs. 1 S. 2, wenn dieser Anspruch ein fertiggestelltes Werk voraussetzt (RG. 53, 223).

Versendet endlich der Unternehmer auf Verlangen des Bestellers das Werk an einen anderen Ort als den Erfüllungsort, so trägt er die Gefahr nur bis zu seiner Auslieferung an die zur Ausführung der Versendung bestimmte Person oder Anstalt (§ 644 Abs. 2).

Nicht auf Zufall, sondern auf dem eigenen, möglicherweise schuldlosen, Verhalten des Bestellers beruht es, wenn ohne einen vom Unternehmer zu vertretenden Umstand das Werk vor der Abnahme infolge Mangelhaftigkeit des vom Besteller gelieferten Stoffs oder infolge der vom Besteller für die Ausführung des Werks erteilten Anweisungen untergegangen, verschlechtert oder unausführbar geworden ist, sollte zu diesen Ursachen auch noch ein Zufall hinzugetreten sein, z. B. eine Brücke wird nach den eigenen unzweckmäßigen Anweisungen des Bestellers errichtet und kann nun dem Andrang plötzlichen Hochwassers nicht widerstehen. Das Gleiche gilt, wenn zur Herstellung des Werks eine Handlung des Bestellers erforderlich war und der Unternehmer wegen unterlassener Vornahme der Handlung den Vertrag aufhob, z. B. der Besteller wollte sich porträtieren lassen, verweigert aber nach der ersten Sitzung jede weitere Sitzung. Deswegen ist in diesen Fällen der Unternehmer berechtigt, einen der geleisteten Arbeit entsprechenden Teil der Vergütung und den Ersatz der in der Vergütung nicht inbegriffenen Auslagen zu verlangen (§ 645).

3. Der Unternehmer haftet für Mängel, d. h. wegen fehlender zugesicherter Eigenschaften und solcher Fehler des Werks, welche den Wert oder die Tauglichkeit zu dem gewöhnlichen oder nach dem Vertrag vorausgesetzten[1]) Gebrauch, sei es auch nur unerheblich mindern (§§ 633 Abs. 1 u. 459 Abs. 1 S. 2).

Der Besteller hat regelmäßig[2]) die Wahl zwischen Wandelung und Minderung und — falls der Unternehmer den Mangel zu vertreten hat[3]) — auch Schadensersatz wegen Nichterfüllung (§§ 634 Abs. 1 S. 3 635)[4]). Aber in Abweichung vom Kaufvertrage sind diese Rechte nur subsidiär. Denn sie greifen erst Platz, wenn der Besteller den Unternehmer zur Beseitigung des Mangels innerhalb angemessener

[1]) Vergl. darüber oben S. 25.

[2]) Bei Unerheblichkeit des Fehlers ist die Wandelung ausgeschlossen (§ 634 Abs. 3).

[3]) Verschulden, Garantieübernahme für Fehlerlosigkeit.

[4]) Ein Recht auf Lieferung eines neuen fehlerlosen Werks hat der Besteller nicht.

Präklusivfrist vergeblich aufgefordert hatte (§ 634 Abs. 1). Dieses Recht auf Ausbesserung kann der Besteller im Wege der Klage geltend machen. Eigenmächtige Beseitigung auf Kosten des Unternehmers darf er nur vornehmen, wenn der Unternehmer mit der Beseitigung in Verzug kam (§ 633 Abs. 3). Im Verzug befindet sich derselbe aber nicht, wenn er wegen unverhältnismäßiger Kostspieligkeit die Ausbesserung verweigert (§ 633 Abs. 2 S. 2), oder wenn er gar nicht an die Ausbesserung gemahnt ist. Nimmt der Besteller ohne Verzug des Unternehmers eigenmächtig die Ausbesserung vor, so kann er die Kosten nur nach den Regeln unbeauftragter Geschäftsführung ersetzt verlangen.

Ausnahmsweise können sofort die Rechte auf Wandelung, Minderung oder Schadensersatz geltend gemacht werden, wenn nämlich die Beseitigung des Mangels unmöglich oder verweigert ist oder der Besteller ein besonderes Interesse an sofortiger Wandelung, Minderung oder Schadensersatzleistung nachweisen kann (§§ 634 Abs. 2 u. 635); z. B. der Besteller hat sich einem Dritten verpflichtet, das Werk bis zu einem bestimmten Termin zu liefern mit der Maßgabe, daß der Lieferungsvertrag bei Fehlerhaftigkeit des Werkes als nicht geschlossen gelten solle; die Beseitigung des Fehlers bis zu dem bestimmten Termin ist nicht möglich.

Eine Verpflichtung des Unternehmers, für rechtliche Mängel einzustehen, kann bei Herstellung des Werks aus vom Besteller geliefertem Material nicht in Frage kommen, da der Unternehmer für den Besteller das Werk herstellt und letzterer also sofort Eigentümer des entstehenden Werkes wird. Immerhin könnte der Besteller die hergestellte Sache mit dinglichen Rechten belasten (vgl. z. B. §§ 1032 u. 1207), oder auch nach § 932 sie einem Dritten zu Eigentum übertragen haben. Dann haftet er gemäß § 823, nicht etwa, wie Cosack[1]) annimmt, aus § 445.

Sämtliche Ansprüche verjähren in sechs Monaten, bei Arbeiten an einem Grundstück in einem Jahr und bei Bauwerken in fünf Jahren — seit Abnahme des Werks, oder falls dieselbe nach der Natur der Leistung ausgeschlossen sein sollte, nach der Vollendung. Nur wenn der Unternehmer den Mangel arglistig verschwieg, greift die gewöhnliche dreißigjährige Verjährung Platz (§ 638).

In Abweichung von § 225 kann die Verjährungfrist durch

---

[1]) § 148, II 4.

Vertrag verlängert werden. Auf die dreißigjährige Verjährung bezieht sich dies aber nicht.

Als besonderer Hemmungsgrund der Verjährung kommt bei sämtlichen Ansprüchen in Betracht, die Prüfung des Vorhandenseins des Mangels oder der Versuch seiner Beseitigung seitens des Unternehmers im Einverständnis mit dem Besteller. Die Hemmung währt, bis der Unternehmer dem Besteller das Ergebnis der Prüfung mitteilt oder ihm gegenüber den Mangel für beseitigt erklärt oder die Fortsetzung der Beseitigung verweigert (§ 639 Abs. 2).

IV.

Die Verpflichtungen des Bestellers.

Es sind folgende:

1. Der Besteller hat, wenn es sich um einen echten reinen Werkvertrag handelt, den zur Herstellung des Werks nötigen Stoff zu liefern, auch die sonst zur Herstellung des Werks seinerseits erforderlichen Handlungen vorzunehmen (§ 642 Abs. 1), z. B. sich zu den Sitzungen beim Porträtmaler einzufinden. Kommt er diesen Verpflichtungen nicht nach, so kann ihn der Unternehmer dadurch in Annahmeverzug versetzen, daß er ihm mitteilt, von seiner Seite stehe dem Beginn der Leistung kein Hindernis im Wege (§ 295). Der Besteller hat dann dem Unternehmer für die Hinausschiebung der Fertigstellung des Werks angemessene Entschädigung zu leisten. Denn der Unternehmer hat dadurch Schaden, daß er sich während der Verzugszeit zur Fertigstellung der übernommenen Arbeit bereit halten muß.

2. Der Besteller hat das vertragsmäßig hergestellte Werk abzunehmen (§ 640).[1]) Er wird also verlangen können, daß die für die Prüfung der Vertragsmäßigkeit objektiv erforderliche Zeit vor der Abnahme ihm gewährt werde. Nimmt er das Werk ab, so liegt darin die Annahme der Erfüllung, d. h. die erkennbare Willensrichtung des Gläubigers, daß er in der von ihm abgenommenen Leistung die ihm geschuldete Leistung erblicke.[2]) § 363 findet also Anwendung. Nicht dagegen liegt in der Abnahme die Billigung des Werks im Sinne einer Anerkennung seiner Fehlerlosigkeit. Es wäre in der Tat

---

[1]) Über den Begriff der Abnahme vgl. oben 102.

[2]) Vgl. über Annahme als Erfüllung meinen Kommentar zu § 363 Anm. 2. Auch beim Kauf ist die Abnahme zugleich Annahme als Erfüllung. Doch ist die Annahme als Erfüllung auch bei nicht abnahmefähigen Werken möglich.

auch nicht konsequent, in den Fällen, in welchen eine Abnahme durch die Beschaffenheit des Werks nicht ausgeschlossen ist, eine Prüfungspflicht dem Versteller aufzuerlegen, während das Gesetz dann, wenn nach der Beschaffenheit des Werks eine Abnahme desselben unmöglich ist, eine solche Prüfungspflicht nicht kennt. Auch erscheinen die Interessen des Unternehmers schon durch die kurzen Verjährungsfristen der Gewährleistungsansprüche des Bestellers und dessen Pflicht mit der Abnahme die Vergütung zu leisten (§ 661 S. 1) als genügend gewahrt.[1])

Auf die Abnahme hat der Unternehmer ein direktes Klagerecht; er muß dann aber die Vertragsmäßigkeit des Werks beweisen. Erfüllt der Besteller die Abnahmepflicht schuldhaft nicht, so kommt er in Schuldnerverzug[2]). Doch treffen ihn auch die Wirkungen des Annahmeverzugs, wenn er die Abnahme des ordnungsmäßig angebotenen Werks — einerlei ob schuldhaft oder schuldlos — verweigert (§ 644 Abs. 1 S. 2).

3. Der Besteller hat (postnumerando) nach der Herstellung des Werks aber bei der Abnahme desselben bezw. bei seiner Vollendung die vertragsmäßige Vergütung zu leisten (§§ 641 u. 746). Ist das Werk in Teilen abzunehmen[3]) und die Vergütung für die Vergütung für die einzelnen Teile bestimmt, so ist die Vergütung für jeden Teil bei dessen Abnahme zu entrichten (§ 641 Abs. 1 S. 2).

4. Der Besteller darf nicht Werk und Vergütung zugleich nutzen. Deshalb muß er die Geldvergütung, falls sie nicht gestundet ist, von der Abnahme bezw. der Vollendung des Werks an verzinsen (§§ 641 Abs. 2 u. 646).

5. Bei Werkverträgen, welche eine Geschäftsbesorgung zum Gegenstand haben, hat Besteller auch die in den §§ 669 u. 670 normierten Verpflichtungen zu erfüllen (§ 675).

V.

Die Sicherungsmittel des Unternehmers.

Ihm steht zu:

1. Das Zurückbehaltungsrecht des Werks bis zur Gegenleistung nach § 273.

---

[1]) A. M. Crome § 266 Anm. 5.

[2]) Die Anwendung des § 326 auf diesen Verzug setzt allemal ein bereits fertig gestelltes Werk voraus (RG. 53, 222 ff.).

[3]) z. B. ein Grundbesitzer liefert 200 Hektoliter Roggen an einen Müller zurückgeliefert soll werden wöchentlich das Mehl von je 20 Hektolitern Roggen.

2. Ein Absonderungsrecht im Konkurs des Bestellers bezüglich des zurückbehaltenen Werks nach § 49 KO.

3. Ein Faustpfandrecht an dem beweglichen Werk nach § 647, soweit dasselbe aus Stoff des Bestellers — nicht eines Dritten — besteht, wegen aller Forderungen aus dem Werkvertrag (Vergütung, Entschädigung, Verwendungen). Sollte jedoch nach dem Vertrage der Unternehmer vorleisten, so kann wegen noch nicht erfolgter Zahlung der Ansprüche des Unternehmers die Herausgabe des Werkes an den Besteller nicht verweigert werden. Denn dem stünde der Vertrag entgegen.

4. Anspruch auf Einräumung einer Sicherungshypothek an dem Baugrundstück des Bestellers wegen seiner Vertragsforderungen (§ 648). Als Unternehmer kommen in Betracht sowohl der Unternehmer des ganzen Bauwerks, als auch die Bauhandwerker, welche auf Grund Vertrags mit dem Besteller einzelne Teile des Bauwerks herzustellen hatten, z. B. Tischler, Glaser, Dachdecker. Fertigstellung des Werks ist für die Eintragung der Sicherungshypothek nicht Voraussetzung. Wohl aber kann die Sicherungshypothek stets nur für einen der geleisteten Arbeit entsprechenden Teil der Vergütung oder für die in der Vergütung nicht einbegriffenen gehabten Auslagen eingetragen werden.

VI.

Die Endigung des Werkvertrags.

Die allgemeinen Beendigungsgründe für Verträge (vollständige beiderseitige Erfüllung, nachträgliche Unmöglichkeit der Erfüllung (§§ 323—25) ꝛc. kommen auch hier in Betracht. Doch ist zu beachten, daß sowohl der Tod des Unternehmers als der Tod des Bestellers zur Unmöglichkeit der Erfüllung führen kann. Ersteres, wenn es sich um eine höchst persönliche Leistung handelt (§§ 675 u. 673), letzteres, wenn das Werk lediglich für die Person des Bestellers bestimmt war, indem z. B. für ihn ein Glasauge, ein Gebiß angefertigt werden oder an ihm das Werk, z. B. eine Operation, vorgenommen werden sollte. Doch kommen außerdem als dem Werkvertrag eigentümliche Endigungsgründe in Betracht:

1. Rücktritt des Bestellers bei nicht rechtzeitiger Herstellung des Werks.[1])

---

[1]) Oben Nr. III 1 Abs. 2.

2. Kündigung des Bestellers:

a) ohne Angabe von Gründen vor der Vollendung des Werks (§ 649). Der Besteller muß dann volle vertragsmäßige Vergütung leisten unter Abrechnung jedoch der vom Unternehmer durch Aufhebung des Vertrags ersparten Aufwendungen und durch Freiwerden seiner Arbeitskraft erlangten oder böswillig ausgelassenen Vorteile.

b) wegen wesentlicher Überschreitung des vom Unternehmer ohne Gewähr der Richtigkeit aufgestellten Kostenanschlags — einerlei, ob die Überschreitung schon eingetreten oder nur mit Sicherheit zu erwarten ist (§ 650). Der Unternehmer kann jedoch noch einen der geleisteten Arbeit entsprechenden Teil der Vergütung und Ersatz einer in der Vergütung nicht inbegriffenen gehabten Auslagen verlangen. — Hatte der Unternehmer die Gewähr für Richtigkeit des Anschlags übernommen, so besteht kein Kündigungsrecht des Bestellers; denn derselbe braucht nur die im Anschlag vorgesehenen Summen zu zahlen.

3. Kündigung seitens des Unternehmers nach vorheriger Präklusivfristfestsetzung, falls der Besteller die zur Herstellung des Werkes seinerseits erforderliche Mitwirkung trotz ergangener Aufforderung dazu unterläßt (§ 643).[1]

4. Kündigung seitens des Ehemannes der Unternehmerin, wenn sich diese nach Eingehung der Ehe ohne Zustimmung des Ehemannes zu einem persönlich herzustellenden Werk verpflichtet hatte (§ 1358).

5. Konkurs des Bestellers, wenn der Werkvertrag sich auf das zur Konkursmasse gehörige Vermögen bezieht (§ 23 Abs. 2 KO.). Doch gilt der Werkvertrag als fortbestehend zugunsten beider Parteien, wenn mit dem Aufschub der Geschäftsbesorgung Gefahr verbunden ist; nur zu Gunsten des Unternehmers, solange derselbe von der Konkurseröffnung Kenntnis noch nicht erlangt hat oder hätte erlangen müssen. — Durch den Konkurs des Unternehmers endet der Werkvertrag nicht. Ist also der Werkvertrag auf einen von der Persönlichkeit des Unternehmers unabhängigen Erfolg gerichtet, den der Konkursverwalter für Rechnung der Masse durch einen anderen Unternehmer herbeiführen lassen kann, z. B. auf Anfertigung eines Anzugs, so greift § 17 KO. ein. Ist dies aber nicht der Fall, z. B. ein berühmter Bildhauer fällt in Konkurs, so wird an seiner Verpflichtung zur Erfüllung des Werkvertrags nichts geändert.

[1]) Oben III 2 letzter Absatz.

VII.

Der Werklieferungsvertrag.

1. Abgrenzung vom Kaufvertrag. Wenn der Unternehmer das Werk aus eigenem Stoff herstellen soll, so berührt sich der Werkvertrag aufs engste mit dem Kaufvertrag. Denn es soll, wie beim Kaufvertrag, eine Sache geleistet werden, nur nicht eine schon bestehende, sondern eine erst anzufertigende. Gleichwohl nahm das preußische Recht auch in diesem Fall einen Werkvertrag an, indem es dabei den wesentlichen Unterschied ignorierte, daß der Unternehmer mit ihm gelieferten Stoff seine Arbeit sofort in fremdes, der Unternehmer mit eigenem Stoff aber seine Arbeit zunächst in sein eigenes Vermögen verwendet und erst das ihm gehörige fertiggestellte Werk auf den Besteller überträgt.

Das römische und gemeine Recht dagegen behandelten den auf Herstellung eines Werkes aus Stoff des Unternehmers gerichteten Vertrag als Kaufvertrag.

Das BGB. hat sich weder dem preußischen noch dem gemeinen Recht angeschlossen, sondern unterscheidet, wenn der Unternehmer den Stoff liefert,[1] die Herstellung vertretbarer und nicht vertretbarer Sachen. Der Vertrag auf Herstellung vertretbarer Sachen steht unter den Grundsätzen des Kaufvertrags, der Vertrag auf Herstellung unvertretbarer Sachen dagegen überwiegend unter den Grundsätzen des Werkvertrags, obwohl das Geschäft im allgemeinen ebenfalls als Kauf gelten soll (§ 651).

2. Der Werklieferungsvertrag vertretbarer Sachen, z. B. von 10000 Militärpaletots verpflichtet den Lieferanten wie einen Verkäufer zur Übergabe und Verschaffung von Eigentum an den Besteller (§ 433), zur Gewährleistung nach den Grundsätzen des Gattungskaufs (§ 480). Aus ihm entsteht keine Klage auf Herstellung des Werks, keine Klage auf Nachbesserung. Der Lieferant trägt die Gefahr bis zur Übergabe, §§ 642, 643 u. 645 finden keine Anwendung (§ 651 Abs. 1 S. 2), wohl aber die allgemeinen Vorschriften über den Annahmeverzug.

3. Der Werklieferungsvertrag unvertretbarer Sachen, z. B. eines Möbels nach Zeichnung des Bestellers, eines Anzugs nach Maß steht:

---

[1]) Liefert der Besteller den Stoff, so liegt Werkvertrag vor.

a) unter kaufrechtlichen Grundsätzen namentlich in folgenden Beziehungen:

Der Lieferant hat die hergestellte Sache zu übergeben und Eigentum an ihr zu verschaffen frei von Rechten Dritter, welche gegen den Besteller geltend gemacht werden können (§ 434). Erfüllt er diese Verpflichtungen nicht, so haftet er dem Empfänger nach § 440 Abs. 2—4. Der Lieferant hat dem Empfänger gemäß § 444 Auskunft zu erteilen. Von der Übergabe des Werks an gebühren dem Besteller die Nutzungen und trägt er die Lasten des Werks (§ 446 Abs. 1 S. 2). Ist das Werk ein Gebäudegrundstück, so treten diese Wirkungen mit der Eintragung des Bestellers als Eigentümer ein (§ 446 Abs. 2). Die Kosten der Übergabe fallen dem Lieferanten, die der Versendung des Werks an einen andern Ort als den Erfüllungsort dem Besteller zur Last (§ 448 Abs. 1). Die Kosten der Auflassung und Eintragung, sowie die Kosten der Beurkundung des Vertrags hat Besteller zu tragen (§ 449), z. B. ein Bauunternehmer liefert Grundstück und Villa darauf. Die nach dem Gefahrübergang gemachten notwendigen Verwendungen kann der Lieferant ersetzt verlangen (§ 450). Die Geldvergütung muß der Empfänger von dem Zeitpunkt an verzinsen, von welchem an die Nutzungen des Werks ihm gebühren (§ 452). Hat der Lieferant das Werk übergeben und Eigentum daran verschafft, sowie die verabredete Vergütung gestundet, so kann er nicht mehr wegen Zahlungsverzugs vom Vertrage zurücktreten (§ 454). Wohl aber findet dieses Rücktrittsrecht im Fall des § 455 statt.

b) unter den Grundsätzen des Werkvertrags in folgenden Beziehungen:

α) Der Besteller hat eine selbständige Klage auf Beschaffung des Stoffes und Herstellung des Werks (vergl. oben S. 102).

β) Abnahme des Werks und Entrichtung der Vergütung regeln sich nach §§ 640 u. 641.

γ) Der Gefahrübergang erfolgt gemäß § 644.

δ) Voraussetzungen und Inhalt der Sachmängelhaftung richten sich nicht nach §§ 459, 460, 462—464, sondern nach den §§ 633—636.[1])

---

[1]) RG. 52, 317.

ε) Für die Verjährung der Ansprüche wegen Sachmängeln und die Wirkung dieser Verjährung gelten nicht §§ 477 bis 479, sondern §§ 638 u. 639.

Da der Lieferant bis zur Leistung an den Besteller Eigentümer des hergestellten Werks ist, so kann er natürlich kein gesetzliches Pfandrecht an dem Werk haben (§§ 651 u. 647). Aus demselben Grunde fehlt ihm auch das gesetzliche Recht auf Eintragung einer Sicherungshypothek auf dem Baugrundstück (§§ 648 spricht nur von dem Baugrundstück des Bestellers). Wohl aber hat er das Zurückbehaltungsrecht aus § 273 bis zur Zahlung der Vergütung.

4. War verabredet worden, daß der Unternehmer das Werk nach seiner Wahl entweder mit ihm gelieferten oder mit von ihm gelieferten Stoff solle herstellen dürfen, so liegt sofort ein Werklieferungsvertrag vor, wenn beim Besteller die Absicht sofortiger Eigentumsübertragung und beim Unternehmer die Absicht sofortiger Erwerbung an dem vom Besteller gelieferten Stoff bestand. Im andern Fall kommt es darauf an, ob der Unternehmer den gelieferten Stoff oder eigenen Stoff zu dem Werk verwendet. Tut er ersteres, so liegt ein echter Werkvertrag vor. Tut er letzteres, so kommen die Grundsätze des Werklieferungsvertrags zur Anwendung.

Achter Titel.

Mäklervertrag.

Crome, Partiarische Rechtsgeschäfte S. 411ff. und Lehrbuch II § 272. Windscheid-Kipp II S. 722ff. Dernburg II §§ 337ff. Cosack I § 152. Enneccerus I § 292. Endemann I § 175. Matthiaß I § 224. Schindler, Die gewerbsmäßige Heiratsvermittelung. Berlin, E. Ebering, 1901. Kospatt in Gruchot 45, 546—558.

I.

Begriff.

Der Mäklervertrag ist eine Willenseinigung dahin, daß der Mäkler sich bereit erklärt, die Gelegenheit zum Abschluß eines Vertrages nachzuweisen oder einen Vertrag bestimmten Inhalts zwischen der andern Partei (dem sog. Auftraggeber) und einem Dritten zu vermitteln, während die andere Partei eine Vergütung für den Fall verspricht, daß infolge des Nachweises oder der Vermittelung des Mäklers der Vertrag zustande kommt (§ 652).

Daß der Mäkler seine Tätigkeit gewerbsmäßig betreibt, ist nicht erforderlich; doch wird es meist der Fall sein (Grundstücks-, Hypotheken-, Getreide-, Häuser-, Gesinde-, Ehe-Mäkler ꝛc.). Auch die Handelsmäkler betreiben die Vermittelung von Handelsgeschäften gewerbsmäßig (§§ 93—104 HGB.). Öffentlich angestellt sind zur Zeit nur die Kursmäkler, welche die Vermittelung von Börsengeschäften betreiben und bei Festsetzung der Börsenkurse mitzuwirken haben (§§ 29 ff. Börseng. vom 22. Juni 1896).

II.
Vertragsgegenstand.

Auf Seiten des Mäklers ist dies der Nachweis der Gelegenheit zum Abschluß eines Vertrags oder die Vermittelung des Abschlusses. Der Mäkler schließt also den Vertrag nicht selbst ab, er ist weder direkter noch indirekter Stellvertreter der anderen Partei. Seine Tätigkeit ist tatsächlicher Natur. Er sucht nur die Vorbedingungen für den Vertragsabschluß zwischen der anderen Partei und dem Dritten zu schaffen, also den Konsens dieser Personen herbeizuführen, zu diesem Behuf die beiderseitigen Willensmeinungen als Bote zu übermitteln und für Beweismittel zu sorgen. Der Abschluß des Vertrags selbst erfolgt auf Grund der Tätigkeit des Mäklers durch die andere Partei oder ihren Bevollmächtigten oder gesetzlichen Vertreter und den Dritten. Natürlich darf es sich nicht um Vermittelung verbotener oder unsittlicher Geschäfte handeln, z. B. Engagementsverträge für ein Bordell; auch darf die Übernahme der Vermittelung selbst nicht unsittlich sein, z. B. der Mäklervertrag gerichtet auf Vermittelung einer Anstellung im Staatsdienst, oder auf Abschluß eines Vertrags, der eine Ordensverleihung zum Gegenstand hat. Der Mäklervertrag gerichtet auf Vermittelung einer Ehe gilt nicht als gegen die guten Sitten verstoßend, erzeugt aber nur ein unvollkommenes Schuldverhältnis (§ 656) mit dem Recht der soluti retentio des Mäklerlohns. Dies ändert sich auch nicht, wenn das Versprechen des Mäklerlohns in ein abstraktes Schuldversprechen oder Schuldanerkenntnis (§§ 780 u. 781) eingekleidet war.

Gegenstand des Vertrags auf Seiten der andern Partei ist die Entrichtung des Mäklerlohns, bezüglich dessen Festsetzung das gleiche gilt, wie bei der Festsetzung des Dienst- oder Werklohns (§§ 653 mit 612 u. 631). Nur kann bei Dienstverträgen, bei deren Vermittelung der Mäkler oft durch Begehren einer übermäßigen Vergütung die Stellensuchenden ausbeutet, der versprochene Mäklerlohn, wenn er unverhältnismäßig hoch war, auf Antrag des Schuldners durch Urteil herabgesetzt werden (§ 655). Namentlich durch den Anspruch auf den Mäklerlohn unterscheidet sich der Mäklervertrag vom Auftrag (vgl. auch § 652 Abs. 2 S. 1 u. § 670).

III.

Die Verpflichtungen des Mäklers.

Der Mäkler übernimmt durch den Vertrag die klagbare Verbindlichkeit zum Nachweis von Gelegenheit oder zur Vermittelung von Vertragsabschlüssen. Deswegen ist der Mäklervertrag an sich ein gegenseitiger Vertrag. Doch kann diese Verpflichtung auch im Vertrag ausgeschlossen werden, indem verabredet wird, daß es dem Mäkler frei stehen solle, ob er seine Tätigkeit entfalten wolle oder nicht, in welchem Fall natürlich auch kein Mäklerlohn dann geschuldet wird, wenn der Mäkler keine Bemühungen aufwendete. Die Tätigkeit des Mäklers bildet also dann nur eine Bedingung für den Verfall des Mäklerlohns.

Übernimmt der Mäkler die Herbeiführung des Vertragsschlusses, so liegt Werkvertrag vor.

Bei der Erfüllung seiner Pflichten haftet der Mäkler für jedes Verschulden von sich oder seinen Leuten (§ 278) und, wenn dies dem Inhalt des Vertrages entsprach, auch dafür, daß er nicht gleichzeitig für den Dritten tätig ist (§ 654). Im Regelfall haftet er auch für culpa in non faciendo. Dafür, daß das Geschäft dem Gegenkontrahenten keinen Schaden bringt, weil der Dritte z. B. zahlungsunfähig ist, steht der Mäkler nicht ein. Hat es doch der Gegenkontrahent in der Hand, ob er das vermittelte oder nachgewiesene Geschäft machen will oder nicht. Dem Dritten kann der Mäkler nur wegen unerlaubter Handlungen schadensersatzpflichtig werden, indem er z. B. die Verhältnisse seines Auftraggebers absichtlich günstiger darstellte, als sie waren (§ 823 Abs. 2).

IV.

Die Verpflichtungen des Auftraggebers.

Sie bestehen:

1. In der Zahlung des Mäklerlohns. Derselbe ist aber nur dann zu zahlen, wenn das nachgewiesene oder vermittelte Ge-

schäft auf Grund der Tätigkeit des Mäklers wirklich zu Stande kam, und, falls es unter einer aufschiebenden Bedingung zu Stande kam, nach Eintritt der Bedingung (§ 652 Abs. 1). Die Beweislast hat der Mäkler. Daß der Auftraggeber beim Vertragsschluß mit dem Dritten die Tätigkeit des Mäklers kannte, ist nicht erfordert. War das zu Stande gekommene Geschäft anfechtbar und wird es mit Erfolg angefochten, so gilt es als nie zu Stande gekommen. Deshalb ist in diesem Fall selbst die Zurückforderung des bereits gezahlten Mäklerlohns, als ungerechtfertigte Bereicherung, zulässig (condictio ob causam finitam § 812 Abs. 1 S. 2 u. Abs. 2). Aus dem gleichen Grunde muß das Gleiche gelten, wenn der Vertrag infolge vertragsmäßigen Rücktritts[1]) oder nach Wandelung aufgehoben wird. Doch kann das Gegenteil verabredet sein oder aus den Umständen als beabsichtigt sich ergeben. War aber der vermittelte Vertrag infolge Eintritts einer auflösenden Bedingung aufgehoben, so behält der Mäkler seinen Lohn und kann ihn auch, wenn er noch nicht gezahlt war, noch einklagen. Denn die erfüllte Resolutivbedingung hat keine rückwirkende Kraft. — Wird der Mäklerlohn auch für den Fall versprochen, daß der Vertrag mit dem Dritten nicht zustande kommen sollte, so liegt Dienstvertrag vor.

2. Wenn es verabredet wurde, so hat der Auftraggeber auch die vom Mäkler gemachten Aufwendungen zu ersetzen (§ 652 Abs. 2 S. 1). Ist aber eine solche Verabredung getroffen, so bezieht sie sich, mangels entgegengesetzter Vereinbarung, auch auf den Fall, daß der Auftraggeber den Vertrag mit dem Dritten nicht einging (Abs. 2 S. 2).

V.

Die Endigung des Mäklervertrags.

Sie wird vom Gesetz vollständig mit Stillschweigen übergangen. Doch ergibt sich indirekt aus dem Umstande, daß das Zustandekommen des Vertrags mit dem Dritten von der Willkür des Auftraggebers abhängt und er doch nur im Fall des Zustandekommens den Mäklerlohn schuldet, das Recht des Auftraggebers zu beliebiger Kündigung. Auch endigt der Vertrag durch den Tod des Mäklers, — nicht aber durch den des Auftraggebers (RG. 47 S. 255 preuß. Recht).

---

[1]) Seuff. Arch. 50 Nr. 13. A. M. Örtmann zu § 652, Anm. 2a, α., Dernburg II § 339 II 1 a. E., Crome II § 272, 5a, α a. E.

Neunter Titel.

Auslobung.

Elster i. Arch. f. b. R. Bd. 18, 125—192. Brückmann, Auslobung der Polizeibehörden in Kriminalsachen i. D. J.-Z. Bd. 8, 473, 474. Kirchner, Die Auslobung (Diss.), Leipzig 1903. Crome, Partiarische Rechtsgeschäfte S. 510ff. Dernburg II §§ 335ff. Cosack I § 153. Enneccerus I § 293. Endemann I § 176. Matthiaß I § 186. Crome II § 279. Windscheid-Kipp II § 308.

Das Gesetz erkennt zwei Arten der Auslobung an, die Auslobung schlechthin und das Preisausschreiben. Beide sind einseitige Versprechen und gehören zu den nicht empfangsbedürftigen Willenserklärungen. Die gemeinrechtlich vielfach vertretene Vertragstheorie, wonach die Auslobung der Annahme durch Erbringung der Leistung bedürfen sollte, ist nicht anerkannt, wie § 657 a. E. ergibt.

A. Die Auslobung schlechthin.

I.

Begriff und Erfordernisse.

Sie ist die Aussetzung einer Belohnung an eine nicht individuell bestimmte Person für die Vornahme einer Handlung, insbesondere für die Herbeiführung eines Erfolges, durch öffentliche Bekanntmachung. „Ohne Publikation keine Auslobung."

Aus dem aufgestellten Begriff ergeben sich folgende Erfordernisse:

1. Eine Belohnung, d. h. ein Vorteil muß versprochen sein. Daß es gerade ein vermögensrechtlicher Vorteil sei, ist nicht erfordert. Denn was Gegenstand eines Vertrages sein kann, muß auch Gegenstand eines einseitigen Versprechens sein können.

2. Das Versprechen muß einer nicht individuell bestimmten Person geleistet sein. Verspreche ich meinem Sohn für den Fall eines guten Examens eine Belohnung, sei es auch öffentlich, so ist dies keine Auslobung. Im Übrigen ist nicht erforderlich, daß der Personenkreis, an welchen die Auslobung sich richtete, ein unbestimmter, ungeschlossener ist. So kann für die Mitglieder eines bestimmten Vereins, einer bestimmten Schulanstalt eine Auslobung erlassen werden.

3. Die zu belohnende (Begehungs- oder Unterlassungs-) Handlung kann beliebiger Beschaffenheit sein. Es braucht

sich nicht um nützliche oder gar gemeinnützige Handlungen zu drehen, im Gegensatz zu § 988 I II ALR. Nur dürfen sie nicht gesetzlich verboten oder gegen die guten Sitten sein. Auch ein Interesse an der Begehung der Handlung braucht beim Auslobenden nicht vorzuliegen. Sein Interesse kann gerade darin bestehen, daß die Handlung nicht erbracht werden kann. Wer für den Nachweis von Schwerspat in dem von ihm gelieferten Mehl eine Belohnung aussetzt, ist — Verpflichtungsabsicht vorausgesetzt — daraus verpflichtet, wenn der Nachweis gelingt. Dagegen ist das Eintreten eines von einer Tätigkeit unabhängigen Ereignisses nicht Gegenstand einer Auslobung.

4. Die Auslobung muß öffentlich bekannt gemacht sein, d. h. sie muß sich allgemein an das Publikum richten oder an die Interessenten. Deswegen ist es eine öffentliche Bekanntmachung, wenn sie im Blatt des Vereins, dem die Auslobung gelten soll, erfolgt. Auch muß natürlich die öffentliche Bekanntmachung sowohl die Belohnung als die zu belohnende Handlung angeben, überhaupt die näheren Modalitäten, z. B. die Frist, welche für die Vornahme der Handlung gelten soll. Auch mündlich kann die öffentliche Bekanntmachung erfolgen, z. B. durch Ausklingeln.

II.

Die Pflichten des Auslobenden.

Die Auslobung, als einseitiges Versprechen, erzeugt nur Pflichten des Auslobenden. Dieselben sind:

1. Die Entrichtung der ausgesetzten Belohnung. Mit der Vornahme der zu belohnenden Handlung ist die Belohnung verdient. Die Vornahme, d. h. die Vollendung der Handlung, erforderlichenfalls der durch die Handlung herbeigeführte und nach dem Inhalt der Auslobung herbeizuführende Erfolg, ist condicio iuris für den Erwerb des Anspruchs auf Belohnung. Daß die Handlung in Kenntnis der stattgehabten Auslobung vorgenommen wurde, ist gemäß der einseitigen Versprechensnatur der Auslobung nicht erforderlich, ebensowenig, wie es einer Übermittelung des Tätigkeitsresultates an den Auslobenden immer bedarf.[1])

Ist die zu belohnende Handlung mehrmals vorgenommen, so schuldet der Auslobende die Belohnung demjenigen, welcher die

[1]) Solche Übermittelung ist nur notwendig, wenn die Auslobung sie verlangt, z. B. Auslobung von 1000 Mk. für denjenigen, welcher den Täter einer gewissen unerlaubten Handlung dem Auslobenden nachweist.

Handlung zuerst vornahm (§ 659 Abs. 1). Erfolgte die Vornahme gleichzeitig, so wird die Belohnung den Vornehmern nach Kopfteilen geschuldet. Ist die Belohnung (nach ihrer Natur oder dem Inhalt der Auslobung) unteilbar, so entscheidet das Los (§ 659 Abs. 2).

Ist der zu belohnende Erfolg von Mehreren zusammen herbeigeführt, so erfolgt Verteilung der Belohnung entsprechend dem Anteil eines jeden Beteiligten nach billigem Ermessen des Auslobenden. Wird die danach erfolgte Festsetzung der Teilbelohnungen z. B. wegen offenbarer Unbilligkeit der Festsetzung von einem der Beteiligten nicht als verbindlich anerkannt, so kann die Erfüllung bis zur Austragung des Streites unter den Beteiligten — auf Verlangen unter Hinterlegung der Belohnung für alle — verweigert werden. Ist die Belohnung unteilbar, so entscheidet auch hier das Los (§ 660).

2. Der Auslobende haftet für Gewährung der ausgesetzten Belohnung schon von der Auslobung an und hat dabei jede Fahrlässigkeit zu vertreten (§§ 276—283). Es handelt sich hier um einen Schwebezustand.[1]) Allerdings ist erst mit Vollendung der zu belohnenden Handlung ein Forderungsrecht da. Aber für den Fall, daß ein solches da sein wird, muß der Auslobende schon jetzt alle Sorgfalt aufwenden, um die versprochene Belohnung entrichten zu können. Fällt er vor Vollendung der zu belohnenden Handlung in Konkurs, so kann dieses Forderungsrecht gleichwohl im Konkurs geltend gemacht werden.

Von Anwendung der Grundsätze über Gewähr der Mängel bei zweiseitigen Veräußerungsverträgen oder bei Schenkungen, je nachdem die ausgesetzte Belohnung wirtschaftlich die Natur der Gegenleistung habe oder nicht, kann m. E. keine Rede sein. Wohl aber kann der Auslobende, welcher durch Gewährung fehlerhafter Sachen Schaden anrichtete, wegen unerlaubter Handlung haftbar sein.

III.
Die Endigung der Auslobung.

Sie tritt ein:

1. Infolge von Anfechtung wegen Irrtums, Drohung, arglistiger Täuschung gemäß § 143 Abs. 3, also durch Erklärung gegenüber demjenigen, welcher die zu belohnende Handlung vornahm. Doch wird man

[1]) Vgl. Bekker, Pand. I § 35 Beilage lit. f.

auch schon vorher die Anfechtung durch öffentliche Bekanntmachung der Anfechtungserklärung zulassen müssen.

2. Durch Widerruf. Nach dem Gesetz erfolgt die Auslobung unter dem stillschweigenden Vorbehalt des Widerrufs bis zur Vollendung der zu belohnenden Handlung (§ 658). Dies entspreche dem vermutlichen Willen des Auslobenden. Demgemäß ist der Widerruf unstatthaft, wenn die Auslobung unter Verzicht auf das Widerrufsrecht erfolgte und das Gesetz erblickt im Zweifel einen solchen Verzicht in der Bestimmung einer Frist für die Vornahme der Handlung (§ 658 Abs. 2). Auch nachträglicher Verzicht durch öffentliche Bekanntmachung wird für zulässig zu erachten sein.

Der Widerruf ist wirksam, gegenüber denjenigen Personen, denen er besonders mitgeteilt wurde.[1] War er in derselben Weise, d. h. in gleich wirksamer Weise wie die Auslobung, öffentlich bekannt gemacht, so ist er allgemein wirksam (§ 658 Abs. 1 S. 2; vgl. auch § 171 Abs. 2).

B. Das Preisausschreiben.

Es weicht in mehrfacher Hinsicht von der einfachen Auslobung ab.

Begrifflich ist es öffentliche Aussetzung einer Belohnung für die beste wissenschaftliche, künstlerische, technische Leistung auf einem bestimmten Gebiete.

Die Besonderheiten sind folgende:

1. Es bedarf der Festsetzung einer Frist für die Bewerbung in dem Ausschreiben oder des Vorbehalts späterer Fristsetzung in demselben (§ 661 Abs. 1).

2. Demgemäß ist das Ausschreiben bis zum Ablauf der Frist unwiderruflich, falls nicht der Widerruf vorbehalten wurde (§ 658 Abs. 2).

3. Innerhalb der Frist muß eine Bewerbung um den Preis, d. h. eine Erklärung, daß man an dem Wettstreit teilnehme, stattfinden (§ 661 Abs. 2). Sie kann erfolgen vor Beginn der Leistung, aber auch nach ihrer Vollendung. Sie kann auch stillschweigend, durch Einreichung der verlangten Arbeit, abgegeben werden. Als empfangsbedürftige Willenserklärung kann sie angefochten werden,

---

[1]) Z. B. hatte der Auslobende erfahren, daß sie die Vornahme der Handlung in Angriff genommen hatten.

z. B. wegen Irrtums darüber, daß das Eigentum an der Arbeit an den Auslobenden übergehen solle (vgl. unter Nr. 6).

Daß die Leistung in Kenntnis des Preisausschreibens unternommen wurde, ist auch hier nicht erforderlich. Auch die Bewerbung ist nur condicio iuris für die Entstehung des Anspruchs auf Verleihung des Preises, nicht etwa Annahme einer Vertragsofferte. Deswegen ist die Bewerbung jederzeit zurückziehbar.

4. Die Entscheidung über die Würdigkeit der auf Grund der Bewerbung eingegangenen Arbeit steht der in dem Ausschreiben bezeichneten Person und in Ermangelung einer solchen dem Auslobenden zu (§ 661 Abs. 2). Gegen die Entscheidung gibts kein Rechtsmittel, wohl aber Klage auf Ersatz der Aufwendungen und des dem Bewerber während der Arbeitszeit entgangenen anderweiten Verdienstes gemäß § 826. Sie ist auch dann gegeben, wenn der Auslobende böswillig die Entscheidung verweigert.[1])

5. Bei Bewerbungen von gleicher Würdigkeit findet die Verleihung des Preises wie unter A, II, 1 statt (§ 661 Abs. 3). Die frühere Vornahme der Arbeit oder die frühere Bewerbung geben kein Vorzugsrecht.

6. Auch der prämiierte Bewerber behält das Eigentum, auch das sog. geistige Eigentum, an seiner Arbeit, es sei denn in dem Preisausschreiben festgesetzt, daß die Übertragung des Eigentums an den Auslobenden zu erfolgen habe (§ 661 Abs. 4). Ist dies geschehen, so bedarf es noch des Eigentumsübertragungsaktes nach der Prämiierung (gewöhnlich brevi manu traditio). Wäre in dem Ausschreiben gesagt, daß auch für den Fall der Nichtprämiierung das Eigentum auf den Auslobenden übertragen werden müsse, so würde in der Einreichung der Arbeit bereits die Übertragungsabsicht liegen und damit also das Eigentum auf den Auslobenden übergegangen sein. Immerhin wäre dadurch die Zurückziehung der Bewerbung nicht ausgeschlossen. Würde sie erfolgen, so wäre nunmehr das Eigentum an der Arbeit ohne Grund bei dem Auslobenden, und also die Klage des Bewerbers wegen ungerechtfertigter Bereicherung am Platze.

---

[1]) Eine Klage auf Abgabe der Entscheidung ist in thesi denkbar. Die Zwangsvollstreckung des verurteilenden Erkenntnisses müßte nach § 888 CPO. erfolgen. Doch käme der Kläger damit nicht weit, weil der Beklagte seine Entscheidung jederzeit dahin abgeben kann, daß keine Arbeit des Preises würdig sei.

Zehnter Titel.

Auftrag.

Isay, Die Geschäftsführung nach dem BGB. f. d. Deutsche Reich, Jena, G. Fischer 1900. Windscheid-Kipp II §§ 409 ff. Dernburg II §§ 293 ff. Cosack I § 150. Enneccerus I §§ 294 ff. Crome II §§ 259 ff. Endemann I § 177. Matthias I § 125. Staub, Rat, Empfehlung und Auskunft, im österreich. Centralblatt f. j. Pr. Bd. 19, 278—287.

I.
Begriff.

Der Auftrag ist derjenige ungleichseitig zweiseitige Vertrag, durch welchen sich die eine Partei, der Beauftragte, der anderen Partei, dem Auftraggeber, unentgeltlich zur Besorgung eines bestimmten Geschäfts verpflichtet (§ 662). Wesentlich ist nur die Verpflichtung des Beauftragten. Sie wird mit der actio mandati directa geltend gemacht; doch können auch Verpflichtungen des Auftraggebers aus dem Vertrag entstehen (Erstattung der Auslagen, Ersatz des durch Verschulden des Auftraggebers entstandenen Schadens). Sie werden mit der actio mandati contraria beigetrieben. Weil die letzteren Verpflichtungen nicht Gegenleistung für die vom Beauftragten übernommenen Pflichten sind, so kommen die Vorschriften über gegenseitige Verträge (§§ 320 ff.) nicht zur Anwendung.

Obwohl der Auftrag unentgeltlich übernommen wird, so liegt doch keine Schenkung des Beauftragten an den Auftraggeber vor. Denn durch Annahme des Auftrags überträgt der Beauftragte nichts aus seinem Vermögen.

Übernimmt der Beauftragte die Geschäftsbesorgung entgeltlich, so liegt Dienst- bezw. Werkvertrag vor.

Der Auftrag ist Vertrag, die Vollmacht einseitige Ermächtigung. Der Auftrag bedarf also der Annahme. Dieselbe kann stillschweigend geschehen.

Eine Verpflichtung, sich über eine Auftragsofferte und zwar unverzüglich zu erklären, besteht für Personen, welche sich zur Besorgung gewisser Geschäfte öffentlich erboten haben oder dazu öffentlich bestellt sind, — jedoch nur dann, wenn sie die Offerte ablehnen wollen (§ 663 S. 1 und oben S. 100 Anm. 2 a. E.). Stillschweigen gilt an sich nicht als Annahme, verpflichtet aber zum Schadensersatz.

II.

Vertragsgegenstand.[1])

Vertragsgegenstand können Geschäfte sowohl tatsächlicher als rechtlicher Natur sein. Das zu besorgende Geschäft kann sowohl im Interesse des Auftraggebers, oder eines Dritten, als auch zugleich in demjenigen des Beauftragten liegen. Liegt es aber lediglich im Interesse des Beauftragten, so handelt es sich nur um einen Rat oder Empfehlung ohne rechtliche Bedeutung, z. B. gewisse, dem Beauftragten gehörige Wertpapiere zu verkaufen (§ 676). Auch die Ratserteilung oder Empfehlung kann aber rechtliche Bedeutung durch Bestehen von Schadensersatzpflicht erhalten, wenn:

a) entweder ein Vertragsverhältnis zugrunde liegt, kraft dessen der Ratende sich zur Ratserteilung verpflichtet hatte, z. B. ein Syndikus gegenüber der Bank, bei welcher er angestellt ist.[2]) Hier richtet sich die Sorgfalt, für welche der Ratende einzustehen hat, nach diesen Vertragsverhältnis. Regelmäßig hat er also für jede Fahrlässigkeit einzustehen (§ 276). Doch kann auch in dem Vertragsverhältnis die Übernahme einer Garantie für die Richtigkeit des Rates liegen. Dann haftet der Ratende unbedingt dafür.

b) oder wenn er durch die Ratserteilung eine unerlaubte Handlung begeht, als Betrüger (§ 823 Abs. 2), oder durch schlechten Rat in schädigender Absicht (§ 826), oder durch Verletzung einer Amtspflicht (§ 879).

III.

Die Verpflichtungen des Beauftragten.[3])

1. Der Beauftragte hat den Auftrag unter Anwendung der im Verkehr erforderlichen Sorgfalt auszuführen und darf im Zweifel die Ausführung des Auftrags nicht einem Dritten übertragen (§ 664 S. 1). Nimmt er unbefugter Weise die Über-

---

[1]) Über Rat- und Auskunfterteilung Bürgel, Bl. f. R. i. Bg. d. Kg. Bd. 12, 113. Brückner i. D. R. Bd. 7, S. 245—249.

[2]) Auch stillschweigend kann der Vertrag geschlossen sein, z. B. jemand zu dessen Berufsgeschäften die Erteilung von Ratschlägen bei Geschäften gewisser Art gehört, hat erfahren, daß ein Anderer in einer Angelegenheit der Art einer zuverlässigen Auskunft bedarf; er schließt dadurch den Vertrag, daß er in einem an den Andern gerichteten Schreiben die fragliche Auskunft erteilt (RG. 52, 366 u. 367).

[3]) Hupka, Die Haftung des Vertreters ohne Vertretungsvollmacht, Leipzig, Duncker u. Humblot 1903.

tragung vor, so haftet er selbst für den zufälligen Schaden, er müßte denn nachweisen können, daß der Zufall auch bei persönlicher Ausführung des Auftrags eingetreten sein würde. Hat er sich befugter Weise[1]) einen Substituten angenommen, so haftet er nur für culpa in eligendo (§ 664 Abs. 1 S. 2). Für Versehen seiner Gehilfen haftet er in gleichem Umfang, wie für eigenes Verschulden (§ 664 Abs. 1 S. 3). War ihm jedoch die Zuziehung von Gehilfen untersagt, so haftet er in gleicher Weise, wie für einen unbefugten Substituten.

2. Bei der Ausführung des Auftrags hat der Beauftragte die erteilte Instruktion zu befolgen. Tut er dies nicht, so wird er für jeden durch Abweichung von der Instruktion entstandenen Schaden haftbar. Darf jedoch der Beauftragte nach der konkreten Sachlage annehmen, daß der Auftraggeber eine Abweichung von der Anweisung bei Kenntnis der wahren Sachlage billigen würde und ist Gefahr im Verzug, so hat er selbständig von der Anweisung abzugehen. Denn der Beauftragte ist verpflichtet, der veränderten Sachlage Rechnung zu tragen (§ 665).

Ist keine Gefahr im Verzug, so soll der Beauftragte vorerst die veränderte Sachlage dem Auftraggeber anzeigen und dann dessen Entschließung abwarten.

Bestand das aufgetragene Geschäft in der Vornahme von Rechtshandlungen gegenüber Dritten, so wird neben der Instruktion — der Anweisung an den Beauftragten — auch noch eine Vollmacht zum Zweck der Legitimation des Beauftragten gegenüber dem Dritten vorkommen. Hier muß der Auftraggeber die Abweichungen von der Anweisung im Verhältnis zu dem Dritten ohne weiteres gegen sich gelten lassen, insoweit dieselben mit dem Inhalt der Vollmacht übereinstimmen — unbeschadet natürlich seiner Regreßberechtigung gegenüber dem Beauftragten; (z. B. der Auftrag ging auf Verkauf. In der Vollmacht war dem Beauftragten das Recht eingeräumt, die Zahlung des Kaufpreises in Empfang zu nehmen, in der Instruktion war ihm dies untersagt).

Hat der Beauftragte den Auftrag überschritten, d. h. quantitativ oder qualitativ mehr getan als ihm aufgetragen war, so ist der Auftraggeber an die Überschreitung im Allgemeinen nicht gebunden. Z. B. der Beauftragte hat den festgesetzten Einkaufspreis überschritten; er hat Vollblut anstatt Halbblut gekauft. Liegt jedoch in der Überschreitung eine dem Interesse und dem wirklichen oder mutmaßlichen

[1]) Weil Vertrag oder Verkehrssitte ihm das Recht dazu gewähren.

Willen des Auftraggebers entsprechende Geschäftsführung, oder genehmigt der Auftraggeber die Überschreitung, so kommen §§ 683 und 684 zur Anwendung.

3. Der Beauftragte ist verpflichtet, dem Auftraggeber die erforderlichen Nachrichten zu geben, auf Verlangen über den Stand des Geschäfts Auskunft zu erteilen (§ 666).

4. Nach Ausführung des Auftrags muß er Rechnung legen, das zur Ausführung des Auftrags Empfangene, soweit es dazu nicht gebraucht ist, zurückerstatten, das bei der Ausführung Eingenommene mit Zuwachs herausgeben, namentlich auch die als stiller Stellvertreter des Auftraggebers erworbenen Ansprüche gegen Dritte abtreten (§§ 666 a. E. u. 667).

5. Verwendet er Empfangenes oder Eingenommenes für sich, so wird er schadensersatzpflichtig. Bestand das Verwendete in Geld, so hat er dasselbe unter allen Umständen mit 4% von der Verwendung an zu verzinsen (§§ 668 u. 823).

Der Anspruch auf Ausführung des Auftrages ist, obwohl regelmäßig der Tod des Auftraggebers den Auftrag nicht endigt (§ 672), im Zweifel nicht übertragbar (§ 664 Abs. 2) und dann auch nicht pfändbar (§ 851 CPO.). Auf die einzelnen, aus der bewirkten Ausführung sich ergebenden Ansprüche (auf Herausgabe des Vereinnahmten, Rechnungslegung, Verzinsung verbrauchter Gelder 2c.) bezieht sich dies nicht.

IV.
Verpflichtungen des Auftraggebers.

1. Er haftet für allen Schaden, der durch seine Fahrlässigkeit dem Beauftragten erwächst, nicht jedoch für den Zufall. Denn wer in Erfüllung seiner Verpflichtungen zufälligen Schaden erleidet, kann von seinem Gläubiger deswegen keinerlei Ersatz verlangen.

2. Die zur Ausführung des Auftrags nötigen Mittel hat er auf Verlangen vorzuschießen und kann auch auf Erfüllung dieser Verpflichtung verklagt werden (§ 669).

3. Aufwendungen, welche der Beauftragte zum Zweck der Ausführung des Auftrags machte, hat der Auftraggeber zu ersetzen, wenn sie der Beauftragte nach den vorliegenden Umständen für erforderlich halten durfte (§ 670). Ob ein Anderer die Ausführung billiger hätte machen können, ist gleichgültig, ebenso, ob die Ausführung

gelang. Besteht die Aufwendung in Eingehung einer Verbindlichkeit, so kann der Beauftragte Befreiung von derselben seitens des Auftraggebers verlangen (§ 257).[1])

Die Dienste, welche die Ausführung des Auftrags selbst enthalten, gehören nicht zu den Aufwendungen. Zur Leistung dieser Dienste hat sich eben der Beauftragte unentgeltlich verpflichtet. Wohl aber Dienste, welche der Beauftragte leistete, um die Ausführung des Auftrags durchführen zu können, — wenn sie zu seinem Beruf oder Gewerbe gehörten (z. B. ein Hufschmied bewerkstelligt auftragsgemäß den Transport von Sachen mit dem Maultier des Auftraggebers. Unterwegs verliert das Tier ein Eisen und der Hufschmied, der sich vorgesehen hatte, legt sofort ein neues auf. Dafür kann er Bezahlung verlangen).

Zu den Aufwendungen kann es auch gehören, daß der Beauftragte sich oder seine Sachen einer unvermutet drohenden Gefahr aussetzt (z. B. er hat Sachen zu transportieren übernommen zugleich mit ihm gehörigen Sachen. Im ersten Nachtquartier bricht Feuer aus und er rettet die fremden Sachen auf Kosten seiner eigenen).

V.

Die Endigung des Auftrags.

Abgesehen von den gewöhnlichen Endigungsgründen der Schuldverhältnisse (Vereinbarung, Eintritt einer auflösenden Bedingung, Ausführung, kasuelle Unmöglichkeit derselben) erlischt der Auftrag durch:

1. Widerruf des Auftraggebers und Kündigung des Beauftragten (§ 671 Abs. 1). Sie beendigen den Vertrag für die Zukunft. Beides kann jederzeit wirksam geschehen, doch soll der Beauftragte, von wichtigen Gründen abgesehen, nicht unzeitgemäß kündigen, sonst macht er sich schadensersatzpflichtig (§ 671 Abs. 2).

Verzicht auf Kündigung ist möglich; ebenso auf Widerruf, da er nicht verboten ist und aus dem Wesen des Auftrags seine Unzulässigkeit sich nicht ergibt. Daß der auf den Widerruf verzichtende Auftraggeber sich in Ansehung des zu besorgenden Geschäfts unter

---

[1]) Der Auftraggeber kann die Befreiung dadurch herbeiführen, daß er an den Gläubiger die eingegangene Verbindlichkeit erfüllt, er kann aber auch dem Beauftragten direkt die erforderliche Deckung leisten, wo dies dem Auftragsverhältnis wie z. B. bei der kaufmännischen Kommission entspricht (RG. 47, 125).

die Vormundschaft des Beauftragten stelle (Prot. II S. 370), ist unrichtig. Doch ist m. E. der Widerruf trotz Verzichts aus wichtigen Gründen für zulässig zu erachten, da auch der Beauftragte trotz Verzichts auf das Kündigungsrecht aus wichtigen Gründen (z. B. Krankheit) kündigen kann (§ 671 Abs. 3).

Widerruf und Kündigung können auch unter Bedingungen erfolgen.

2. Ausnahmsweise durch Tod oder eingetretene Geschäftsunfähigkeit des Auftraggebers (§ 672), wenn es nämlich ausdrücklich oder stillschweigend ausgemacht wurde. Der Auftrag wird also im Zweifel für den Auftraggeber und seine Erben erteilt. Die Beweislast für das Gegenteil trifft den, welcher die Endigung des Auftrags behauptet.

Analog dem Tode des Auftraggebers ist die Endigung einer juristischen Person, welche den Auftrag erteilte, zu behandeln.

War der Auftrag von dem gesetzlichen Vertreter einer geschäftsunfähigen Person erteilt und verliert der gesetzliche Vertreter seine Stellung, so bleibt auch hier der Auftrag im Zweifel bestehen. Denn der Vertrag war in Vertretung des Mündels abgeschlossen.

3. Regelmäßig durch Tod des Beauftragten, weil der Auftrag auf dem persönlichen Vertrauen des Auftraggebers zum Beauftragten beruht. Ergibt sich jedoch das Gegenteil als Absicht der Kontrahenten, so dauert das Auftragsverhältnis fort. Die Beweislast trifft den die Fortdauer des Verhältnisses Behauptenden (§ 673). Der Erbe des Beauftragten hat den Tod dem Auftraggeber unverzüglich anzuzeigen, falls der Auftrag durch den Tod erlischt.

Sowohl im Fall zu 2, als in dem zu 3 muß der Beauftragte oder sein Erbe bei Gefahr im Verzug die Ausführung des aufgetragenen Geschäfts, bis anderweite Fürsorge getroffen werden konnte, bewirken, sollte die Ausführung auch noch nicht begonnen haben.

4. Durch eingetretene Geschäftsunfähigkeit des Beauftragten. Sie muß das Auftragsverhältnis beendigen, weil der Beauftragte nicht mehr die Absicht, für den Auftraggeber zu handeln, haben kann.

5. Durch Konkurseröffnung über das Vermögen des Auftraggebers, es sei denn, daß der Auftrag sich nicht auf das zur Konkursmasse gehörige Vermögen bezieht (§ 23 KO.), was derjenige zu beweisen hat, welcher die Fortdauer des Auftragsverhältnisses

behauptet. Auch in diesem Fall der Endigung des Auftrags muß der Beauftragte die Geschäftsbesorgung bewirken, bis der Konkursverwalter anderweit Fürsorge getroffen hat (§ 23 KO. und § 672 BGB.).

Konkurseröffnung über das Vermögen des Beauftragten beendet naturgemäß das Auftragsverhältnis nicht, da der Beauftragte handlungsfähig bleibt und das Auftragsverhältnis ihn nicht verpflichtet, eigenes Vermögen zur Ausführung des Auftrags aufzuwenden, seine Geschäftsbesorgung also seine Konkursmasse nicht berührt.

Trotz Eintritt der angegebenen Erlöschungsgründe gilt der Auftrag zugunsten des Beauftragten regelmäßig als fortbestehend, bis derselbe den Eintritt kennt oder kennen muß. Der Beauftragte macht sich also trotz Eintritts des Erlöschungsgrundes nicht haftbar, wenn er in entschuldbarer Unkenntnis desselben die aufgetragenen Geschäfte noch besorgt und kann auch unter der gleichen Voraussetzung noch Ersatz der nach dem Eintritt gemachten Aufwendungen verlangen.

Nur der Widerruf des Auftrags ist als empfangsbedürftige Willenserklärung bereits wirksam, wenn er dem Beauftragten zuging, sollte derselbe auch keine Kenntnis von dem Inhalt der Widerrufserklärung erlangt haben (§§ 671 und 130 Abs. 1).

Im Fall bedingten Widerrufs muß allerdings die Kenntnis des Beauftragten vom Eintritt der Bedingung hinzutreten, weil hier erst der Eintritt der Bedingung den Endigungsgrund vollendet.

Elfter Titel.

Geschäftsführung ohne Auftrag.

Sturm, Die Lehre von der Geschäftsführung ohne Auftrag nach BGB., 1897, Kohler, Jherings Jahrb. Bd. 25, 42ff. Isay, Die Geschäftsführung nach BGB., Jena 1900. Brückmann, Die Rechte des Geschäftsführers ohne Auftrag, zugleich ein Beitrag zur Lehre vom Begriff der auftragslosen Geschäftsbesorgung, Jena, G. Fischer, 1902. Dernburg II §§ 299ff. Cosack I § 155. Enneccerus I §§ 298ff. Crome II §§ 254ff. Endemann I § 178. Matthiaß I § 138. Windscheid-Kipp II §§ 430 u. 431.

Das Gesetz unterscheidet im Anschluß an das bisherige Recht zwei Arten der Geschäftsführung ohne Auftrag (negotiorum gestio), die echte und die unechte.

A. Die echte Geschäftsführung ohne Auftrag.

I.
Begriff.

Sie ist Besorgung von Geschäften für einen Anderen (den Geschäftsherrn), ohne von ihm beauftragt oder ihm gegenüber sonst (durch Amt, als gesetzlicher Vertreter kraft Dienst-, Werk-, Gesellschaftsvertrages, elterlicher Gewalt) dazu berechtigt zu sein (§ 677 a. A.). Wesentlich ist also die Absicht des Geschäftsführers, das Geschäft des Geschäftsherrn in dessen Interesse vornehmen zu wollen (animus aliena negotia gerendi). Nicht wesentlich dagegen ist, daß das fremde Geschäft lediglich im Interesse des Geschäftsherrn besorgt wird. Sondern seine Vornahme kann zugleich mit Rücksicht auf eigenen oder eines Dritten Vorteil geschehen (z. B. man nimmt eine notwendige Reparatur im Hause des Nachbarn vor, weil man den infolge der Reparaturbedürftigkeit für das eigene Grundstück zu befürchtenden Schaden abwehren will).

Wer dagegen ein fremdes Geschäft, wissend oder nicht wissend, daß es ein fremdes ist, als sein eigenes behandelt, ist nicht echter Geschäftsführer. Denn es fehlt die Absicht, für den andern, d. h. in dessem Interesse, zu handeln.

Daß der Geschäftsführer den Geschäftsherrn kennt, ist nicht erforderlich und demgemäß error in persona gleichgültig (§ 686).

Das Geschäft kann, wie beim Auftrag, rechtlicher oder tatsächlicher Natur sein. Ist es ein Rechtsgeschäft, so kann es der Geschäftsführer entweder in eigenem Namen auf fremde Rechnung oder in fremdem Namen vornehmen.

Aus der Geschäftsführung entstehen Verbindlichkeiten für den Geschäftsführer, doch möglicherweise auch solche für den Geschäftsherrn.

II.
Die Verbindlichkeiten des Geschäftsführers.

Will Jemand eine Geschäftsführung für einen Anderen vornehmen, so hat er:

1. Alle Sorgfalt dabei aufzuwenden. Er haftet für Fahrlässigkeit schlechthin (§ 276), für Fahrlässigkeit seiner Leute wie für seine eigene (§ 278). — Bezweckt aber die Geschäftsführung Abwendung einer dem Geschäftsherrn, d. h. seiner Person, seiner Familie, seinem Vermögen drohenden Gefahr, so haftet der Ge-

schäftsführer nur für grobe Fahrlässigkeit (§ 680). Daß die abzuwendende Gefahr wirklich vorlag, ist nicht erfordert; nur darf den Geschäftsführer bei Annahme des Vorhandenseins der Gefahr kein Verschulden treffen, widrigenfalls die gewöhnliche Haftpflicht eintritt.

2. Das Geschäft so zu führen, wie das Interesse des Geschäftsherrn, mit Rücksicht auf dessen wirklichen oder mutmaßlichen Willen, oder bei Geschäftsbeschränktheit des Geschäftsherrn mit Rücksicht auf den Willen von dessen gesetzlichen Vertreter es erfordert (§ 677 a. E.). Die Erfüllung der Verpflichtungen des Geschäftsführers verlangt also ein doppeltes:

a) seine Geschäftsführung muß dem Interesse des Geschäftsherrn entsprechen, d. h. so beschaffen sein, wie es die Lage des Geschäftsherrn nach den allgemeinen Grundsätzen des Verkehrs verlangt und zugleich

b) seinem wirklichen oder mutmaßlichen Willen gemäß sein. Dies tut sie aber, wenn der Geschäftsführer annehmen durfte, daß sie der Geschäftsherr bei Kenntnis der Sachlage selbst in Angriff genommen haben würde. Mutmaßlicher Wille ist also der in Wirklichkeit nicht vorhandene Wille, dessen Vorhandensein man aber nach Lage des Falles annehmen durfte.

Der Geschäftsführer hat danach die Geschäftsführung zu unterlassen, wenn er weiß oder wissen mußte (§ 678), daß sie der Geschäftsherr nicht will, sollte sie objektiv auch noch so sehr in seinem Interesse liegen. Er muß sie unterlassen, wenn sie objektiv nicht in seinem Interesse liegt, sollte sie auch noch so sehr seinem Willen entsprechen.

Verstößt der Geschäftsführer in diesen Beziehungen gegen das Gesetz, so ist er für den aus der Geschäftsführung entstandenen Schaden ersatzpflichtig (§ 678) und hat also in erster Linie den Zustand herzustellen, welcher sein würde, wenn er die Geschäftsführung nicht unternommen hätte (§ 249).

Ausnahmsweise kommt es auf den wirklichen oder mutmaßlichen Willen des Geschäftsherrn nicht an, wenn nämlich ohne die Geschäftsführung eine Pflicht des Geschäftsherrn, deren Erfüllung im öffentlichen Interesse liegt, einerlei, ob die Pflicht selbst eine öffentlich-rechtliche ist oder nicht, z. B. Deichreparaturpflicht, Steuerzahlungspflicht, Arbeitsraumeinrichtungspflicht (§ 618), Pflicht zur Bestreitung der Kosten zur Beerdigung des Erblassers (§ 1968) oder eine gesetzliche Unterhaltspflicht des Geschäftsherrn[1]) nicht rechtzeitig erfüllt werden würde (§ 679).

3. Die Übernahme der Geschäftsführung, d. h. die Absicht, das fragliche Geschäft zu besorgen, sobald als tunlich dem Geschäftsherrn anzuzeigen und, wenn nicht mit dem Aufschub des Beginns Gefahr verbunden ist, dessen Entschließung abzuwarten (§ 681 S. 1).

4. Wie ein Beauftragter Auskunft zu erteilen, Rechnung zu legen, das Eingenommene herauszugeben und im eigenen Interesse verwendetes Geld des Geschäftsherrn mit 4 % zu verzinsen (§ 681 S. 2).

Auf Erfüllung sämtlicher 1—4 angegebener Verpflichtungen steht, unbeschränkte Geschäftsfähigkeit des Geschäftsführers vorausgesetzt, dem Geschäftsherrn die actio negotiorum gestorum directa gegen den Geschäftsführer oder dessen Erben zu Gebote. Letztere sind auch verpflichtet, das begonnene Geschäft zur Vermeidung der Schadensersatzpflicht fortzuführen. Doch kann die Fortsetzung des begonnenen Geschäfts weder gegen den Geschäftsführer noch gegen dessen Erben durch Klage erzwungen werden.[2])

Ist der Geschäftsführer nicht unbeschränkt geschäftsfähig, so haftet derselbe nur auf Schadensersatz wegen unerlaubter Handlungen oder bei Unzurechnungsfähigkeit auf Herausgabe der ungerechtfertigten Bereicherung (§ 682, vgl. jedoch § 829). Hat freilich der in der Geschäftsfähigkeit beschränkte Geschäftsführer mit Zustimmung seines gesetzlichen Vertreters die Geschäftsführung besorgt, so haftet er nach allgemeinen Grundsätzen wie ein geschäftsfähiger Geschäftsführer.

Eine Verpflichtung des Geschäftsführers, für den aus der Geschäftsführung entstandenen Schaden aufzukommen, besteht niemals, wenn er die nach 1—4 ihm obliegenden Pflichten erfüllte.

III.

Die Verpflichtungen des Geschäftsherrn.

Solche entstehen nur unter der Voraussetzung, daß der Geschäftsführer in der Absicht gehandelt hat, von dem Geschäftsherrn wegen seiner Geschäftsführung Ersatz zu verlangen (sog. animus recipiendi) (§ 685 Abs. 1). Doch wird diese Absicht regelmäßig vermutet. Die Vermutung fällt fort, wenn Aszen-

[1]) Vgl. §§ 1360 u. 61, 1578, 1583, 1601, 1705, 1708 und vollständiger Fischer-Henle Anm. 5 zu § 519.

[2]) Abweichend § 257 I 13 ALR.

denten ihren Deszendenten oder umgekehrt Unterhalt gewährten (§ 685 Abs. 2). Die Verpflichtungen des Geschäftsherrn werden vom Geschäftsführer mit der actio negotiorum gestorum contraria geltend gemacht, doch ist ihr Umfang verschieden, je nachdem der Geschäftsführer im Interesse und dem Willen des Geschäftsherrn entsprechend handelte oder nicht.

1. Handelte der Geschäftsführer dem Interesse und dem wirklichen oder mutmaßlichen Willen des Geschäftsherrn entspechend, so kann er, wie ein Beauftragter, vollen Ersatz aller Aufwendungen mit Zinsen (§ 256, vgl. auch § 257) verlangen, seien dieselben notwendige, nützliche oder auch nur angenehme gewesen. Zu den Aufwendungen gehören hier[1]) auch die geleisteten Dienste, welche der Geschäftsführer sonst nur gegen Vergütung zu leisten pflegt. Ferner kann auch in der Übernahme einer Gefahr bei der Geschäftsführung eine Aufwendung liegen.[2])

Ob die Geschäftsführung dem Geschäftsherrn Vorteil oder Schaden gebracht hat, ist für die Ersatzpflicht gleichgültig.

Bestand die Geschäftsführung in der Erfüllung einer im öffentlichen Interesse liegenden oder einer gesetzlichen Unterhaltspflicht des Geschäftsherrn, so steht dieser Anspruch auch dann zu, wenn die Übernahme der Geschäftsführung dem Willen des Geschäftsherrn widersprach (§ 683).

2. Widersprach die Geschäftsführung dem Interesse oder dem wirklichen oder mutmaßlichen Willen des Geschäftsherrn, so braucht der letztere nur in soweit die gemachten Aufwendungen zu ersetzen, als er durch sie bereichert ist (§ 684 S. 1).[3]) Doch heilt die Genehmigung des Geschäftsherrn den Widerspruch, so daß also unter dieser Voraussetzung die gleiche Ersatzpflicht eintritt wie zu 1 (§ 684 S. 2).

B. Die unechte Geschäftsführung ohne Auftrag.

Sie ist die Besorgung eines fremden Geschäfts auf eigene Rechnung, in Kenntnis oder Unkenntnis davon, daß es ein fremdes Geschäft ist (§ 687 Abs. 1) (z. B. man veräußert eine fremde Sache wider

---

1) Anders beim Auftrag (S. 124).

2) Ebenso beim Auftrag (S. 124).

3) Ausnahme im vorhergehenden Absatz.

besseres Wissen in eigenem Namen, oder man zieht eine fremde Forderung für sich ein).

Wer so handelt, handelt unerlaubt und macht sich also nach § 823 schadensersatzpflichtig. Geschäftsführer ist er nicht, weil die Absicht, das Geschäft für den Geschäftsherrn zu besorgen, fehlt.

Gleichwohl gibt das BGB. in Anlehnung an das römische Recht (l. 5 § 5 D 3, 5), dem Geschäftsherrn die Befugnis, gegen den Besorger seines Geschäfts dann dieselben Ansprüche zu erheben, die ihm bei echter Geschäftsführung zustehen würden (Haftung für Fahrlässigkeit, Pflicht auf Ersatz alles aus der Geschäftsbesorgung entstandenen Schadens, Auskunfts- und Rechnungslegungspflicht, Herausgabepflicht des Eingezogenen), wenn der Täter wußte, daß er nicht berechtigt war, das fremde Geschäft wie sein eigenes zu behandeln. Doch kommt dem in der Geschäftsfähigkeit beschränkten Geschäftsbesorger § 682 zu Statten.

Der Geschäftsherr hat dann also neben der Klage aus unerlaubter Handlung die actio negotiorum gestorum directa gegen den unechten Geschäftsführer. Es liegt ein Fall der Anspruchskonkurrenz vor, was namentlich wegen der kurzen Verjährung der Klage aus unerlaubter Handlung (§ 852) von Bedeutung ist.

Macht der Geschäftsherr die Ansprüche aus der Geschäftsführung ohne Auftrag geltend, so ist er dem Geschäftsführer nur auf Herausgabe der ungerechtfertigten Bereicherung verhaftet (§ 687 letzter Satz).

Zwölfter Titel.

Verwahrung.

Windscheid-Kipp II §§ 377—379. Dernburg II §§ 349 ff. Cosack I § 154. Crome II §§ 275 ff. Enneccerus I §§ 802 ff. Endemann I § 185. Matthiaß I § 126.

I.
Begriff.

Die Verwahrung ist der auf entgeltliche oder unentgeltliche Aufbewahrung einer beweglichen Sache gerichtete Realvertrag (§§ 688 und 689). Dieser Vertrag kommt also erst zu Stande mit der Hingabe der Sache an den Verwahrer. Doch kann natürlich dem Verwahrungsvertrag ein Vertrag, gerichtet auf zukünftige Verwahrung, vorausgehen. Immerhin ist ein Vorvertrag, durch welchen sich Jemand verpflichtet, später eine Sache in Verwahrung zu geben, unverbindlich, wie aus § 695 zu folgern ist. Wird ein Grundstück in Aufbewahrung gegeben, so liegt entweder Dienstvertrag oder Auftrag vor.

Der Vertrag auf entgeltliche Aufbewahrung einer beweglichen Sache ist nicht Dienstvertrag, der Vertrag auf unentgeltliche Aufbewahrung nicht Auftrag. Von beiden Vertragsarten unterscheidet sich der entgeltliche oder unentgeltliche Verwahrungsvertrag durch seinen Inhalt, die Aufbewahrungspflicht. Geht der Hauptzweck des Geschäfts über die Aufbewahrung hinaus (z. B. beim Frachtvertrag), so liegt nicht mehr Verwahrungsvertrag vor. Dagegen beeinträchtigt es das Vorliegen eines Verwahrungsvertrags nicht, wenn im Vertrag noch andere, den Hauptzweck der Aufbewahrung nicht beseitigende Nebenleistungen verabredet sind, z. B. daß der Bankier die Verlosung der ihm in Aufbewahrung gegebenen Wertpapiere kontrollieren soll.

Der entgeltliche Verwahrungsvertrag ist gegenseitiger Vertrag, wenn das Entgelt als Gegenleistung für die Aufbewahrung beabsichtigt war. Soll das verabredete Entgelt nur die Aufwendungen des Verwahrers decken, so handelt es sich beim Verwahrungsvertrag trotz Verabredung des Entgelts um einen ungleichseitig zweiseitigen Vertrag.

Der Verwahrungsvertrag ist endlich wohl zu unterscheiden von dem Erfüllungssurrogat der öffentlichen Hinterlegung.[1])

II.
Die Verpflichtungen des Verwahrers.

1. Der Verwahrer hat die ihm in Verwahrung gegebene Sache nach Treu und Glauben der Verkehrssitte gemäß (§ 242) aufzubewahren, also eine positive Tätigkeit auszuüben. Damit, daß er die Sache bei sich liegen läßt, ihre Niederlegung bei sich gestattet, ist seine Verbindlichkeit nicht erschöpft. Er muß die Sache auch in seiner Obhut halten, damit sie unversehrt bleibt, sie also vor schädlichen Einflüssen bewahren. Was dazu gehört, ist Frage des einzelnen Falles. Dagegen liegt ihm die Verwaltung der Sache nicht ob. Aber die Vornahme einzelner Verwaltungshandlungen kann gültig übernommen werden, ohne daß dadurch die Natur des Vertrags sich änderte (z. B. das in Verwahrung genommene Pferd täglich zu

[1]) §§ 372ff. und mein Kommentar, Vorbemerkung Nr. 4 vor § 372.

bewegen); sie kann auch stillschweigend ausbedungen sein (z. B. das Pferd zu füttern).

Die Erfüllung der Aufbewahrungspflicht umfaßt:

a) regelmäßig die Verpflichtung des Verwahrers, einen in seinem unmittelbaren Besitz befindlichen Raum (der ihm als Eigentümer, Mieter, Pächter auf Grund unentgeltlicher Überlassung 2c. zu Gebote steht) als Aufbewahrungsort darzubieten. Er ist also im Zweifel nicht berechtigt die Sache bei einem Dritten zu hinterlegen, sonst macht er sich schadensersatzpflichtig (§ 691 S. 2). Ist es ihm nach dem Vertrag gestattet, so haftet er nur wegen Versehens in Auswahl und Unterweisung des Dritten (§ 691 S. 2). Dieser ist also nicht sein Gehilfe in der Aufbewahrung. Für Versehen seiner Gehilfen in der Aufbewahrung (Portiers, Wächter) haftet er wie für sein eigenes Versehen (§ 691 S. 3);

b) im Zweifel die Verpflichtung, die vereinbarte Aufbewahrungsart einzuhalten. Der Verwahrer darf dieselbe nur ändern, wenn er von seinem subjektiven Standpunkt aus annehmen durfte, daß der Hinterleger bei Kenntnis der Sachlage dies billigen würde. Die beabsichtigte Änderung muß er, außer im Fall der Not, dem Hinterleger anzeigen (§ 692). Er darf also z. B. ein Pferd dessen Unterbringung in einen Stall für sich vereinbart war, nicht mit anderen Pferden in einen Stall stellen;

c) Der Verwahrer hat sich des Gebrauchs der Sachen für sich oder einen Dritten zu enthalten. Tut er dies nicht, so macht er sich schadensersatzpflichtig und hat auf alle Fälle das verbrauchte hinterlegte Geld von der Zeit des Verbrauchs an mit 4% zu verzinsen (§ 698).

2. Er hat die verwahrten Sachen mit den Zuwüchsen nach Beendigung des Vertrags zurückzugewähren. Der Hinterleger hat die Sache — selbst wenn es Geld war — von dem Ort, an dem sie aufzubewahren war, obwohl sie in Wahrheit dort vielleicht nicht aufbewahrt wurde, abzuholen (§§ 269 u. 697). Im Konkurs des Verwahrers ist er Aussonderungsberechtigter, es müßte denn die hinterlegte Sache zum Vermögen des Verwahrers gehören (§ 43 KO.).

3. Bei Erfüllung der Verpflichtungen zu 1 u. 2 hat der entgeltliche Verwahrer für jede Fahrlässigkeit, der unentgeltliche nur für den Mangel der Sorgfalt, welche er in eigenen Angelegenheiten anzuwenden pflegt, einzustehen (§ 690). Für

den Zufall haftet er, wenn die Sache infolge vertragswidrigen Gebrauchs von ihm betroffen wurde. Der zufällige Schaden ist dann eben durch seine Vertragswidrigkeit verursacht.

III.

Die Verpflichtungen des Hinterlegers.

Es sind folgende:

1. Schadensersatzpflicht wegen schädigender Beschaffenheit des Hinterlegten, z. B. ein rotzkrankes Pferd wurde in Verwahrung gegeben und steckt die eigenen Pferde des Verwahrers an.

Die Schadensersatzpflicht fällt fort, wenn der Hinterleger nachweist:

a) daß er die gefahrdrohende Beschaffenheit der Sache nicht kannte und auch nach den obwaltenden Verhältnissen nicht zu kennen brauchte; oder

b) daß er sie dem Verwahrer angezeigt hatte; oder

c) daß der Verwahrer sie ohnehin schon kannte (§ 694).

2. Ersatzpflicht der vom Verwahrer gemachten Aufwendungen, soweit derselbe sie innerhalb der durch den Zweck der Aufbewahrung gezogenen Grenzen nach den Umständen von seinem subjektiven Standpunkt aus für erforderlich halten durfte (§ 693). Daß sie wirklich erforderlich waren, wird also nicht verlangt; nur müssen sie in entschuldbarem Irrtum für erforderlich gehalten sein. Ob sie auf die Sache gemacht sind (z. B. besseres Futter für das erkrankte Pferd), oder zum Zweck der Ermöglichung der Aufbewahrung (z. B. Miete eines geeigneten Raumes), oder zur Abwehr einer drohenden Gefahr (z. B. Engagement eines Wächters), ist gleichgültig.

3. Zahlungspflicht des vereinbarten Entgelts. War dasselbe nach Zeitabschnitten (Tagen, Wochen rc.) verabredet, so hat die Zahlung am Schluß der einzelnen Zeitabschnitte zu erfolgen, sonst bei der Beendigung der Aufbewahrung, also Zug um Zug gegen Rückgabe der Sache. Wird der Vertrag vor Ablauf der vereinbarten Aufbewahrungszeit aufgelöst, so ist verhältnismäßige Vergütung zu leisten und zwar entsprechend den vom Verwahrer bisher gemachten Leistungen (§ 699). Die Zeit der wirklich bewirkten Aufbewahrung allein ist danach für die Bemessung der verhältnismäßigen Vergütung nicht ohne Weiteres maßgebend.

4. Rücknahmepflicht der hinterlegten Sache (§ 696) bei Auflösung des Verwahrungsvertrags. Durch schuldhafte

Verzögerung der Rücknahme kommt also der Hinterleger in Erfüllungsverzug, ebenso wie der Käufer oder Besteller eines Werks durch schuldhafte Verzögerung der Abnahme (§§ 433 Abs. 2 u. 640 Abs. 1).

IV.
Endigung.

Abgesehen von den allgemeinen Endigungsgründen der Verträge kommen folgende in Betracht:

1. Ablauf der etwa festgesetzten Vertragszeit;

2. Rückforderung der Sache vor Ablauf der Vertragszeit seitens des Hinterlegers, wozu dieser zu jeder geeigneten Zeit, unter Gewährung einer angemessenen Rückleistungsfrist, berechtigt ist (§ 695). Die Zeitbestimmung ist also zugunsten des Hinterlegers.[1]) Wird auf dieses Rückforderungsrecht verzichtet, so geht der entgeltliche Verwahrungsvertrag in einen Dienstvertrag über;

3. Verlangen des Verwahrers an den Hinterleger, die Sache zurückzunehmen. Ist der Verwahrungsvertrag auf unbestimmte Zeit geschlossen, so kann dies Verlangen zu jeder geeigneten Zeit gestellt werden. Dabei hat jedoch der Verwahrer dem Hinterleger nach Treu und Glauben eine angemessene Frist zur Rücknahme zu gewähren. War eine bestimmte Vertragsdauer ausgemacht, so kann das Rücknahmeverlangen vor Ablauf der Vertragszeit nur aus wichtigen Gründen gestellt werden, z. B. weil die Lagerräume abgebrannt sind (§ 696).

In allen diesen Fällen ist zu beachten, daß trotz der Beendigung des Vertragsverhältnisses die Erfüllung der dem Verwahrer obliegenden Rückgewährspflicht noch ausstehen kann. Kommt der Hinterleger hinsichtlich ihrer in Annahmeverzug, so kann der Verwahrer vom Hinterlegungsrecht nach §§ 372 u. 383 Gebrauch machen, auch schützt ihn § 304. Kommt dagegen der Verwahrer in Leistungsverzug, so finden die §§ 286 ff. Anwendung. § 326 ist auch bei entgeltlicher Verwahrung hinsichtlich der Rückgewährpflicht nicht anwendbar, weil das Entgelt nicht für die Rückgewähr, sondern für die Aufbewahrung verabredet ist.

V.
Das Hinterlegungsdarlehn[2]) (auch Summendepot genannt).

Der Verwahrungsvertrag berührt sich mit dem Darlehn, wenn Geld oder vertretbare Sachen hinterlegt wurden mit der Verabredung,

---

[1]) So schon §§ 54 u. 55 I 14 ALR., vgl. l. 1 §§ 45 u. 46 D. 16, 3.

[2]) Diesen Ausdruck gebrauche ich bereits in der ersten Auflage (1897) S. 38.

daß der Empfänger Eigentümer derselben werden und nur ebensoviel in gleicher Art und Güte seinerzeit zurückgewähren solle. Während das gemeine Recht hier mit Recht einen Hinterlegungsvertrag anerkennt (depositum irregulare), weil die Hingabe im eigenen Interesse des Gebers erfolgt, hat das preußische ALR. ein solches Geschäft als Darlehn qualifiziert.

Auch § 700 BGB. erklärt grundsätzlich die Vorschriften über das Darlehn auf ein solches Geschäft, einerlei, ob die Verabredung der Eigentumsübertragung und der Restitutionspflicht in genere ausdrücklich oder stillschweigend getroffen wurde, für anwendbar. (Nur bei Wertpapieren ist ausdrückliche Vereinbarung im Interesse des Publikums geboten.) Doch sollen Ort und Zeit der Rückgabe sich nach den Vorschriften über den Verwahrungsvertrag bestimmen.

Das Hinterlegungsdarlehn gestaltet sich danach folgendermaßen:

1. Der Empfänger wird mit der Übergabe Eigentümer, dies auch dann, wenn der Geber nicht Eigentum hatte, falls nur der Empfänger gutgläubig war. Er kann deshalb das Empfangene gebrauchen, verbrauchen, veräußern, belasten, trägt aber auch die Gefahr. Fällt er in Konkurs, so gehören die übergebenen Sachen zu seiner Konkursmasse; der Geber hat kein Aussonderungsrecht. Zur Zahlung von Zinsen (sog. Depositalzinsen) kann der Empfänger möglicher Weise verpflichtet sein.

2. Der Geber hat die ihm zu restituierenden Sachen am Aufbewahrungsort abzuholen. — Das Darlehn würde am Wohnsitz des Darlehnsnehmers zur Zeit des Vertragsabschlusses zurückzuzahlen sein (§§ 697 u. 269 u. 70).

3. Der Geber ist berechtigt, zu jeder geeigneten Zeit das Gegebene in genere zurückzufordern. — Das reine Darlehn würde gekündigt werden müssen.

Das Abkommen kann auch so getroffen werden, daß dem Empfänger gestattet wird, die gegebenen Sachen zu verbrauchen. Hier liegt zunächst ein reiner Verwahrungsvertrag vor, weshalb der Geber

---

Als Grund hierfür gebe ich an, daß auf das fragliche Geschäft nach dem Gesetz grundsätzlich die Vorschriften über das Darlehn zur Anwendung gelangen, vermischt mit einigen Vorschriften über den Verwahrungsvertrag. Daß also ein eigenartiges Geschäft vorliegt, habe ich, wie Enneccerus und Örtmann mir vorwerfen, nie verkannt. Eine andere Frage ist aber, ob der Gesetzgeber diese Eigenartigkeit anerkennen wollte. Und diese Frage glaube ich auch heute noch verneinen zu müssen.

noch die Gefahr trägt. Doch geht das Geschäft ohne rückwirkende Kraft in ein Hinterlegungsdarlehn über, sobald der Empfänger die gegebenen Sachen sich aneignete (§ 700 Abs. 1 S. 2). Man kann diesen Fall als nachfolgendes Hinterlegungsdarlehn, im Gegensatz zu dem zuerst besprochenen ursprünglichen, bezeichnen.

Dreizehnter Titel.

Einbringung von Sachen bei Gastwirten.

Sturm, Die Einbringung von Sachen bei Gastwirten nach BGB., 1900. Langen, Die privatrechtliche Stellung der Wirte und der Gastaufnahmevertrag, Marburg 1902. Langsdorff, Haftung der Restaurateure, Schank- und Stallwirte für eingebrachte Sachen, D. J.-Z. Bd. 8, 884—336. Meyer i. Bl. f. R. Bd. 67, 367—370. Über die Haftung der Schlafwagengesellschaften Brückner i. D. R. Bd. 6, 305—306. Fuld i. D. J.-Z. Bd. 5, 227—228. — Dernburg II § 353. Crome II § 278. Enneccerus I §§ 305 ff. Endemann I § 186. Matthiaß I § 127. Windscheid-Kipp II § 384.

I.

Rechtsbeziehungen.

Wer bei einem Gastwirt, d. h. bei Jemandem, der gewerbsmäßig Fremde zur Beherbergung aufnimmt, einkehrt, kann zu diesem in die verschiedensten Vertragsbeziehungen treten. Logiert er bei ihm, so geschieht dies auf Grund eines Mietvertrages; nimmt er Speisen oder Getränke zu sich, so wird er dafür den Kaufpreis schuldig; läßt er seine Effekten durch den Gastwirt oder dessen Leute vom Hotel nach dem Bahnhof zurückschaffen, so geschieht dies auf Grund eines Werkvertrags 2c.

Neben den aus diesen Verträgen hervorgehenden Pflichten des Gastwirts besteht nun unter gewissen Voraussetzungen (vgl. Nr. II), die Verpflichtung, für die von dem Gast eingebrachten Sachen einzustehen. Streitig ist, ob dieselbe auf dem Vertrag, durch welchen der Gast mit seinen Sachen aufgenommen wurde (sog. Gastaufnahmevertrag), oder auf einem besonderen Vertrage, durch den der Gastwirt die Fürsorge für die eingebrachten Sachen übernimmt, oder endlich auf dem Gesetz beruht. Die letztere Auffassung ist zutreffend,[1]) weil sie allein dem Interesse des Publikums Genüge leistet. Denn

[1]) So schon Goldschmidt in der Zeitschrift für Handelsrecht, Bd. 3 S. 64, Anm. 10.

nach der **ersten** würde die Haftpflicht des Gastwirts nicht eintreten, wenn der Gastaufnahme**vertrag** nicht zustande kam, sollten auch die Effekten des Gastes dem Gastwirt oder seinen Leuten, z. B. dem Kutscher des Hotelwagens übergeben sein; eine Auffassung, die dem bisherigen Recht und den Bedürfnissen des Verkehrs widersprechen würde. Aber auch, wer die besondere Haftpflicht des Gastwirts auf einen besonderen Vertrag, eine Unterart des Verwahrungsvertrages, gründen wollte,[1]) würde den Bedürfnissen des Verkehrs nicht gerecht, weil der aufgenommene Gast möglicherweise geisteskrank und also geschäftsunfähig war.[2])

Wenn man gegen die Annahme einer gesetzlichen Obligation einwenden wollte, daß ja dann der Wirt auch bei Nichtigkeit des Gastaufnahmevertrages hafte, und ohne irgend welche Rechte aus diesem Vertrage gegen den Gast nur die Klage wegen ungerechtfertigter Bereicherung habe, so ist daran zu erinnern, daß er durch diese Klage in den meisten Fällen gedeckt ist und daß ohnehin das Risiko, welches ihm durch Verpflichtung, für die Sachen des Gastes einzustehen, auferlegt ist, mit dem aus dem Gastaufnahmevertrag zu erwartenden Gewinn vielfach in gar keinem Verhältnis steht.

II.

Die Voraussetzungen der Haftpflicht des Gastwirts.

Es sind folgende:

1. Der Gast muß im **Betrieb des Gastwirtsgewerbes zur Beherbergung** aufgenommen sein (§ 701 S. 1), also nicht nur zum Essen und Trinken. Es muß ihm also (ausdrücklich oder stillschweigend) Unterkommen zugesagt sein, sei es in einem besonderen Raum, sei es gemeinschaftlich mit Anderen. Daß die Aufnahme gegen Entgelt erfolgt sein muß, ergibt sich als **regelmäßiges** Erfordernis daraus, daß sie im Betriebe des Gastwirts**gewerbes** zu geschehen hat. Immerhin ist es möglich, daß der Geschäftsbetrieb auch unentgeltliche Aufnahme einzelner Gäste mit sich bringt, z. B. des Führers eines Touristen. Wenn aber ein Gastwirt die Freundin seiner Tochter als Logierbesuch aufnimmt, so geschieht dies nicht innerhalb des Geschäftsbetriebes; ebensowenig, wenn er im Geschäftsbetrieb nicht ge-

[1]) Dafür spricht der Anschluß der Haftpflicht der Wirte an den Verwahrungsvertrag im BGB.

[2]) Wie ist es, wenn ein geisteskranker Wirt den Gast aufnahm? Man wird ihn gleichwohl haften lassen müssen.

brauchte Räumlichkeiten fest vermietet, z. B. eine Etage seines Gasthofes an einen Kliniker für Magenkranke.

2. Die von dem Gast zugeführten Sachen müssen bei dem Gastwirt eingebracht sein. Ob es eigene Sachen des Gastes oder fremde Sachen sind, welchem Zweck sie dienen, ist gleichgültig. Die Einbringung der Sachen kann der Aufnahme des Gastes vorhergehen, aber auch nachfolgen. Bei dem Gastwirt sind sie eingebracht, wenn sie ihm oder seinen zur Entgegennahme befugten oder den Umständen nach für befugt zu erachtenden Leuten übergeben sind, wenn sie vom Gast selbst an den für sie ein für alle mal bestimmten Ort oder an den speziell für sie angewiesenen Ort gebracht sind (§ 701 Abs. 2). Für das, was der Gast am Leibe trägt, haftet der Wirt erst von dem Zeitpunkt an, in welchem der Gast die Räumlichkeiten des Wirtes betrat — vgl. jedoch § 702. Legt er Uhr, Ringe 2c. auf den Nachttisch, in das in demselben befindliche Schiebekästchen 2c., so befinden sie sich an dem für sie bestimmten Ort.

3. Verlust oder Beschädigung der Sachen müssen erfolgt sein, solange die Einbringung währt. Geht jedoch die Abreise des Gastes der Beendigung der Einbringung voraus, so dürfen sie nicht nach der Abreise erfolgt sein.

Die Einbringung endigt mit dem im Einverständnis des Gastes erfolgenden Heraustritt der Sachen aus den Räumlichkeiten (Logier- und Wirtschaftsräumen, Hotelwagen) des Wirts oder aus der Innehabung seiner Leute. Dem steht die Pfändung durch den Gerichtsvollzieher gleich. Setzt der Wirt die eingebrachten Sachen eigenmächtig auf die Straße, so dauert für seine Haftpflicht die Einbringung noch fort.

Läßt andererseits der Gast bei seiner Abreise absichtlich zum Nachsenden oder aus Vergeßlichkeit eingebrachte Sachen zurück, so haftet der Wirt für Verlust oder Beschädigung keineswegs aus § 701. Denn nur den Schaden hat der Wirt zu ersetzen, den der Gast — nicht der gewesene Gast — erleidet. Die Haftpflicht für die Zukunft endigt, sobald entweder die Einbringung oder die Gastqualität aufgehört hat.

Dem Abschluß eines Verwahrungsvertrags über weitere Aufbewahrung steht natürlich nichts im Wege. Im Zweifel wird anzunehmen sein, daß Parteien dabei Fortdauer der strengen Haftung beabsichtigten.

III.

Die Haftpflicht des Wirtes.

Nach § 701 Abs. 2 haftet der Wirt im Allgemeinen für jeden durch Verlust oder Beschädigung der eingebrachten Sachen dem Gast entstehenden Schaden. Der Gast braucht also nicht nachzuweisen, daß den Wirt ein Verschulden trifft. Wohl aber muß er erforderlichenfalls beweisen, welche Sachen er eingebracht hat und welche verloren oder beschädigt sind.

Der Wirt haftet nicht, wenn er beweist:

1. daß der Schaden von dem Gast, einem Begleiter desselben oder einer Person, welche derselbe bei sich aufnahm, verursacht ist, oder

2. daß der Schaden durch die Beschaffenheit der Sachen (Gefahr zu explodieren, Verderben einer schlecht verkorkten Flasche Getränk oder von eingebrachten Lebensmitteln) entstanden ist, oder

3. daß höhere Gewalt den Schaden verursachte,[1]) d. h. ungewöhnlicher Zufall, auf den man nicht gefaßt zu sein brauchte, z. B. räuberischen Überfall, Einbruchsdiebstahl, Feuersbrunst infolge Übergreifen des Feuers vom Nachbargebäude.

Der an sich begründete Anspruch des Gastes gegen den Wirt erlischt, wenn der Gast es unterläßt, unverzüglich nach erlangter Kenntnis dem Wirt von Verlust oder Beschädigung seiner Sachen Anzeige zu machen (§ 703), damit der Wirt die zur Beseitigung und zur Abwehr weiteren Schadens erforderlichen Schritte tun könne.

Ausschluß der gesetzlichen Haftpflicht durch Vertrag ist zulässig (§ 701 Abs. 3).

IV.

Die Haftpflicht für Geld, Wertpapiere oder Kostbarkeiten.

Dieselbe unterliegt einigen Besonderheiten (§ 702).

Regelmäßig haftet nämlich der Gastwirt für Verlust oder Beschädigung dieser Dinge nur bis zur Höhe eines Schadensbetrags von 1000 Mark. Doch haftet er für den vollen Schaden, wenn:

1. er die Wertsachen in Kenntnis ihrer Eigenschaft als Wertsachen — die Höhe des Wertes braucht ihm nicht bekannt zu sein — in spezielle Verwahrung nahm. Sie müssen also ihm oder seinen damit betrauten Leuten zum Zweck der Aufbewahrung ausgehändigt sein;

---

[1]) Über den vom Gesetz nicht definierten Begriff der höheren Gewalt vgl. Cosack I § 72, II, Dernburg II § 69, Crome I § 110, Endemann I § 115, Enneccerus I § 121, besonders aber Hölder zu § 208 Anm. 1.

2. er die Übernahme zur Aufbewahrung ablehnte, sei es allgemein durch Anschlag, sei es durch besondere Erklärung gegenüber dem einzelnen Gast. Der Wirt soll eben nicht die Möglichkeit haben, den Vorteil der Gastaufnahme unter Ablehnung der Haftpflicht hinzunehmen, sondern vor der Alternative stehen, entweder mit dem Vorteil auch das Risiko in den Kauf zu nehmen, oder beides auszuschlagen;

3. der Schaden von ihm oder seinen Leuten verschuldet wird. Es kommt hierfür gar nicht darauf an, ob er oder seine Leute die Eigenschaft der Wertsachen als solcher kannten. Auch haftet er für das Verschulden seiner Leute, selbst wenn ihn bei der Auswahl derselben kein Verschulden traf. § 831 findet also keine Anwendung.

V.

Das gesetzliche Pfandrecht des Gastwirts.

Das nach § 704 dem Gastwirt an den eingebrachten Sachen des Gastes gewährte gesetzliche Pfandrecht sichert sämtliche Forderungen des Wirtes für Wohnung und andere dem Gast zur Befriedigung seiner Bedürfnisse gewährte Leistungen, einschließlich der Auslagen (Porto, Fracht rc.). Dieselben verjähren in zwei Jahren (§ 196 Nr. 4).

Dies Pfandrecht steht im Allgemeinen unter denselben Grundsätzen, wie das gesetzliche Pfandrecht des Vermieters (§§ 559 Abs. 3, 560—563).

Es ergreift also nicht die dem Gast nicht gehörigen Illaten, auch nicht seine nach § 811 CPO. unpfändbaren Sachen. Auf die der Begleitung des Gastes, z. B. seinem Diener gehörigen Sachen erstreckt sich das Pfandrecht nicht.[1]) Denn gegen den Gast geht die durch das Pfandrecht gesicherte Forderung des Wirtes. Wie sollte sich der Wirt an die etwa von dem Diener mitgeführten Ersparnisse desselben halten können!

VI.

Haftpflicht der Transportanstalten.

Ähnlich scharfe Bestimmungen, wie sie nach Vorstehendem für die Gastwirte gelten, bestanden nach römischem und gemeinem Recht auch für die Stallwirte. Das BGB. hat dies beseitigt. Die Haftung der Transportanstalten zu Wasser und zu Lande für Verlust und Be-

[1]) A. M. Dernburg II § 353, VIII.

schädigung von Sachen der Reisenden ist durch das Binnenschiffahrtsgesetz vom 15. Juni 1895 (§§ 58 u. 77), das neue Handelsgesetzbuch (§ 456 konform § 701 BGB., §§ 465, 606, 673 Abs. 2, 675) und das Reichspostgesetz vom 28. Oktober 1871 § 6 geregelt.

Vierzehnter Titel.

Gesellschaft.

Knocke, Das Recht der Gesellschaft nach BGB., G. Fischer 1901. Gierke, Vereine ohne Rechtsfähigkeit, 2. Aufl. 1902. Derselbe, Das Wesen menschlicher Verbände, Leipzig 1902. Dernburg II §§ 355 ff. Cosack II §§ 275 ff. Enneccerus I §§ 307 ff. Crome II §§ 280 ff. Endemann I §§ 180 ff. Matthiaß I § 128. Windscheid-Kipp II §§ 405 ff.

I.
Begriff.

Die Gesellschaft ist die vertragsmäßige Vereinigung mehrerer Personen zur Förderung eines erlaubten gemeinsamen Zwecks durch gegenseitige Leistungen (§ 705).

Der zu erreichende Zweck braucht kein vermögensrechtlicher zu sein. Es können auch Gesellschaften zur Erreichung künstlerischer, wissenschaftlicher, politischer Zwecke eingegangen werden. Auch Vergnügungsgesellschaften sind häufig.

Die zu machenden Leistungen brauchen zwar nicht in Vermögensbeiträgen zu bestehen, wohl aber müssen sie Vermögenswert haben, weshalb auch Dienste geleistet werden können (§ 706). Werden lediglich nicht vermögenswerte Leistungen versprochen, z. B. Mehrere verpflichten sich gemeinschaftlich ein Buch zu lesen, Jemanden gesund zu beten, so liegt keine Gesellschaft im Rechtssinn vor.

Von dem nicht rechtsfähigen Verein, welcher ja auch die Vereinigung mehrerer Personen zur Erreichung oder Förderung eines gemeinsamen, erlaubten Zwecks ist, unterscheidet sich die Gesellschaft dadurch, daß sie nicht, wie jener, eine körperschaftliche Verfassung hat und grundsätzlich auf die Individualität der einzelnen Gesellschafter gegründet ist.

II.
Vertragsform.

Die Gesellschaft kann nur durch Vertrag begründet werden. Der Gesellschaftsvertrag erzeugt also nicht nur Verpflichtungen, sondern hat insofern auch dingliche Wirkung, als durch ihn sofort unter den Vertragschließenden die Gemeinschaft zur gesamten Hand entsteht. Ist der Vertrag nichtig und gleichwohl Vermögen zusammengebracht, so liegt eine Gemeinschaft (communio incidens) (§§ 741 ff.) vor. Einer bestimmten Form bedarf der Gesellschaftsvertrag an sich nicht. Soweit aber in dem Gesellschaftsvertrag Leistungen versprochen werden, zu denen man sich rechtsgültig nur in bestimmter Form verpflichten kann, ist die hierfür vorgeschriebene Form zu wahren (z. B. §§ 311, 312 Abs. 2 u. § 313). Die Verpflichtung, sein zukünftiges Vermögen ganz oder zu Bruchteilen in eine Gesellschaft einzuwerfen, ist nach § 310 nichtig.

III.
Die rechtliche Natur der Gesellschaft.[1])

Die Gesellschaft ist kein selbständiges Rechtssubjekt, kein rechtsfähiger Verein. Sie ist aber auch keineswegs ein nicht rechtsfähiger Verein, obwohl nach § 54 im Allgemeinen auf einen solchen Verein die Vorschriften über die Gesellschaft Anwendung finden sollen.[2]) Denn während bei dem nicht rechtsfähigen Verein die Mitglieder wechseln, ist die Gesellschaft im Wesentlichen gegründet auf die Individualität der einzelnen Gesellschafter. Deswegen kann kein Gesellschafter seine Mitgliedschaft auf einen anderen übertragen, auch nicht seine Ansprüche aus dem Gesellschaftsverhältnis, ausgenommen nur gewisse Ansprüche (§ 717).[3]) Dagegen ist die individualistische Auffassung des römischen Rechts hinsichtlich der Stellung der einzelnen Gesellschafter zu dem zusammengebrachten Vermögen nach dem Vorgange des preußischen ALR. (§§ 169 ff. I 17) und des Handelsgesetzbuchs (Art. 119—129) abgeschwächt durch die Anerkennung eines von dem Privatvermögen der einzelnen Gesellschafter getrennten gemeinschaftlichen Vermögens. Dasselbe wird gebildet durch die Forderungen auf Entrichtung der Beiträge (a. M. RG. 54, 306) und die entrichteten Beiträge, durch das mit der Geschäftsführung Erworbene, durch die dem Eigentum nach (quoad sortem) eingebrachten Sachen und durch die Nutzungsrechte an den zum Gebrauch (quoad usum) eingebrachten Gegenständen. Wird ein zum Gesellschaftsvermögen gehöriger Gegenstand zerstört, beschädigt oder entzogen, so tritt an seine Stelle der

---

[1]) Eschelbacher, Das Recht auf die Gesellschaftseinlagen (Diss.), Rostock 1902.

[2]) Der nicht rechtsfähige Verein hat halbe Parteifähigkeit (§ 50 Abs. 2 CPO.); die Gesellschaft auch das nicht einmal.

[3]) RG. 52, 36.

geleistete Ersatz oder der entstandene Ersatzanspruch. Wird auf Grund eines zum Gesellschaftsvermögen gehörigen Rechts etwas erworben (als Akzession, Frucht, Zins oder als Veräußerungserlös), so fällt auch dies in das Gesellschaftsvermögen (pretium succedit in locum rei et res in locum pretii) § 718 Abs. 2.[1]) Das Gesellschaftsvermögen gehört zwar den Gesellschaftern, aber nicht nach den Grundsätzen des römischen Miteigentums, sondern nach denen des deutschrechtlichen Eigentums zur gesamten Hand. Die Gesellschafter in ihrer Vereinigung sind berechtigt. Deshalb kann der einzelne Gesellschafter über seinen Anteil nicht verfügen, ihn nicht belasten oder veräußern oder seinen Gläubigern zur Befriedigung überlassen. Vielmehr steht die Verfügung über das Gesellschaftsvermögen oder über zu ihm gehörige Gegenstände nur den Gesellschaftern gemeinschaftlich zu (§ 719 Abs. 1). Paßt dem einzelnen Gesellschafter dies nicht, so kann er möglicherweise Auflösung der Gesellschaft verlangen, nicht aber ohne Auflösung Teilung des Gesellschaftsvermögens (§ 719 Abs. 2, vgl. §§ 723 ff.). Auch im Prozeß kann der einzelne Gesellschafter nicht selbständig auftreten, er kann nicht seinen Miteigentumsanteil, seinen Anteil an einer Gesellschaftsforderung klagend geltend machen. Tut er es doch, so steht ihm der Einwand der fehlenden Aktivlegitimation entgegen. Die Gesellschafter sind also in Aktivprozessen notwendige Streitgenossen.[2])

Da der Gesellschafter über seinen Anteil an einer Gesellschaftsforderung nicht verfügen kann, so kann er mit ihm auch nicht gegen eine an ihn gerichtete Forderung aufrechnen.

Zu dem Gesellschaftsvermögen im Sinne von nur gegen die Gesellschafter *gemeinschaftlich* gerichteten Forderungen gehören nicht die in Gesellschaftsangelegenheiten entstandenen Schulden.[3]) Gesellschaftsschulden in *diesem* Sinne gibt es nicht, da jeder Gesellschafter für sich gegenüber der Klage des Gesellschaftsgläubigers passiv legitimiert ist und regelmäßig mit seinem ganzen Vermögen haftet, da

---

[1]) Was die Gesellschafter *in eigenem Namen* ohne Andeutung des Gesellschaftsverhältnisses erwerben, wenn auch in der Absicht, das Erworbene solle Gesellschaftsvermögen sein, wird zunächst ihr Miteigentum. (RG. 54, 106).

[2]) Vgl. unter Nr. IV, 1.

[3]) Das preuß. ALR. kannte gemeinschaftliche Schulden in diesem Sinne. So waren für Nachlaßschulden die Miterben gemeinschaftlich verpflichtet, ebenso für Entrichtung der Vermächtnisse (§§ 127 I 17 u. 289 I 12). Auch gleich nahe Verwandte sind einem dürftigen Familienmitglied gemeinschaftlich unterhaltspflichtig (§ 20 II 3).

ferner auch wegen anderer als in Gesellschaftsangelegenheiten entstandener Schulden, z. B. aus einem gemeinschaftlich begangenen Delikt die Gesellschafter zusammen verklagt werden können (§ 736 CPO.). Wird durch Vertrag mit dem Gläubiger verabredet, daß er sich nur an das Gesellschaftsvermögen solle halten können, so wird dadurch keineswegs eine besondere Klasse von Gesamthandsschulden begründet, sondern lediglich die Haftung auf das Gesellschaftsvermögen beschränkt.

Dagegen wird man Haftung des Gesellschaftsvermögens zur gesamten Hand anerkennen müssen. Dieselbe greift aber nicht nur bezüglich der Gesellschaftsschulden, sondern überall Platz, wo sämtliche Gesellschafter als Gesamtschuldner verpflichtet sind. Gesamthandsverpflichtung gibt es also nicht,[1]) wohl aber Gesamthandshaftung.

Weil es für Gesellschaftsschulden keine Gesamthandsverpflichtung der Gesellschafter gibt, so sind die Gesellschafter, welche von einem Gläubiger zusammen verklagt werden, einfache Streitgenossen. War der Gläubiger vorher mit seiner Klage gegen den einen Gesellschafter rechtskräftig abgewiesen und klagt er nunmehr gegen sämtliche Gesellschafter, so steht ihm seitens seines früheren Gegners die Einrede der Rechtskraft entgegen und deshalb ist die Haftung des Gesellschaftsvermögens zur gesamten Hand in solchem Fall ausgeschlossen (§ 736). Erzielt er also gegenüber den übrigen Beklagten ein obsiegliches Urteil, so kann er lediglich in den Anteil eines jeden am Gesellschaftsvermögen die Zwangsvollstreckung betreiben (§ 725).

Weil es andererseits Gesamthandshaftung gibt, so können Forderungen, welche gegen alle Gesellschafter zustehen, einerlei, ob sie in Gesellschaftsangelegenheiten entstanden sind oder nicht, gegen Gesellschaftsforderungen aufgerechnet werden (vgl. das arg. e contr. § 719 Abs. 2). Der Kompensant befriedigt sich hier aus der zum Gesellschaftsvermögen gehörigen, gemeinschaftlichen Forderung der Gesellschafter.

IV.

Die Rechtsverhältnisse unter den einzelnen Gesellschaftern.

Dieselben werden in erster Linie durch den Gesellschaftsvertrag bestimmt.

1. Die Verpflichtungen der Gesellschafter untereinander sind folgende:

[1]) Auch nicht für Miterben. § 2059 Abs. 2 hat auch nur Gesamthandshaftung im Auge.

a) Sie haben die Erreichung des gemeinsamen Zwecks in der durch den Vertrag bestimmten Weise zu fördern. Kein Gesellschafter darf also dem Gesellschaftszweck zuwiderlaufende Handlungen vornehmen.

b) Jeder Gesellschafter hat die vereinbarten Beiträge zu leisten.

α. Dieselben können in Geld, Diensten, Einbringung von Sachen und Rechten bestehen. Die Einbringung kann behufs Eigentumsübertragung oder behufs Gebrauchsüberlassung erfolgen. Bei Einbringung vertretbarer oder verbrauchbarer Sachen besteht die Vermutung für Verschaffung gemeinschaftlichen Eigentums der Gesellschafter, ebenso bei anderen Sachen dann, wenn sie nach einer nicht bloß für die Gewinnbeteiligung bestimmten Schätzung, also namentlich als venditionis causa aestimatae res eingebracht wurden (§ 706 Abs. 2). Die von dem Gesellschafter geleisteten vertragsmäßigen Beiträge bilden seine Einlage (§ 733 Abs. 2).[1])

Ist über die Höhe der Beiträge keine Vereinbarung getroffen, so sind gleiche Beiträge zu leisten (§ 706 Abs. 1).

β. Der zur Einwerfung von Sachen oder Rechten quo ad sortem Verpflichtete haftet für Rechts- und Sachmängel des Eingeworfenen. Denn seine Veräußerung ist eine entgeltliche (§§ 445 u. 493).

γ. Die in die Gesellschaft quo ad sortem eingeworfenen Beiträge stehen zu Gefahr der Gesellschaft. Gehen sie durch Zufall unter, so kann ihre Ersetzung seitens dessen, der sie einbrachte, nicht verlangt werden. War die Einwerfung nur zum Zweck der Gebrauchsüberlassung erfolgt, so gilt das Gleiche, denn den Gegenstand der Beitragspflicht bildet nicht die Gewährung des Gebrauchs während der Gesellschaftsdauer (§ 732 S. 1 vgl. mit § 535 S. 1). Auch der Beitragende kann weder für zufälligen Abgang noch für zufällige Verschlechterung Ersatz verlangen (§ 732 S. 2).

d) Zur Erhöhung des vertragsmäßigen Beitrags ist kein Gesellschafter verpflichtet, ebensowenig zur Ergänzung der durch Verlust der Gesellschaft geminderten Einlage (§ 707); anders, wenn das Gegenteil im Vertrag festgesetzt war.

c) Jeder Gesellschafter hat Anteil am Gewinn und Verlust und zwar im Zweifel zu gleichen Teilen (§ 722). Es kann also etwas Anderes verabredet werden. Doch liegt keine Gesellschaft vor, wenn ein Gesellschafter nur am Verlust partizipieren

---

1) Vgl. jedoch Staub HGB. Exkurs zu § 122 Anm. 3.

soll (societas leonina). Denn aus der Gemeinsamkeit des Zwecks der Gesellschaft folgt, als dem Wesen der Gesellschaft entsprechend, die Anteilnahme jedes Gesellschafters am Zweck, der ja in Erzielung eines materiellen oder idealen Gewinns besteht.

Rechnungsabschluß sowie Verteilung von Gewinn und Verlust können erst nach Auflösung der Gesellschaft verlangt werden, bei längerer Gesellschaftsdauer aber im Zweifel (§ 721) am Schluß jedes Geschäftsjahres.

d) Jeder Gesellschafter ist zur Anwendung der Sorgfalt verpflichtet, die er in seinen eigenen Angelegenheiten anzuwenden pflegt (§ 708).

2. Die Gegenseitigkeit des Gesellschaftsvertrages. Nach § 705 verpflichten sich die Gesellschafter gegenseitig zur Förderung des gemeinsamen Zwecks und zur Leistung der versprochenen Beiträge. Damit ist nicht gesagt, daß der Gesellschaftsvertrag in dem Sinne ein gegenseitiger Vertrag sei, daß die Förderungs- und Beitragspflicht jedes einzelnen Gesellschafters in genetischem und funktionellem Abhängigkeitsverhältnis zu den entsprechenden Pflichten eines jeden der Mitgesellschafter stünde. Denn allerdings will im Zweifel der Einzelne nur verpflichtet sein, wenn auch jeder der Übrigen es ist. Aber der Einzelne verspricht nicht seine Leistung um der Leistung des Anderen willen, sondern jeder Einzelne verpflichtet sich dem Anderen, damit der gemeinschaftliche Zweck erreicht werde. Bei den gegenseitigen Verträgen verfolgt jeder Teil seine eigenen, von denen des Gegenkontrahenten abweichenden Interessen, beim Gesellschaftsvertrag verfolgen alle gemeinsame Interessen. Deswegen finden die Vorschriften der §§ 320ff. auf den Gesellschaftsvertrag keine Anwendung.[1]

Der Gesellschaftsvertrag ist nämlich gegenseitig höchstens im Sinne genetischer, er ist nicht gegenseitig im Sinne funktioneller Abhängigkeit der Leistungen der einzelnen Gesellschafter. Daraus ergibt sich:

a) Ist die dem einzelnen Gesellschafter obliegende Beitragsleistung von Anfang an unmöglich, so ist der Gesellschaftsvertrag nichtig (§§ 306 u. 139) —, soweit nicht die Absicht der übrigen Gesellschafter, deren Beiträge möglich waren, erhellt, gleichwohl eine Gesellschaft untereinander gründen zu wollen.

---

[1] Vgl. über diese Frage auch: Titze, krit. Vierteljahresschrift 1904 S. 841 bis 846 und Kisch, ebenda 1903 S. 564ff.

b) Das Gleiche gilt, wenn ein in der Geschäftsfähigkeit Beschränkter selbständig den Gesellschaftsvertrag einging und die Genehmigung des gesetzlichen Vertreters nicht erfolgt (§ 108).

c) Die Einrede des nicht erfüllten Vertrags gegenüber der Klage auf Förderung des Gesellschaftszwecks oder auf Leistung der Beiträge ist nicht zulässig.[1]) Denn ihre Zulassung würde der Erreichung des Gesellschaftszwecks geradezu hinderlich sein. Es ist recht gut möglich, daß der Beitrag des Beklagten vor der Hand allein den Gesellschaftszweck zu fördern imstande ist. Das Gleiche gilt von der Einrede des Zurückbehaltungsrechtes. Sie ist nach § 273 Abs. 1 nur zulässig, sofern nicht aus dem Schuldverhältnis sich ein anderes ergibt. Letzteres trifft aber beim Gesellschaftsvertrag zu.

Auch wenn der Gesellschaftsvertrag nur zwischen zwei Gesellschaftern geschlossen ist, zessiert gegenüber der Klage des einen auf Leistung des Beitrags die Einrede des nicht erfüllten Vertrags oder des Zurückbehaltungsrechtes. Der Beklagte muß seinerseits leisten, kann aber Widerklage auf die rückständigen Beiträge des Klägers erheben.

d) Wird nachträglich die Leistung des einen Gesellschafters unmöglich, so kommt lediglich § 723 Abs. 1 S. 2 und möglicherweise § 726 zur Anwendung, auch wenn der Leistungspflichtige die nachträgliche Unmöglichkeit zu vertreten hat. Doch ist in diesem Fall der Leistungspflichtige auch schadensersatzpflichtig. Wird durch Schuld eines Dritten oder eines anderen Gesellschafters der Beitrag unmöglich, so ist der Schädiger dem Geschädigten zum Schadensersatz verpflichtet. Letzterer aber hat diesen Anspruch nach § 281 an die Gemeinschaft der Gesellschafter abzutreten. Das Kündigungsrecht des § 723 Abs. 1 S. 2 und möglicherweise die Anwendung von § 726 bleiben unberührt.

Die Gegenseitigkeit der Verpflichtungen auch im Sinne nur genetischer Abhängigkeit bezieht sich nur auf Förderung des Gesellschaftszwecks und Leistung der Beiträge, nicht auf besondere Pflichten einzelner Gesellschafter, z. B. Geschäftsführungs- und Rechnungs- bezugspflichten.

3. Die Geschäftsführungsbefugnis und Vertretungsmacht. Beide sind wohl zu unterscheiden. Die Vertretungsmacht (§§ 709 u. 715) ist die Befugnis, für die Gesellschafter dritten Personen gegenüber rechtswirksam zu handeln (§ 714). Im Zweifel

---

[1]) Ihre Eliminierung erreicht man nicht dadurch, daß man in dem Gesellschaftsvertrag einen Vertrag zu Gunsten eines Dritten — der Gemeinschaft der Gesellschafter — erblickt. Denn auch gegenüber der Klage der Gemeinschaft würde die Einrede, daß ein Mitglied noch nicht erfüllt habe, gemäß § 334 zulässig sein.

liegt in der Befugnis zur Geschäftsführung auch die Vertretungsmacht. Doch kann dieselbe dem geschäftsführenden Gesellschafter entzogen und einem nicht zur Geschäftsführung befugten Gesellschafter oder auch einem Dritten eingeräumt sein.

Die Geschäftsführung ist Anordnung und Vornahme der im Rahmen des bestehenden Gesellschaftsverhältnisses erforderlichen Geschäfte, seien dieselben tatsächlicher oder rechtlicher Natur, z. B. Beitreibung der von dem einzelnen Gesellschafter geschuldeten Beiträge. Die Geschäftsführung mit Vertretungsmacht umfaßt auch den Abschluß von Rechtsgeschäften mit Dritten und die Prozeßführung mit ihnen.[1]) Außerhalb des Rahmens der bestehenden Gesellschaft liegt aber die Abänderung ihrer Grundlage, des Gesellschaftsvertrags, die Aufnahme neuer Mitglieder, der Beschluß zur Auflösung der Gesellschaft.

a) Der Gesellschaftsvertrag — auch der ordnungsmäßig geänderte — kann die Befugnis zur Geschäftsführung regeln, indem dieselbe entweder einem oder mehreren Gesellschaftern übertragen und weiter bestimmt wird, daß entweder jeder der geschäftsführenden Gesellschafter selbständig innerhalb seines Ressorts oder ohne nähere Begrenzung des Geschäftskreises zu handeln befugt sein soll. Im letzteren Fall muß das Geschäft unterbleiben, sobald einer der geschäftsführenden Gesellschafter Widerspruch erhebt (§ 711).

Doch kann auch im Gesellschaftsvertrag die bindende Kraft von Majoritätsbeschlüssen — im Zweifel: Kopfmajorität — bestimmt werden (§ 709 Abs. 2).

b) Enthält der Gesellschaftsvertrag keine Bestimmung, so steht die Geschäftsführungsbefugnis sämtlichen Gesellschaftern gemeinschaftlich zu. Hier ist dann für jedes Geschäft die Zustimmung aller Gesellschafter erforderlich (§ 709 Abs. 1). Verweigert also ein Gesellschafter seine Zustimmung, so muß das Geschäft unterbleiben. Doch kann grundlose Weigerung zur Schadensersatzpflicht führen (§ 708), auch zu einer Klage auf Erteilung der Zustimmung, falls durch die Verweigerung die Erreichung des Gesellschaftszwecks beeinträchtigt werden würde (§ 705 u. § 894 CPO.).

---

[1]) Hellwig Anspruch S. 199 bestreitet letzteres. Denn §§ 714—715 bezögen sich nur auf Rechtsgeschäfte. Soll also der von der Vertretung durch Übertragung der Vertretungsmacht an die Anderen ausgeschlossene Gesellschafter befugt sein, an der Prozeßführung sich zu beteiligen, während er vielleicht nicht das geringste materielle Rechtsgeschäft abschließen darf? Dafür fehlt jeder innere Grund. Daß auch der von der Vertretung ausgeschlossene Gesellschafter Partei bleibt, ist selbstverständlich.

c) Das Verhältnis zwischen dem geschäftsführenden oder mit Vertretungsmacht betrauten Gesellschafter und den übrigen Gesellschaftern ist kein Auftragsverhältnis, sondern beruht auf dem Gesellschaftsvertrag. Daraus ergibt sich:

Die Geschäftsführungs- oder Vertretungsbefugnis des Gesellschafters kann nicht willkürlich widerrufen werden (§ 712 Abs. 1), sondern nur aus wichtigem Grunde; er haftet nur für die Sorgfalt, welche er in eigenen Angelegenheiten anzuwenden pflegt; es kann ihm Honorar für seine Mühewaltung zugebilligt werden; er macht seine Ansprüche aus der Geschäftsführung nicht mit der actio mandati contraria, sondern mit der actio pro socio geltend und muß also, wenn disponibles Gesellschaftsvermögen nicht da ist, mit der Beitreibung bis zum Rechnungsabschluß und der Verteilung von Gewinn und Verlust warten (§ 721). Auch an die Weisungen der nicht geschäftsführenden Gesellschafter ist er nicht gebunden, wenn es nicht im Gesellschaftsvertrag festgesetzt ist (vgl. dagegen § 665).[1])

Immerhin sollen (§ 713), soweit sich nicht aus dem Gesellschaftsverhältnis ein Anderes ergibt, Rechte und Verpflichtungen der geschäftsführenden Gesellschafter sich nach den für den Auftrag geltenden Vorschriften der §§ 664—670 richten.

Danach fehlt dem geschäftsführenden Gesellschafter im Zweifel die Substitutionsbefugnis; doch darf er, selbst wenn der Gesellschaftsvertrag ihn an die Weisungen der übrigen Gesellschafter binden sollte, von diesen Anweisungen abweichen, falls er nach den Umständen Billigung der Abweichung erwarten darf; danach muß er auf Verlangen Auskunft erteilen und Rechnung legen, das Vereinnahmte herausgeben, das für sich verwendete Geld verzinsen. Auch hat er das Recht auf Vorschußerteilung und Ersatz seiner Aufwendungen wie ein Beauftragter.

Geschäftsführungs- und Vertretungsmacht sind aus wichtigen Gründen entziehbar (§§ 715 u. 712 Abs. 1). Ist die Vertretungsmacht in Verbindung mit der Geschäftsführungsbefugnis erteilt, so kann sie nur mit dieser entzogen werden. Die Entziehung verlangt Einstimmigkeit, oder, wenn Mehrheitsbeschlüsse im Gesellschaftsvertrag vorgesehen sind, Stimmenmehrheit der Übrigen (§ 712 Abs. 1). — Auch der mit der Geschäftsführung betraute Gesellschafter darf aus

---

[1]) Nach § 710 sind zwar die übrigen Gesellschafter von der Geschäftsführung ausgeschlossen. Doch kann dies nur gelten, insoweit der Gesellschaftsvertrag nicht etwas Anderes bestimmt.

wichtigen Gründen kündigen, wie ein Beauftragter (§ 712 Abs. 2). Dasselbe muß hinsichtlich der Vertretungsmacht gelten.[1])

V.

Die Rechtsverhältnisse der Gesellschaft zu dritten Personen.

Damit zwischen den Gesellschaftern und einem Dritten Forderungen und Schulden entstehen, müssen entweder sämtliche Gesellschafter in Person oder durch ihre befugten offenen Vertreter mit dem Dritten verhandelt haben, oder es muß ein gesetzlicher Grund vorliegen, der sämtliche Gesellschafter verpflichtet. Auch durch Vermächtnis können sämtliche Gesellschafter berechtigt oder verpflichtet sein. Unter dieser Voraussetzung werden die Gesellschafter — nicht die Gesellschaft, denn sie ist kein Rechtssubjekt — gegen den Dritten unmittelbar berechtigt und auch verpflichtet, jedoch mit einem wesentlichen Unterschied:

1. Die danach erworbene Forderung gehört zum Gesellschaftsvermögen. Gemäß des Grundsatzes der Berechtigung zur gesamten Hand ist also der Satz: „nomina sunt ipso iure divisa" ausgeschlossen.[2]) Bei Einklagung der Forderung sind sämtliche Gesellschafter Partei. Der mit Vertretungsmacht ausgestattete Gesellschafter vertritt dabei die übrigen. Er entscheidet auch darüber, ob die Klage angestellt werden soll, soweit die Ermächtigung zur Vertretung nicht Einschränkungen enthält. Die Vertretungsmacht beruht auf Rechtsgeschäft.[3]) Innerhalb der dadurch gezogenen Grenzen ist der vertretende Gesellschafter dispositionsberechtigtes Subjekt im Prozeß. An ihn kann auch gültig die Klage zugestellt werden (§ 173 CPO.). Daß die Eide nicht von ihm, in Vertretung der übrigen Gesellschafter zu schwören sind, sondern von allen prozeßfähigen Gesellschaftern und den gesetzlichen Vertretern der nicht prozeßfähigen, folgt daraus, daß es keine gewillkürte Stellvertretung in der Eidesleistung gibt.

Gemeinschaftliche Forderungen kann der Schuldner nur durch Leistung an die Gemeinschaft oder an den zur Empfangnahme der Leistung Legitimierten tilgen. Ob aber die auf eine teilbare Leistung

---

[1]) § 715 sagt davon nichts. Doch scheint dies auf einem Versehen zu beruhen. Nach § 638 Abs. 2 E. I war der Gesellschafter überhaupt nicht berechtigt, sich der im Vertrag übernommenen Geschäftsführung zu entziehen; er erhielt dies Recht erst durch § 652 Abs. 2 E. II. Wahrscheinlich ist die danach notwendig gewordene Erweiterung des Kündigungsrechts auf den Fall der Vertretungsmacht übersehen.

[2]) Vgl. die Ausführungen unter III.

[3]) So richtig Hellwig, Anspruch S. 199.

gerichtete Forderung eine Gesellschafts- und also gemeinschaftliche Forderung ist, kann der Schuldner vielfach nicht wissen; so namentlich nicht, wenn die Gesellschafter zwar gemeinschaftlich kontrahiert, aber dabei ihre Eigenschaft als Gesellschafter nicht hervorgehoben haben.[1]) In solchen Fällen braucht der Schuldner die Zugehörigkeit der Forderung zum Gesellschaftsvermögen erst dann gegen sich gelten zu lassen, wenn er sie kennt (§ 720). Bis dahin zahlt er also gültig jedem Gesellschafter seinen Anteil, rechnet er gültig gegen denselben mit einer ihm zustehenden Gegenforderung auf, kontrahiert er gültig mit ihm über dessen Anteil, prozessiert er mit bindender Kraft für die Übrigen mit dem Einen, schließt er das Zahlungsgeschäft oder ein sonstiges Rechtsgeschäft gültig mit dem Zessionar des abgetretenen Teils und prozessiert auch mit ihm über denselben unter verbindlicher Wirkung für die Übrigen.

2. Die Schulden der Gesellschafter bilden zwar auch einen Bestandteil des Gesellschaftsvermögens, wie bei der Auseinandersetzung zutage tritt, aber sie sind nicht gemeinsam; vielmehr haften alle Gesellschafter gemäß §§ 427 u. 431 regelmäßig als Gesamtschuldner. Für Erfüllung gesetzlicher Verpflichtungen, welche auf eine teilbare Leistung gerichtet sind (z. B. wegen ungerechtfertigter Bereicherung oder gegenüber dem unbeauftragten Geschäftsführer) haften die Gesellschafter nach § 420 nur anteilsweise.

In beiden Fällen kann auch gegen alle Gesellschafter als einfache Streitgenossen Klage erhoben werden, um nach Erlangung eines gegen alle Gesellschafter erlassenen Urteils unmittelbar in das Gesellschaftsvermögen die Zwangsvollstreckung betreiben zu können (§ 736 CPO.).[2])

Gesellschaftsschulden, d. h. Schulden innerhalb der Gesellschaftsangelegenheiten sind es nicht, wenn die Gesellschafter zusammen (§ 840) oder ein von den Gesellschaftern mit der Vertretungsmacht Betrauter bei Vornahme der ihm zustehenden Verrichtung einem Dritten widerrechtlich Schaden zugefügt haben und bei Auswahl des Vertreters ein Verschulden obgewaltet hat (§ 831). Doch kommt auch hier § 736 CPO. zur Anwendung.

---

[1]) Hierher gehört auch der Fall, daß ein Gesellschafter eine ihm zustehende Forderung als Beitrag zum Gesellschaftsvermögen beigesteuert hat.

[2]) Über Befriedigung aus dem Anteil eines Beklagten aus dem Gesellschaftsvermögen, vgl. oben II a. E.

VI.

Ausscheiden und Eintreten von Gesellschaftern.[1])

Davon kann man nur reden, wenn unbeschadet des Ausscheidens alter und des Eintritts neuer Gesellschafter die Gesellschaft fortdauert. Nach gemeinem Recht war dies unmöglich. Ausscheiden führte zur Endigung der Gesellschaft, Eintreten zur Begründung einer neuen Gesellschaft. Denn die Gesellschaft beruhte durchaus auf der Individualität der einzelnen Mitglieder. Das BGB. hat diesen Standpunkt im Allgemeinen festgehalten, jedoch aus praktischen Gründen Ausnahmen zugelassen.

1. Kündigung seitens eines Gesellschafters, Tod eines Gesellschafters oder Konkurseröffnung über sein Vermögen beendigen die Gesellschaft nicht, wenn dies im Gesellschaftsvertrag bestimmt ist (§ 736). Dasselbe gilt von der Ausschließung eines Gesellschafters durch einstimmigen Beschluß der Übrigen, doch ist ein solcher Beschluß nur zulässig, falls im Gesellschaftsvertrag das Fortbestehen der Gesellschaft trotz Kündigung seitens eines Gesellschafters vorgesehen war und ein wichtiger Kündigungsgrund vorliegt (§§ 737 u. 723 Abs. 1 S. 2).

In diesen Fällen entsteht nicht eine neue Gesellschaft unter den Zurückbleibenden, sondern die alte Gesellschaft bleibt bestehen. Dementsprechend wächst der Anteil des ausscheidenden Gesellschafters den übrigen Gesellschaftern an und muß deshalb auch bei Gesellschaftsgrundstücken die Löschung seines Namens im Grundbuch herbeigeführt werden (§ 738) denn sonst wäre das Grundbuch unrichtig.

Daneben aber erzeugt das Ausscheiden des einzelnen Gesellschafters folgende Verpflichtungen der Gesellschafter gegen ihn:

a) zur Rückgabe der von ihm zum Gebrauch eingebrachten Gegenstände (§ 732);

b) zur Befreiung von den Gesellschaftsschulden. Denn den Gläubigern haftet der ausscheidende Gesellschafter für die zur Zeit seines Austrittes vorhandenen Gesellschaftsschulden weiter. Gesellschaftsschulden sind aber die aus Anlaß des Gesellschaftsbetriebes für alle Gesellschafter als solche begründeten Schulden, einschließlich derjenigen, für welche einem Gesellschafter die Übrigen — und unter

---

[1]) Knocke i. Arch. f. b. R. Bd. 20, 170—183. Francke i. D. R. Bd. 6, 415—417, auch Aal i. J. W. Bd. 32, 393—395.

ihnen der ausscheidende — in ihrer Eigenschaft als Gesellschafter verhaftet sind. Sind darunter noch nicht fällige Schulden, so hat der Ausscheidende nur das Recht auf Sicherstellung zukünftiger Befreiung (§ 738 Abs. 1 a. E.);

c) zur Auszahlung dessen, was er bei der Auseinandersetzung erhalten würde, wenn zur Zeit seines Ausscheidens die Gesellschaft beendigt wäre (§ 738 Abs. 1 S. 2). Zu diesem Zwecke ist der Wert des Gesellschaftsvermögens durch Schätzung (§ 738 Abs. 2) und auch die vorhandene Schuldenlast zu ermitteln. Stellt sich bei der danach gezogenen Bilanz heraus, daß das Gesellschaftsvermögen zur Deckung der Gesellschaftsschulden aus den Einlagen nicht ausreicht, so hat der ausscheidende Gesellschafter nach Verhältnis seines Anteils am Verlust zur Deckung dieses Fehlbetrages beizutragen (§ 739).

Die noch schwebenden Geschäfte der Gesellschafter bleiben bei dieser Berechnung zunächst außer Ansatz. Sind sie aber von den zurückbleibenden Gesellschaftern selbständig zu Ende geführt, so partizipiert der Ausgeschiedene nach Verhältnis seines Anteiles als früherer Gesellschafter an dem etwaigen Gewinn oder Verlust. Die Regulierung dieser Beteiligung am Gewinne erfolgt am Schluß des Geschäftsjahres, während die anteilsweise Deckung des etwaigen Verlustes sofort zu bewirken ist. Wegen des danach obwaltenden Interesses des Ausgeschiedenen am Ausgang der schwebenden Geschäfte hat derselbe das Recht auf Auskunftserteilung und Rechenschaftsablegung am Ende jedes Geschäftsjahres (§ 740).

Eine direkte Haftung des ausgeschiedenen Gesellschafters für die nach seinem Austritt aus abgewickelten Geschäfte entstandenen Forderungen Dritter gegenüber diesen Dritten besteht nicht. Denn das Geschäft ist ein Gesellschaftsgeschäft und der Ausgeschiedene war zur Zeit der Entstehung der Forderung nicht mehr Gesellschafter.

2. Der Gesellschaftsvertrag oder ein Nachtrag zu ihm kann bestimmen, daß beim Tode eines Gesellschafters seine Erben in die Gesellschaft eintreten sollen. In diesem Fall wird die Gesellschaft durch den Tod des Gesellschafters nicht aufgelöst (§ 727 Abs. 1). Die überlebenden Gesellschafter setzen mit den Erben des verstorbenen die alte Gesellschaft fort (Mot. II S. 623 und Prot. II S. 439). Die Erben sind dann an dem Gesellschaftsvermögen gerade so beteiligt, wie ihr Erblasser es war. Sie haften zugleich als Erben eines Gesellschafters für die Gesellschaftsschulden in ganz gleicher Weise, wie ihr Erblasser, also nicht nur mit dem Gesellschafts- sondern

auch mit dem ererbten sonstigen Vermögen. Sie haften auch mit ihrem eigenen Vermögen, können jedoch diese Haftung auf die Mittel des ererbten Vermögens gemäß der Grundsätze über die Erbenhaftung beschränken. Für die nach ihrem Eintritt neu entstandenen Schulden haften sie regelmäßig unbeschränkt.

Bestritten ist, ob man nach Analogie des § 727 und der Vorschriften über die Fortdauer der Gesellschaft trotz Ausscheidens einzelner Mitglieder (vgl. Nr. 1) allgemein den Eintritt eines weiteren Mitgliedes in eine Gesellschaft zulassen dürfe, wenn der Gesellschaftsvertrag oder ein Nachtrag dies vorsieht. Die Frage ist zu bejahen.[1]) Der neu Eintretende tritt hinsichtlich des aktiven Gesellschaftsvermögens in das Gesamthandsverhältnis ein. Für die zur Zeit seines Eintritts vorhandenen Gesellschaftsschulden haftet er mit dem ihm angewachsenen Anteil, nicht aber mit seinem Privatvermögen; doch kann er durch Schuldübernahmevertrag oder durch Vertrag zugunsten der Gläubiger eine weitgehende Haftung überkommen. Für die nach seinem Eintritt entstandenen Schulden haftet er auch mit seinem Privatvermögen.

VII.

Die Endigung der Gesellschaft.

Die Endigungsgründe sind:

1. Zeitablauf oder Eintritt einer auflösenden Bedingung (§ 723);

2. Erreichung oder Unmöglichwerden des Gesellschaftszwecks (§ 726);

3. Tod eines Gesellschafters,[2]) Konkurseröffnung über sein Privatvermögen, Kündigung seitens eines Gesellschafters, es müßte denn im Gesellschaftsvertrag oder einem Nachtrag dazu für einen dieser Fälle das Fortbestehen der Gesellschaft vorgesehen sein (§§ 727, 728 u. 736).[3]) Das Recht zur Kündigung ist unverzichtbar (§ 723 Abs. 3).

Wird gekündigt, so muß die Kündigung an jeden Mitgesellschafter erfolgen. Kündigung an den geschäftsführenden Gesellschafter genügt nicht, weil seine Geschäftsführungsbefugnis sich nicht auf die für Auflösung der Gesellschaft erforderlichen Schritte erstreckt. Zur Kündigung befugt ist jeder Gesellschafter, aber auch der Privat-

---

[1]) Gierke: Vereine ohne Rechtsfähigkeit 1902 S. 25 ff., wo auch die Literatur verzeichnet ist.

[2]) Entmündigung eines Gesellschafters gibt nur einen Kündigungsgrund.

[3]) Vgl. oben Nr. VI.

gläubiger eines Gesellschafters, vorausgesetzt, daß er dessen Gesellschaftsanteil auf Grund definitiv vollstreckbaren Schuldtitels hatte pfänden lassen (§ 725).

Kündigungsgründe sind nur dann erforderlich, wenn die Zeitdauer der Gesellschaft im Gesellschaftsvertrag bestimmt ist. Hier kann aus wichtigen Gründen (z. B. vorsätzliche oder grob fahrlässige Verletzung wesentlicher Verpflichtungen, Unmöglichkeit der Erfüllung einer wesentlichen Verpflichtung eines anderen Gesellschafters, Geisteskrankheit 2c.) vorzeitig und, selbst wenn im Vertrag eine Kündigungsfrist festgesetzt war, fristlos gekündigt werden (§ 723 Abs. 1 S. 2). Eine grundlose Kündigung ist wirkungslos. In anderen Fällen, namentlich, wenn die Gesellschaft auf unbestimmte Zeit oder auf Lebenszeit eines Gesellschafters eingegangen war,[1]) sind Kündigungsgründe nicht erfordert (§§ 723 S. 1 u. 724).

Selbst die unzeitgemäße Kündigung, d. h. so plötzliche Kündigung, daß die Gesellschafter nicht imstande sind, für die erforderlichen Geschäfte rechtzeitig vorzusorgen, beendigt die Gesellschaft, verpflichtet aber den ohne wichtigen Grund Kündigenden zum Schadensersatz (§ 723 Abs. 2).

Sämtliche erwähnte Endigungsgründe der Gesellschaft, mit Ausnahme der Kündigung, welche ja ohnehin auch von dem Geschäftsführenden geschehen muß, wirken dem geschäftsführenden oder vertretungsbefugten Gesellschafter gegenüber erst dann, wenn er von ihnen weiß oder wissen muß (§§ 729 u. 169). Er kann also nicht haftbar gemacht werden, wenn er, der Auflösung schuldlos unkundig, noch in Gesellschaftsangelegenheiten gehandelt hat. Dem Dritten, mit welchem der Gesellschafter kontrahiert, kommt die Fiktion der Fortdauer der Geschäftsführungsbefugnis oder Vertretungsmacht nicht zugute, wenn er die Auflösung der Gesellschaft kennt oder durch eigene Schuld nicht kennt.

VIII.

Die Auseinandersetzung bezüglich des Gesellschaftsvermögens.

Auch nach der Beendigung gilt die Gesellschaft, ähnlich wie die offene Handelsgesellschaft in Liquidation, noch für den Auseinandersetzungszweck als fortbestehend. Die Verwaltung des Vermögens, die Beendigung schwebender Geschäfte, die zu diesem Zweck erforderliche

[1]) Auch die stillschweigende Fortsetzung einer Gesellschaft ohne Widerspruch eines Gesellschafters nach Ablauf der Vertragszeit gilt auf unbestimmte Dauer.

Eingehung von neuen Geschäften muß also noch bewirkt werden können. Dagegen erlischt im Zweifel die Vertretungs- und Geschäftsführungsbefugnis der nach dem Gesellschaftsvertrag dazu befugten Gesellschafter. Sämtliche Gesellschafter haben also die Liquidation gemeinschaftlich zu bewirken.

Über die Art der Auseinandersetzung entscheidet zunächst die Vereinbarung der Gesellschafter; ohne solche geht die Auseinandersetzung nach folgenden Regeln vor sich:

1. Zunächst werden die nur zum Gebrauch eingebrachten Sachen abgesondert und die zum Gesellschaftsvermögen gehörenden Sachen und Rechte ermittelt (§ 732).

2. Das Ermittelte dient in erster Linie zur Deckung der gemeinschaftlichen[1]) Schulden, zu denen auch die Ansprüche der Gesellschafter aus ihrer Geschäftsführung gehören. Für noch nicht ällige oder streitige Ansprüche wird der erforderliche Betrag reserviert (§ 733 Abs. 1).

3. In zweiter Linie werden die ins Eigentum der Gesellschafter gebrachten Einlagen befriedigt und zwar nach dem Geldwert zur Zeit der Einbringung. Der Einlageberechtigte ist also weder berechtigt noch verpflichtet zur Rücknahme seiner Einlage in natura (§ 733 Abs. 2).

4. Sind zur Deckung der unter 2 u. 3 erwähnten Schulden genügende Barmittel nicht vorhanden, so ist das Gesellschaftsvermögen, soweit erforderlich, zu Gelde zu machen (§ 733 Abs. 3).

5. Der dann noch verbleibende Rest wird unter die Gesellschafter nach Verhältnis ihrer Anteile am Gewinn verteilt. Die Teilung erfolgt, soweit möglich, in Natur. Soweit Naturalteilung nicht durchführbar ist, wird nach den Regeln des Pfandverkaufs verkauft oder bei Grundstücken Zwangsversteigerung vorgenommen und der Erlös geteilt (§§ 734 u. 753 mit 731).

6. Stellt sich bei der Auseinandersetzung Verlust heraus, so haben die Gesellschafter zu seiner Deckung nach Verhältnis ihrer Anteile am Verlust zuzuschießen, wobei für den von dem einen oder anderen Gesellschafter nicht beitreibbaren Teil die übrigen nach Verhältnis ihrer Anteile haften (§ 735).

---

[1]) Es sind die auf gemeinschaftlichem Grunde (Vertrag, ungerechtfertigte Bereicherung rc.) beruhenden und die Angelegenheiten der Gesellschaft berührenden Schulden.

Fünfzehnter Titel.

Gemeinschaft.

von Seeler, Miteigentum, 1899. Joerges, Zur Lehre vom Miteigentum i. Z. f. H. Bd. 49, 140. Kohler, Gemeinschaften mit Zwangsteilung i. Arch. f. c. Pr. Bd. 91, 309ff. Dernburg II §§ 868ff. Cosack II §§ 271ff. Enneccerus I §§ 815ff. Crome II §§ 286ff. Endemann I § 182. Matthiaß I § 139. Windscheid-Kipp II § 449, bes. S. 879—884.

I.
Begriff.

Eine Gemeinschaft liegt dann vor, wenn ein Recht (Eigentum oder sonstiges Recht, auch Forderungsrecht [§ 432]) mehreren gemeinschaftlich zusteht, ohne daß ein Gesellschaftsvertrag zugrunde liegt. Diese Gemeinschaft ist regelmäßig eine solche nach Bruchteilen (§§ 741 u. 1008). Doch gibt es auch Gemeinschaften zur gesamten Hand (eheliche Gütergemeinschaft, Miterbengemeinschaft), deren Besprechung aber in das Familien- und Erbrecht gehört.

Die Entstehungsgründe einer Gemeinschaft nach Bruchteilen sind zahlreich, z. B. Zusammenbringung von Vermögen auf Grund nichtigen Gesellschaftsvertrags, Vermächtnis an mehrere gemeinschaftlich (§ 2153), Schatzfund in einer fremden Sache (§ 984); weitere Fälle: §§ 921, 923, 947 ff., 963.

II.
Die Rechtsverhältnisse in der Gemeinschaft.

1. Nach dem Vorbild der römischen communio pro partibus indivisis hat jeder Teilhaber die selbständige Verfügung über seinen Bruchteil (§ 747 S. 1). Er kann ihn verpfänden, sonst belasten, veräußern und es ist den übrigen Teilhabern nicht einmal ein gesetzliches Vorkaufsrecht eingeräumt.[1]) Im Zweifel sind die Bruchteile der einzelnen Teilhaber gleich groß (§ 742). Die Verfügung über den gemeinschaftlichen Gegenstand im Ganzen steht nur allen Teilhabern gemeinschaftlich zu (§ 747 S. 2).

2. Die Teilhaber sind verpflichtet, einander den Mitbesitz zu gewähren, ebenso einen entsprechenden Teil der Früchte (§ 743). Den Mitgebrauch des gemeinschaftlichen Gegenstandes müssen sie einander gestatten (§ 743 Abs. 2).

---

[1]) Anders das preußische ALR. §§ 61 ff. I 17.

3. Die **Verwaltung** des gemeinschaftlichen Gegenstandes hat durch die Teilhaber **gemeinschaftlich** zu erfolgen. Nur die zur physischen oder wirtschaftlichen Erhaltung des Gegenstandes erforderlichen Maßregeln kann jeder Teilhaber selbständig treffen (§ 744).

Da sonach die Verwaltung durch den Widerspruch jedes Teilhabers gelähmt werden kann, so läßt das Gesetz im Gegensatz zum römischen Recht, aber im Anschluß an das preußische ALR. **Majoritätsbeschlüsse** über eine der Beschaffenheit des gemeinschaftlichen Gegenstandes entsprechende **Verwaltung und Benutzung** zu; die Stimmenmehrheit berechnet sich nach der Größe der Anteile (§ 745 Abs. 1). Ein solcher Beschluß bindet dann nicht nur die Teilhaber, sondern auch ihre Sondernachfolger (§ 746); doch ist dazu bei Grundstücken die Eintragung des Beschlusses im Grundbuch erforderlich (§ 1010 Abs. 1). **Immerhin darf der Beschluß**, um bindend zu sein, **nicht gerichtet sein auf**:

a) eine wesentliche physische oder wirtschaftliche Veränderung des gemeinschaftlichen Gegenstandes; oder

b) eine Beeinträchtigung des dem Einzelnen zustehenden Bruchteils der Nutzungen (§ 745 Abs. 3).

Läßt sich ein Mehrheitsbeschluß, z. B. wegen Stimmengleichheit, nicht erzielen, so hat jeder Teilhaber Anspruch auf eine dem Interesse Aller nach billigem Ermessen entsprechende Verwaltung und Benutzung (§ 745 Abs. 2).

4. Die **Lasten** des gemeinschaftlichen Gegenstandes sowie die **Kosten der Erhaltung, Verwaltung und gemeinschaftlichen Benutzung** tragen die Gemeinschafter nach Verhältnis ihrer Anteile. Jeder ist also dem Anderen verpflichtet, die dafür erforderlichen Beiträge anteilsweise zu leisten, oder, wenn sie ein anderer Teilhaber leistete, diesem zu erstatten (§ 748).

5. Jeder Teilhaber haftet dem anderen für Fahrlässigkeit schlechthin (§§ 276 und 278).

III.

Die Rechtsverhältnisse nach Außen.

Die Gemeinschaft als solche kann, da keine Gemeinschaft zur gesamten Hand besteht, weder verpflichtet, verhaftet noch berechtigt werden. Die etwa entstehenden Schulden (z. B. wegen Reparatur der gemeinschaftlichen Sache) sind, wie bei der Gesellschaft, solche der einzelnen Gemeinschafter; doch fehlt hier die Gesamthandshaftung mit dem gemeinschaftlichen Gegenstand. Jeder Gemeinschafter haftet mit seinem ganzen Vermögen, zu welchem auch sein Bruchteil an dem Gemeinschaftsgegenstand gehört. In diesen Bruchteil kann sein Gläubiger auch selbständig die Zwangsvollstreckung[1]) betreiben, ohne die Teilung unter den Gemeinschaftern herbeiführen zu müssen. Doch ist er dazu berechtigt (§ 751 S. 2), wenn er einen definitiv vollstreckbaren Schuldtitel besitzt.

Ob die Verpflichtung der Gemeinschafter eine solidarische oder proratarische ist, richtet sich nach der Natur der Schuld. Ist die Schuld durch Vertrag der Gemeinschafter entstanden, so haften die Gemeinschafter solidarisch (§ 427). Beruht die Schuld auf Gesetz (ungerechtfertigte Bereicherung oder Geschäftsführung ohne Auftrag), so haften die Gemeinschafter nach Verhältnis ihrer Anteile (§ 420).

Die zu der Vermögensgemeinschaft gehörigen Forderungen sind bei Teilbarkeit der Leistung selbst geteilt, bei Unteilbarkeit stehen sie den Mitgliedern der Vermögensgemeinschaft gemeinschaftlich zu (§ 432).

IV.

Die Klagerechte der Gemeinschafter.

1. Als selbständiger Herr seines Bruchteils kann jeder Teilhaber denselben auch gerichtlich geltend machen. Als Miteigentümer kann er auf Feststellung seines Miteigentums, als Mitbesitzer auch wegen Besitzstörung oder Entziehung klagen und es stehen ihm diese Klagerechte nicht nur gegen Dritte, sondern auch gegen Teilhaber zu. Sind jedoch die Grenzen des Gebrauchs unsicher und deshalb bestritten, so versagt die Besitzschutzklage der Teilhaber untereinander (§ 866).

Auch die den Gemeinschaftern untereinander zustehenden Ansprüche (vgl. II) können klageweise verfolgt werden und zwar unabhängig von der Auseinandersetzung.

2. Über seinen Anteil hinaus kann der Gemeinschafter nur klagen, wenn dies zur Erhaltung des gemeinschaftlichen Gegenstandes notwendig ist (§ 744 Abs. 2), z. B. wegen Rechtsanmaßungen Dritter. Die Ansprüche aus dem Eigentum kann jedoch jeder Miteigentümer in Ansehung der ganzen Sache gegen Dritte geltend machen (§ 1011). Handelt es sich dabei um Klage auf Herausgabe, so kann der Einzelne nur auf Leistung an Alle oder auf Hinterlegung für Alle und bei

[1]) Z. B. durch Versteigerung des Bruchteils.

nicht hinterlegungsfähigen Sachen auf Ablieferung an einen gerichtlich zu bestellenden Verwalter klagen (§§ 1011 u. 432). Das Gleiche gilt bei einer Forderung auf eine unteilbare Leistung.[1])

V.
Die Aufhebung der Gemeinschaft.

1. Das Recht jedes Teilhabers, die Aufhebung der Gemeinschaft zu verlangen, ist unverjährbar (§ 758), da es, solange der Zustand der Ungeteiltheit besteht, in jedem Moment neu entsteht. Es ist auch in gewissem Maße unverzichtbar. Denn selbst wenn durch Vereinbarung das Recht auf Aufhebung auf Zeit[2]) oder für immer ausgeschlossen sein sollte, so kann aus wichtigen Gründen die Aufhebung dennoch verlangt werden (§ 749). Mit dieser Maßgabe sind auch die Sondernachfolger an die Vereinbarung gebunden (§ 751), nicht aber Konkurs- oder andere Gläubiger eines Teilhabers (§ 16 KO. u. § 751 S. 2).

Der auf Zeit beschränkte Ausschluß der Aufhebung erlischt im Zweifel mit dem Tode eines Teilhabers (§ 750).

2. Die Aufhebung der Gemeinschaft erfolgt entweder durch gütliche Auseinandersetzung unter den Teilhabern (Teilungsvertrag), welche aber Einstimmigkeit über alle Punkte verlangt, oder nach Maßgabe der Bestimmungen des Gesetzes. Auch im letzteren Fall nimmt nicht das Gericht die Auseinandersetzung vor, sondern die Teilhaber teilen selbst unter Beobachtung der gesetzlichen Vorschriften. Es besteht nicht einmal das Recht eines Teilhabers, auf gerichtliche Auseinandersetzung anzutragen.

Die Auseinandersetzungsgrundsätze sind folgende:

a) Soweit möglich, hat die Teilung in Natur zu erfolgen (§ 752), anderenfalls

b) durch Verkauf des gemeinschaftlichen Gegenstandes nach den Vorschriften über den Pfandverkauf oder bei Grundstücken über die Zwangsversteigerung. Sache der Teilhaber ist es, diese Schritte durch Beauftragung eines Versteigerungsbeamten oder bei Grundstücken durch Antrag beim Amtsgericht der res sita herbeizuführen. Eines Voll-

[1]) Über die Teilungsklage vgl. VI.

[2]) Ist der Anspruch auf Aufhebung zeitweise ausgeschlossen und gleichwohl die Zwangsversteigerung (§ 753) eingeleitet, so kann dieselbe fortgesetzt werden, wenn nur vor ihrer Beendigung der Anspruch auf Aufhebung fällig wurde (RG. 47, 368).

streckungstitels bedarf es dazu nicht. Die Teilhaber teilen schließlich den erzielten Erlös (§ 753). Jedoch sind gemeinschaftliche, fällige Forderungen auf Verlangen eines Teilhabers nicht zu versteigern, sondern einzuziehen, damit der Gegenstand der Forderung entweder in Natur oder sein Erlös im Wege des Pfandverkaufs oder der Zwangsversteigerung geteilt werde (§ 754).

c) Soweit bei der Naturalteilung ein gemeinschaftlicher Gegenstand einem der Teilhaber zugeteilt ist, haften die übrigen Teilhaber dem Empfänger für Rechts- und Sachmängel wie Verkäufer, und zwar ein Jeder zu seinem Anteil an der Gemeinschaft (§ 757). Denn Jeder gibt seinen Anteil an dem zugeteilten Gegenstand auf gegen Entschädigung aus dem Gemeinschaftsgut.

d) Zu der Vermögensgemeinschaft gehören nicht die Schulden (III), welche in Gemeinschaftsangelegenheiten entstanden sind. Gleichwohl sollen dieselben bei der Teilung berücksichtigt werden. Jeder Teilhaber kann die Berücksichtigung verlangen, der Gläubiger aber nicht, da eine Gesamthandshaftung des gemeinschaftlichen Vermögens ihm gegenüber nicht besteht.

Die Berücksichtigung der Schulden erfolgt bei Gesamtschulden sämtlicher Teilhaber durch Vorwegberichtigung aus dem gemeinschaftlichen Vermögen (§ 755), bei Forderungen eines Teilhabers gegen den anderen aus dem Gemeinschaftsverhältnis[1]) durch Vorwegberichtigung aus dem bei der Auseinandersetzung dem anderen zugefallenen Teil des bisher gemeinschaftlichen Vermögens (§ 756).

Diese Berücksichtigung der Schulden müssen sich auch die Sondernachfolger der Teilhaber gefallen lassen (§§ 755 Abs. 2 u. 756 S. 2).

Fällt ein Teilhaber in Konkurs, so finden dieselben Teilungsgrundsätze Anwendung. Die Teilung erfolgt außerhalb des Konkursverfahrens. Was der Kridar auf Grund der erfolgten Teilung erhielt, fällt in die Konkursmasse (§ 16 Abs. 1 KO.).

VI.

Teilungsstreitigkeiten.

§ 24 CPO. erwähnt die Teilungsklage. Dieselbe hat mit der actio communi dividundo nichts zu tun. Denn letztere Klage ver-

[1]) Z. B. der eine Teilhaber hat für den anderen die auf diesen fallende Kostenquote für Erhaltung des gemeinschaftlichen Gegenstandes bezahlt (§ 748).

anlaßte den Richter, die Teilung unter Anwendung der adiudicatio selbst vorzunehmen, während das BGB. den Teilhabern die Teilung anvertraut. Aber es kann geschehen, daß ein Teilhaber der Teilung überhaupt widerspricht, weil er z. B. meint, der vom Teilungslustigen angegebene Grund für die Teilung sei kein wichtiger und also das Teilungsbegehren nicht gerechtfertigt, da die Teilung durch Vertrag ausgeschlossen wurde (§ 749 Abs. 2), oder wenigstens der begehrten Art der Teilung (§§ 752—754). In diesen Fällen kommt es zum Prozeß, indem auf Einwilligung in die Teilung überhaupt oder in eine bestimmte Art der Teilung geklagt wird. Mit der Rechtskraft des verurteilenden Erkenntnisses gilt dann gemäß § 894 CPO. die Einwilligung als erteilt. Das Urteil hat lediglich deklarative Bedeutung.

Sechzehnter Titel.

Leibrente.

Eccius, Der Leibrentenvertrag des BGB. i. Gruchot Bd. 45, 11ff. Fohr, Das Leibzuchtsrecht des überlebenden Ehegatten in Arch. f. c. Pr. Bd. 91, 108—135. — Dernburg II § 201. Cosack I § 96a. Enneccerus I §§ 318ff. Crome II § 251. Matthiaß I § 129.

I.
Begriff.

Das Leibrentenrecht kommt als dingliches (§§ 1105 ff.) und als obligatorisches vor. Nur letzteres steht hier zur Erörterung. Es ist die Berechtigung, auf längstens Lebenszeit[1]) von einem Anderen regelmäßig wiederkehrende Leistungen in Geld oder anderen Gegenständen zu verlangen. Gewöhnlich sollen dieselben zum Unterhalt des Berechtigten dienen; wesentlich ist dies nicht. Zinsen sind keine Leib-

---

[1]) Wird auf einen fest begrenzten Zeitraum die Rente konstituiert, so liegt ebenfalls Leibrente vor, weil sie mit dem Tode des Berechtigten endigt, wenn dieser vor Ablauf des Zeitraums stirbt. Es ist also auch in solchem Fall die in § 761 für das Leibrentenversprechen vorgeschriebene Form zu wahren. Wird dagegen die Rente auf das Leben des Verpflichteten oder eines Dritten gestellt oder wird ihre Vererblichkeit verabredet, so liegt ein gewöhnliches, auflösend bedingtes Rentenversprechen vor, auf welches die Vorschriften der §§ 759 Abs. 2, 760 u. 761 entsprechend anzuwenden sind.

rente, da sie neben dem Kapital geschuldet werden, während bei der Leibrente vom Rentenverpflichteten überhaupt kein Kapital geschuldet wird.

II.

Die Entstehung der Leibrente.

Das Leibrentenrecht beruht auf Rechtsgeschäft. Letzteres kann sowohl einseitiges Rechtsgeschäft — letztwillige Verfügung, Auslobung — als Vertrag sein. Der Vertrag kann entgeltlich — wenn für die wiederkehrenden Leistungen eine Gesamtleistung versprochen ist — oder unentgeltlich, individuell oder abstrakt sein.[1]) Es kann auch ein Vertrag zugunsten eines Dritten vorliegen, indem die Rente nicht dem Promissar, sondern einer andern Person, z. B. seiner Ehefrau geleistet werden soll (§§ 330 u. 335).

Der Leibrentenvertrag bedarf zu seiner Gültigkeit der Schriftlichkeit des Leibrentenversprechens (§ 761). Unter Umständen ist eine stärkere Form erforderlich; so wenn eine Leibrente geschenkt (§ 518) oder ein Grundstück gegen eine Leibrente veräußert wird (§ 313).

III.

Die Verpflichtungen.

Dieselben richten sich nach dem Entstehungsgrunde des Leibrentenrechts. Ist derselbe ein gegenseitiger Vertrag, so finden also die Vorschriften der §§ 320—326 Anwendung. Der in dem Entstehungsgrunde des Rentenrechts genannte Betrag ist im Zweifel der Jahresbetrag der Rente (§ 759). Der Rentenschuldner hat im Zweifel jede einzelne Rentenleistung zu Beginn des Zeitabschnittes, für welchen sie geschuldet wird, zu entrichten (§ 760 Abs. 2). Ist über die Zeitabschnitte, für welche die einzelnen Leistungen gemacht werden sollen, nichts bestimmt, so ist eine Geldrente für drei Monate voraus zu zahlen. Bei anderen Renten bestimmen sich die Zeitabschnitte nach der Beschaffenheit (z. B. es ist eine Roggenrente, Butterrente verabredet) und dem Zweck der Rente, der z. B. in der Beschaffung des Unterhalts des Rentenempfängers besteht (§ 760 Abs. 2). Sobald

[1]) Gesetzliche Leibrentenverpflichtungen gibt es nicht. Denn die in den §§ 843 ff., 1361, 1580, 1612 u. 1710 enthaltenen gesetzlichen Rentenpflichten sind sämtlich nicht an die Lebensdauer geknüpft. Gleichwohl findet bei ihnen § 760 entsprechende Anwendung.

der Berechtigte den Beginn des Zeitabschnittes, für welchen danach die Rente im voraus zu entrichten ist, erlebte (§ 760 Abs. 3), gebührt ihm der volle, auf den Zeitabschnitt entfallende Betrag. Stirbt er also in diesem Zeitabschnitt, so vererbt sich das Recht auf diese Rate seinen Erben. Dieselben haben aber diese Voraussetzung der Vererbung nachzuweisen, wobei ihnen die Vermutung des § 19 zu Statten kommt.

Das Recht auf die einzelne Rate verjährt in vier (§ 197), das Rentenrecht selbst als Recht auf die Summe aller einzelnen Rentenleistungen in dreißig Jahren. Ist das Rentenrecht selbst verjährt, so sind auch alle einzelnen Renten verjährt (§ 224).

IV.
Die Endigung des Rentenrechts.

Dasselbe endigt im Zweifel mit dem Tode des Rentenberechtigten, da es sich eben um eine Leibrente handelt. Ist die Leibrente für mehrere Berechtigte gemeinschaftlich bedungen, so sind dieselben gemäß § 420 zu gleichen Teilen berechtigt. Mit dem Tode eines jeden endigt also dessen Teilberechtigung. Jedoch kann auch ausgemacht werden, daß der Anteil des Verstorbenen den Überlebenden anwächst (sog. Tontinenvertrag).

Der Tod des Verpflichteten endigt an sich das Rentenrecht nicht. War jedoch die Dauer der Rente auf das Leben des Verpflichteten abgestellt, so endigt das Rentenrecht spätestens mit dem Tode des Verpflichteten. Haben sich Mehrere gemeinschaftlich zu einer Leibrente verpflichtet, so haften sie im Zweifel als Gesamtschuldner (§ 427). Ist in solchem Fall die Dauer der Rente auf das Leben der Verpflichteten abgestellt, so endigt das Rentenrecht erst mit dem Tode des Längstlebenden. Beruht die Rentenberechtigung auf einer Schenkung, die zum Zweck der Unterstützung des Rentenbeziehers abgeschlossen wurde, so endigt das Rentenrecht mit dem Tode des Schenkers auch ohne besondere Verabredung (§ 520).

Ist die Dauer des Rentenrechts auf das Leben eines Dritten abgestellt, so endigt die Berechtigung spätestens mit dem Tode desselben.

Das Rentenrecht ist ein durch den Tod des Berechtigten, Verpflichteten oder eines Dritten auflösend befristetes. Der Rentenverpflichtete handelt also wider Treu und Glauben, wenn er vorzeitig den Tod dessen herbeiführt, an dessen Leben das Rentenrecht geknüpft ist. Demgemäß gilt der Eintritt des Todes als nicht erfolgt, d. h. an die Erben des Berechtigten bezw. von den Erben des Verpflichteten ist die Rente weiter zu zahlen, entsprechend der wahrscheinlichen Lebensdauer des Verstorbenen.[1])

Siebzehnter Titel.

Spiel und Wette.

Pfizer, Spiel und Wette nach dem BGB., B. N. Z., St. F., 1900, S. 26/27. Reuter, Der begriffliche Unterschied von Spiel und Wette (Diss.), Würzburg 1903. Oertmann, Natürliche Verbindlichkeiten im BGB., A. österr. G.-Z. Bd. 53, 199—204. von Seeler, Der Spieleinwand, Arch. f. b. R. Bd. 24, S. 1—16. — Derselbe, die Novelle zum Börsengesetz, Berlin 1904. — Dernburg II § 211ff. Cosack I §§ 156ff. Enneccerus I §§ 320ff. Endemann I §§ 187ff. Crome II §§ 289ff. Matthiaß I § 180. Windscheid-Kipp II §§ 419 u. 420.

I.

Begriff.

Das BGB. setzt die Begriffe von Spiel und Wette als bekannt voraus und konnte sich um so eher einer Begriffsbestimmung entziehen, als es für beide Verträge dasselbe bestimmt.

1. Spiel ist die Vereinbarung von Vermögensleistungen beider Vertragsschließender unter entgegengesetzten Bedingungen aus Spiellust, d. h. zum Gewinn und Vergnügen. Es ist ein zweiseitig gewagtes Geschäft, weil keine der Parteien weiß, ob der Fall, für welchen sie die Leistung zu machen beziehentlich zu beanspruchen haben soll, eintreten wird. Meistens wird in dieser Beziehung dem Zufall Spielraum gewährt sein, nötig ist dies aber nicht. Denn auch der Wettlauf mit der Verabredung, daß der Sieger vom Unterlieger eine bestimmte Summe erhält, ist Spiel. Meistens auch wird jeder der Spieler durch eine nach Spielregeln erfolgende Tätigkeit auf Eintritt der Bedingung hinzuwirken suchen. Doch kann auch jede Tätigkeit unterbleiben, da es als Spiel anzusehen ist, wenn z. B. jeder der Kontrahenten behauptet, der eigene Neffe werde die

---

[1]) Obwohl § 163 den § 162 nicht in Bezug nimmt, ist derselbe doch auch bei bedingt befristeten Rechten entsprechend anzuwenden.

beste Note im Staatsexamen erhalten und für den Fall der Unrichtigkeit seiner Behauptung dem andern 1000 Mk. verspricht.

2. Wette ist derjenige zweiseitig oder einseitig gewagte Vertrag, durch welchen jeder der Vertragschließenden oder nur einer von ihnen dem anderen eine bestimmte Leistung verspricht, falls die eigene Behauptung des Versprechenden sich als unrichtig, die des Gegners dagegen als richtig herausstellen sollte. Die Behauptung muß sich auf die Gegenwart oder Vergangenheit beziehen. Bezieht sie sich auf die Zukunft, so liegt Spiel vor. Der Wettende handelt aus Rechthaberei.

II.

Die Wirkung dieser Verträge.[1])

Beide Verträge stehen unter denselben Rechtsgrundsätzen, soweit es sich nicht um verbotenes Spiel handelt. Verboten und strafbar ist aber das gewerbsmäßige, d. h. das öfter wiederholte und zum Erwerb betriebene Spiel, bei welchem der Zufall vorwiegend den Ausschlag gibt (§ 284 StrGB.).[2]) Hier ist der Vertrag nichtig (§ 138) und der Gewinn kann nach § 812 als ungerechtfertigte Bereicherung zurückgefordert werden. Doch ist die Rückforderung ausgeschlossen, wenn auch der Verlierer gegen ein gesetzliches Verbot gehandelt hat, also ebenfalls gewerbsmäßiger Spieler war (§ 817 S. 2). Auch der Auftrag zu einem unerlaubten Spiel ist nach § 138 nichtig. Da aber hier auch dem Auftraggeber eine Unsittlichkeit zur Last fällt, so kann er weder das zum Zweck der Ausführung des Auftrags Geleistete noch den erzielten Gewinn herausfordern (§ 817 S. 2).

Dagegen ist der erlaubte Spielvertrag und der Wettvertrag keineswegs nichtig. Doch erzeugen beide nur eine einzige Wirkung:

---

[1]) Nissen, Regulierung sog. erlaubter Spielschulden durch Wechsel i. J. W. Bd. 30, 884—887. Über das Gella-Hydra-Gutscheinsystem als Ausspielgeschäft Staub u. v. Liszt, Groscheff, Lehmann, Finger u. v. Liszt, Spohr i. D. J.-Z. Bd. 6, 193, 277, 328, 403, 453 und Braun i. D. R. Bd. 5, S. 400 sowie Stadelmeyer i. D. R. Bd. 6, S. 137.

[2]) Über den Begriff des Glücksspiels v. Liszt Lehrbuch § 144. Auch der Inhaber eines öffentlichen Versammlungsorts, welcher Glücksspiele daselbst duldet, ist strafbar (§ 285 StrGB.), ebenso, wer unbefugt Glücksspiele an einem öffentlichen Ort abhält (§ 360 Nr. 14 StrGB.).

das auf Grund des Spiels oder der Wette freiwillig Gezahlte kann nicht deswegen zurückgefordert werden, weil eine Verbindlichkeit nicht bestanden habe (§ 762 Abs. 1). Der Zahlung steht aber gleich die Hinterlegung zugunsten des Gewinners, sobald die Rücknahme des Hinterlegten ausgeschlossen ist (§ 376). Auch die Aufrechnung des Spielschuldners mit einer Gegenforderung gegenüber der Spielforderung ist gültig. Es gibt also keinen rechtlichen Zwang auf Grund einer Spiel- oder Wettschuld, weshalb sowohl Klage auf Erfüllung, als gesetzliche (nicht vertragsmäßige) Aufrechnung mit einer aus Spiel oder Wette hervorgegangenen Forderung und Zurückbehaltungsrecht ausgeschlossen sind. Auch kann der Spiel- oder Wettschuld durch Eingehung einer neuen Verbindlichkeit seitens des Verlierers zum Zwecke der Erfüllung seiner Schuld (Schuldversprechen oder Schuldanerkenntnis, Ausstellung eines Wechsels oder Novation rc.) keine größere Wirksamkeit verschafft werden (§ 762 Abs. 2) und selbstverständlich auch nicht durch Bestellung von Pfand oder Bürgschaft oder Verabredung einer Vertragsstrafe.[1])

Der Lotterie- und der Ausspielvertrag sind durchaus gültig, wenn Lotterie oder Ausspielung staatlich genehmigt ist (§ 763).[2]) Sind sie verboten, so sind sie nichtig. Sind sie weder staatlich genehmigt, noch verboten, so unterliegen sie dem § 762.

Streitig ist, ob der im voraus dem Gewinner übereignete oder bei einem Dritten zu seinen Gunsten hinterlegte Betrag des Verlustes zurückgefordert werden kann? Die Frage ist zu bejahen, denn es fehlt an dem rechtfertigenden Grund der Bereicherung, da nach § 762 Abs. 1 S. 2 die einzige Wirkung des Vertrags sein soll, daß das auf Grund des Spiels oder der Wette, d. h. nach beendigtem Spiel und entschiedener Wette Geleistete nicht zurückgefordert werden kann.

---

[1]) Hat Jemand im Auftrag eines Andern gespielt, so hat er keine actio mandati contraria auf Ersatz seiner Aufwendungen (RG. 51, 159 u. 52, 89).

[2]) Lotterie sowohl als Ausspielung werden von einem Unternehmer veranstaltet nach bestimmtem Plan. Bei der Lotterie aber bestehen die Gewinne in Geld, bei der Ausspielung in andern Gegenständen. Der Unternehmer gibt Lose aus gegen Entgelt (Hoffnungskauf). Doch findet beim Ausspielgeschäft häufig keine Verlosung statt, sondern eigene Tätigkeit des Spielers (Auskegeln, Ringstechen, Stangenklettern, Vogelschießen rc.). Das Recht auf Teilnahme an dieser Tätigkeit und auf den durch sie zu erzielenden Gewinn wird durch einen festen Einsatz erkauft.

III.

Die der Förderung des Spiels mittelbar dienenden Verträge.

Dahin gehören Auftrag, Gesellschaftsvertrag. Sie sind an sich durchaus gültig. Doch gibt es weder Klage auf Erfüllung, noch Klage auf Schadensersatz wegen Nichterfüllung. Denn wenn das Spiel selbst nicht schutzwürdig ist und deshalb keine Klage erzeugt, so sind auch die auf Förderung des Spiels gerichteten Verträge nicht klagbar.[1]) Wohl aber kann das zur Erfüllung des Auftrags Gegebene oder der gemachte Gewinn zurückgefordert (§ 667) und auch Teilung des Gesellschaftsgewinns verlangt werden (§ 721).

Das Darlehn zum Spiel ist vollgültig,[2]) nicht aber der Darlehnsvorvertrag zum Spiel, welcher aus den vorher angegebenen Gründen keine Klage auf Erfüllung zuläßt.

IV.

Das Differenzgeschäft.[3])

Dasselbe ist ein auf Lieferung von Waren oder Wertpapieren mit der Absicht geschlossener Vertrag, daß gar nicht geliefert werden, sondern nur der Unterschied zwischen dem vereinbarten Preis und dem Markt- oder Börsenpreis der Lieferzeit und am Lieferort an den Gewinner ausgezahlt werden soll (§ 764). Die ernsthafte Absicht der Kontrahenten geht hier gar nicht auf Abschluß eines Lieferungsvertrags, sondern vielmehr dahin, daß der als lieferungspflichtig Bezeichnete beim Steigen des Preises bis zum Liefertage die Differenz zwischen diesem Preis und dem vereinbarten Preis, der Pseudoempfänger aber beim Fallen des Preises bis zum Liefertage die Differenz zwischen dem vereinbarten höheren Preis und dem geringern Kurswert am Liefertage zu bezahlen haben solle. Ein solches Geschäft gilt, soweit es nicht Börsentermingeschäft ist,[4]) als Spiel.[5]) Das Gleiche gilt

---

[1]) RG. 40, 259.

[2]) Anders § 581 I 11 ALR.

[3]) Trumpler, Die Differenzgeschäfte nach dem BGB. und nach dem Börsengesetz in Goldschmidts Z. Bd. 50, S. 383—517. Derselbe, Die neuere Rechtsprechung des RG. zum Börsenterminhandel und zum Differenzeinwand i. J. W. Bd. 88, 105—109. Zadig, Der Terminhandel und seine Behandlung durch Rechtsprechung und Gesetzgebung, Breslau 1901.

[4]) Vgl. den Begriff desselben in § 48 des Börsengesetzes vom 22. Juni 1896 und seine Behandlung in den §§ 66—69 l. c. Über das Verhältnis des Börsentermingeschäfts zum Differenzgeschäfte namentlich Staub, Kommentar zum HGB. Exkurs zu § 376.

[5]) Das RG. (53, 268) hat angenommen, daß ein Kaufmann durch Erhebung

aber auch dann, wenn nur die Absicht des einen Vertragsteiles auf Zahlung des Unterschieds gerichtet ist und der andere Teil diese Absicht kennt oder aus Fahrlässigkeit nicht kennt (§ 764 Abs. 2).

Achtzehnter Titel.

Bürgschaft.

Lichtlen, Die Bürgschaft nach den Bestimmungen des BGB. i. Puchelts Z. Bd. 31, 150—182. Bendix, Der Kreditauftrag nach dem BGB. i. Arch. f. R. Bd. 20, 155—169. Eccius, Verbürgung für eine künftige Schuld und Kreditmandat i. Gruchot Bd. 46, 55—64. Labes, Bürgschaft und Kreditauftrag in D. J.-Z. Bd. 8, 173. Weidemann, Der Kreditauftrag in Goldschmidt Z. Bd. 53, 429—478. — Dernburg I §§ 284ff. Cosack I §§ 158ff. Enneccerus I §§ 322ff. Endemann I §§ 190ff. Crome II §§ 295ff. Matthiaß I § 131. Windscheid-Kipp II §§ 476ff.

I.
Begriff und Arten.

Die Bürgschaft ist die vertragsmäßige oder gesetzliche[1]) Verpflichtung, für die Erfüllung der jetzigen oder zukünftigen bedingten oder unbedingten Verbindlichkeiten eines Dritten einzustehen (§ 765 Abs. 1).

Die Bürgschaftsleistung kann sich in doppelter Art vollziehen.

1. Entweder durch Erteilung eines Auftrags an einen Anderen, der übrigens hier auch gegen Entgelt übernommen werden kann, im eigenen Namen und auf eigene Rechnung einem Dritten Kredit[2]) zu geben (Kreditauftrag), und ist dann ohne Einhaltung einer besonderen Form gültig, wie jeder Auftrag (§ 778).[3]) Auch kommen vor der Kreditgewährung nur die für den Auftrag geltenden Vorschriften über Widerruf und Kündigung (§ 671) zur Anwendung, während nach der Kreditgewährung der Auftraggeber dem Beauftragten als Bürge haftet.

War freilich der Auftrag auf Kreditgewährung an eine nicht verpflichtungsfähige Person gerichtet und ausgeführt werden, z. B. ihr ein Darlehn zu geben, so haftet der Auftraggeber lediglich nach den Grundsätzen des Auftrags. Denn eine Bürgschaftsschuld liegt hier wegen Nichtigkeit der Hauptschuld nicht vor.

---

des sogenannten Differenzeinwandes seine kaufmännische Ehre verletze. Siehe dagegen aber die beachtenswerte Ausführung von Seelers im Archiv f. bürg. R. 24, 1ff.

[1]) §§ 571 Abs. 2 S. 4, 1251 Abs. 2 S. 1 u. 2.

[2]) Durch Hingabe eines Darlehns, Stundung rc.

[3]) RG. 50, 160.

2. Oder durch Abschluß eines ausdrücklichen Bürgschaftsvertrags. Hier muß die Bürgschaftserklärung dem Gläubiger schriftlich erteilt werden und regelmäßig den Rechtsgrund der Schuld, für welche man sich verbürgt, enthalten. Denn bei fehlendem Rechtsgrund wird nicht erkennbar sein, welche der mehreren Schulden des Hauptschuldners gemeint ist. Mündliche Nebenabreden sind zulässig, insoweit sie die Bürgschaft einschränken. Die Verbürgung kann auch bedingt geschehen, z. B. für den Fall, daß der Gläubiger dem Hauptschuldner noch weiteren Kredit gibt. Gibt der Gläubiger keinen weiteren Kredit, so hat er keine Ansprüche gegen den Bürgen. Die Bürgschaft eines Vollkaufmanns im Betrieb seines Handelsgewerbes bedarf keiner Form (§§ 350 u. 351 HGB.).

Die fehlende Schriftlichkeit der Bürgschaftserklärung wird insoweit geheilt, als der Bürge die Hauptverbindlichkeit erfüllt (§ 766).[1])

Erschwerte Formvorschriften für Frauenbürgschaften gibts nicht mehr. Auch ist jeder Geschäftsfähige bürgschaftsfähig.[2])

II.
Umfang.[3])

Die Bürgschaftsverbindlichkeit reicht nicht weiter, als der Verbürgungswille. Sie kann eingegangen werden mit Beschränkung auf die Kapitalschuld, ja auf einen Teil derselben, sie kann sich aber auch auf Nebenverbindlichkeiten (Zinsen, Vertragsstrafen) erstrecken. Was beabsichtigt wurde, muß in jedem einzelnen Fall ermittelt werden. Nur die eine Vermutung stellt das Gesetz auf, daß der Bürge sich auch

---

[1]) Wird auf Grund einer mündlichen Verbürgungserklärung ein Wechsel ausgestellt, so ist die fehlende Schriftlichkeit der Bürgschaftserklärung durch die Schriftform des Wechsels ersetzt (RG. 51, 114). Die Bürgschaftserklärung in einem Schriftstück, aus welchem für sich allein der Verbürgungswille nicht ersichtlich ist, hat keine Wirkung, z. B. in einem Briefwechsel (J. W. Bd. 38, 232 Nr. 4).

[2]) Mit Kreditauftrag und Bürgschaft ist die sogenannte kumulative Schuldübernahme nicht zu verwechseln, das constitutum debiti alieni welches weder nur akzessorische noch subsidäre Verpflichtung wirkt. RG. (51, 122) verlangt auch hier schriftliche Abgabe des Versprechens, wie bei einer Bürgschaft; m. E. mit Unrecht vgl. gegen RG. auch Staub in der D. J. Z. 1903 S. 19.

[3]) Staub i. Kommentar, Exkurs zu § 372 HGB. Anm. 9. Türk, Der Leistungsort des Bürgen nach BGB. i. Gruchot Bd. 44, 817 ff. Staub i. Gruchot Bd. 45, 219—221 (Erwiderung). Türk, Was ist unter dem jeweiligen Bestand der Hauptverbindlichkeit in § 767 BGB. zu verstehen? in Gruchot Bd. 46, 49—54. Gegen Staub auch Düringer und Hachenburg im Kommentar z. HGB. zu § 349 S. 271.

für die Kosten der Kündigung und der Rechtsverfolgung verbürgen wollte. Doch kann diese Haftung in der Bürgschaftserklärung ausgeschlossen werden (§ 767 Abs. 2).

III.
Natur der Bürgschaftsschuld.[1])

Die Bürgschaftsschuld ist als akzessorische Teilnahme des Bürgen an der Schuld, für welche er sich verbürgte, konstruiert. Der Bürge kann sich also niemals für mehr verbürgen als geschuldet wird. Doch kann in einem über den Betrag der Hauptschuld hinausgehenden Versprechen eine andere gültige Verbindlichkeit, z. B. ein Schenkungsversprechen oder ein abstraktes Schuldversprechen liegen.

Ändert sich der jeweilige Bestand der Hauptverbindlichkeit,[2]) so ändert sich damit zugleich die Bürgschaftsschuld. Verzug und Fahrlässigkeit des Hauptschuldners schaden also auch dem Bürgen, wenn nicht im Bürgschaftsvertrag etwas Anderes ausgemacht wurde. Wird ein Teil der Hauptschuld erlassen, so verkleinert sich dementsprechend auch die Bürgschaftsschuld.

Gemäß der akzessorischen Natur der Bürgschaft stehen die dem Hauptschuldner gegen den Anspruch des Gläubigers zustehenden Einwendungen grundsätzlich auch dem Bürgen zu, selbst wenn sie nur zum Schutz des Hauptschuldners bestimmt sind, wie z. B. die Einrede des Notbedarfs (§ 519). Denn das Einrederecht des Bürgen wird nicht aus einem etwaigen Regreßrecht desselben gegen den Hauptschuldner, sondern aus der akzessorischen Natur der Bürgschaft hergeleitet (§§ 767 u. 768).[3])

Aber die akzessorische Natur der Bürgschaftsschuld erleidet Abschwächungen:

---

[1]) Götte, Zwei Streitfragen zur Aufrechnung im BGB. i. Arch. f. d. R. Bd. 17, 164ff. Sievers, Bürgschaft und Aufrechnung i. D. R. Bd. 7, 249 bis 252. Conrades daselbst S. 308. Nissen, Rechtsstellung des Kaufpreisbürgen bei mit Gewährsmängeln behafteter Kaufsache i. J. W. Bd. 31, 460ff.

[2]) Hauptverbindlichkeit ist die Verbindlichkeit des Hauptschuldners im Gegensatz zu der Verbindlichkeit des Bürgen.

Nach RG. 58, 357 kann auch durch Vertrag die Hauptverbindlichkeit geändert werden, ohne daß dies auf die Bürgschaftsverbindlichkeit von Einfluß ist. Wird aber durch Vertrag an Stelle der ursprünglichen Hauptverbindlichkeit eine andere gesetzt, so gilt das für erstere abgegebene Bürgschaftsversprechen natürlich nicht auch für letztere.

[3]) Das zwischen Gläubiger und Hauptschuldner ergangene rechtskräftige Urteil schadet dem Bürgen nichts (RG. 5. September 1903 in der Jurist. Wochenschrift, Beil. XV Nr. 311).

1. Eine Erweiterung oder Verstärkung der Verbindlichkeit des Hauptschuldners durch ein mit dem Gläubiger nachträglich abgeschlossenes Rechtsgeschäft, z. B. Erhöhung des Zinsfußes, Anerkenntnis der Hauptschuld, Verzicht auf eine Einrede, schaden dem Bürgen nicht (§ 767 Abs. 1 S. 3). Der Bürge würde sonst wehrlos der Willkür des Gläubigers und Schuldners preisgegeben sein.

2. Einreden des Hauptschuldners, auf welche der Bürge verzichtete, können von ihm nicht vorgeschützt werden.

3. Das Gesetz schreibt bei einigen Einreden vor, daß sie nur dem Hauptschuldner, nicht dem Bürgen zustehen sollen. Dahin gehören die Einrede des Zwangsvergleichs (§ 178 KO.) und die Einrede der beschränkten Haftung, welche etwa dem Erben des ursprünglichen Schuldners zusteht (§ 768 Abs. 1 S. 2). Daß sich der Bürge der letzteren Einrede nicht bedienen kann, ist fast selbstverständlich. Denn in der herbeigeführten Haftungsbeschränkung des Erben liegt keine Veränderung der Hauptverpflichtung.

4. Zwei Einreden, welche ihren Entstehungsgrund aus der Hauptverbindlichkeit entnehmen, stehen nur dem Bürgen, nicht dem Hauptschuldner zu, nämlich die Einrede der Anfechtbarkeit der Hauptforderung und die Einrede ihrer Aufrechenbarkeit gegen eine dem Hauptschuldner zustehende Gegenforderung (§ 770). Beide Einreden sind aufschiebender Natur.

a) Die Einrede der Anfechtbarkeit bedeutet, daß, weil der Hauptschuldner befugt sei, seine Schuld anzufechten, auch der Bürge nicht zu bezahlen brauche, solange dieses Anfechtungsrecht bestehe. Hat also der Hauptschuldner dieses Recht durch Bestätigung (§ 144) oder durch Ablauf der Anfechtungsfrist (§§ 121 u. 124) verloren, so ist auch die Einrede der Anfechtbarkeit untergegangen.

b) Die Einrede der Aufrechenbarkeit bedeutet, daß, weil der Gläubiger befugt sei, gegen eine fällige Forderung des Hauptschuldners aufzurechnen, auch der Bürge die Bürgschaftsschuld so lange nicht zu bezahlen brauche, als das Aufrechnungsrecht des Gläubigers bestehe. Hat also der Gläubiger die Gegenforderung des Hauptschuldners bezahlt, oder hat der Hauptschuldner auf seine Gegenforderung verzichtet, so ist auch die Einrede der Aufrechenbarkeit erloschen.[1])

[1]) Ist nur der Hauptschuldner aufrechnungsberechtigt, weil er z. B. eine Gegenforderung aus vorsätzlich begangener unerlaubter Handlung des Gläubigers hat (§ 893), so steht dem Bürgen die Einrede der Aufrechenbarkeit nicht zu. (Schollmeyer, Kommentar zu § 889 Anm. 2 Abs. 2).

Dagegen hat der Bürge nicht mehr das Recht, die Einrede der Anfechtung oder die Kompensationseinrede ex persona des Hauptschuldners zu erheben, wie es das gemeine Recht gestattete. Denn nach der Auffassung des BGB. sind Anfechtung und Aufrechnung Rechte des Hauptschuldners, welche nur dieser, nicht aber der Bürge ausüben kann.

Daß der Bürge der Klage des Gläubigers, die ihm selbst gegen den Gläubiger zustehenden Einwendungen entgegensetzen darf, z. B. daß der Bürgschaftsvertrag ungültig sei, daß er mit einer ihm selbst zustehenden Gegenforderung aufrechne, daß ihm ein Zurückbehaltungsrecht zustehe 2c., ist selbstverständlich.[1])

IV.

Die Rechtswohltaten des Bürgen.[2])

1. Das beneficium divisionis ist beseitigt. Bürgen für dieselbe Schuld haften als Gesamtschuldner, haben aber unter einander gesetzlichen Regreß (§§ 769, 774 Abs. 2 u. § 426 Abs. 2).

Soweit danach also ein Mitbürge die Bürgschaftsschuld befriedigt hat und von den übrigen Mitbürgen Ausgleichung verlangen kann — weil die Mitbürgen im Verhältnis zu einander regelmäßig zu gleichen Anteilen verpflichtet sind —, geht die Bürgschaftsforderung des Gläubigers gegen die übrigen Mitbürgen auf ihn über, abzüglich also des eigenen Kopfteils des den Gläubiger befriedigenden Mitbürgen.[3])

2. Das beneficium cedendarum actionum ist im Anschluß an das preußische Recht (§§ 388ff. I 14 ALR.) zum ipso iure Eintritt in die Rechte des befriedigten Gläubigers ausgestaltet (§ 774). Die Forderung des Gläubigers gegen den Hauptschuldner mit ihren Bei-

---

[1]) Wird der Hauptschuldner auf Zahlung seiner Schuld verklagt und erklärt der Bürge dem Kläger außergerichtlich, daß er mit einer ihm selbst gegen den Kläger zustehenden Gegenforderung aufrechne, so ist damit die Bürgschaftsschuld getilgt und die Forderung des befriedigten Gläubigers auf den Bürgen übergegangen. Der verklagte Hauptschuldner kann jetzt den Einwand der fehlenden Aktivlegitimation erheben (RG. 53, 405). Vgl. auch unter IV Nr. 2.

[2]) Strohal, Zur Lehre vom Eintritt des Bürgen und Drittverpfänders in die Rechte des befriedigten Gläubigers nach BGB. i. D. J.-Z. Bd. 8, S. 873—377. Marcus, Der Anspruch des Bürgen auf Diligenz des Gläubigers gegenüber dem Hauptschuldner nach BGB. i. D. R. Bd. 6, 456—457. Koban, Der Regreß des Bürgen und Pfandeigentümers nach österr. u. deutsch. Recht, Graz 1903.

[3]) Schollmeyer, Kommentar zu § 426 und zu § 268 Nr. 5.

rechten und Vorzugsrechten im Konkurs geht also von selbst auf den Bürgen über, insoweit derselbe den Gläubiger befriedigte, sei es durch Erfüllung, sei es durch Aufrechnung oder Hingabe an Zahlungsstatt. Befriedigte er ihn also nur zu einem Teil der Forderung, so erlangte er auch nur entsprechend dem Teil, zu welchem er befriedigte, die Forderung.

Es handelt sich dabei um einen transitus legalis zum Zweck der Durchführung des wegen der Befriedigung des Gläubigers dem Bürgen infolge des zwischen Bürgen und Hauptschuldner bestehenden Rechtsverhältnisses (als Mandatar oder auftragsloser Geschäftsführer des Hauptschuldners) gegen diesen zustehenden Regresses. Auf diesen gesetzlichen Übergang finden gemäß § 412 die Vorschriften über die Übertragung von Forderungen (§§ 399 bis 404, 406 bis 410) entsprechende Anwendung. Er kann sich ohne den Erwerbswillen des Bürgen, wenn auch nicht wider seinen Willen, vollziehen.[1])

Aber der gesetzliche Eintritt in die Rechte des befriedigten Gläubigers ist folgenden Beschränkungen unterworfen:

a) Daß er geschehen, kann nicht zum Nachteil des Gläubigers geltend gemacht werden. Wenn also der Bürge sich nur für einen Teil der Schuld, deren Bezahlung auch noch mit einem Pfandrecht versichert war, verbürgt hatte und zahlte, so bleibt das Pfandrecht in erster Linie dem Gläubiger für seine Restforderung verhaftet.[2]) Dasselbe muß aber auch gelten, wenn der Bürge sich für eine von mehreren Schulden, für welche sämtlich ein und dieselbe Sache verpfändet war, verbürgt hatte und zahlte. Denn wäre die bezahlte Forderung unter- statt übergegangen, so würde das Pfand nunmehr für die nicht bezahlte Forderung allein haften.[3]) Und wenn der Bürge den Teil einer Forderung, für welchen er sich verbürgt hatte, nach der Eröffnung des Konkurses über das Vermögen des Schuldners, in welchem der Gläubiger die ganze Forderung angemeldet hatte, zahlte, so kann der Gläubiger Bezahlung seiner Restforderung vor der Verabfolgung von Zahlungen an den Bürgen aus der Konkursmasse verlangen.[4])

---

[1]) Schollmeyer: Der gesetzliche Eintritt in die Rechte des Gläubigers, Halle 1877, §§ 2 u. 8.

[2]) RG. 3 Nr. 52.

[3]) A. M. Düringer und Hachenburg, Kommentar zum Handelsgesetzbuch Bd. II S. 287 lit. c. Näheres mein Kommentar zu § 268 Nr. 5.

[4]) RG. 8 Nr. 73.

b) Der Hauptschuldner kann dann mit der Klage des befriedigten Gläubigers gegen ihn vorgehenden Bürgen nicht allein die gegen die Hauptforderung selbst gerichteten Einwendungen, sondern auch alle Einwendungen entgegensetzen, welche aus dem zwischen ihm und dem Bürgen bestehenden Rechtsverhältnis hervorgegangen sind (§ 774 Abs. 1 S. 3). Wenn also z. B. der Bürge mit Mitteln des Hauptschuldners gezahlt hatte oder als Gegenleistung für eine ihm vom Hauptschuldner gemachte Leistung, so hat er diese Einwendungen auch dann zu gewärtigen, wenn er mit der Klage des befriedigten Gläubigers klagt. Er hat eben keinen Regreßanspruch.

c) Wenn ein Mitbürge den Gläubiger befriedigte, so erwarb er zwar die Forderung mit dem Beirecht der Bürgschaft. Er kann dieses Bürgschaftsrecht gegen seine Miterben aber nur insoweit geltend machen, als ihm ein Regreßrecht gegen dieselben zusteht.[1])

Das Verhältnis der auf den Bürgen übergegangenen Hauptforderung und des dem Bürgen aus seinem Rechtsverhältnis zum Hauptschuldner (Auftrag, Geschäftsführung ohne Auftrag) zustehenden Regreßrechts ist danach das der Anspruchskonkurrenz. Mit welchem von beiden Ansprüchen der Bürge vorgehen will, ist Sache seines Entschlusses. Auch soweit die Geltendmachung der Hauptforderung dem Gläubiger nachteilig sein würde, kann der Bürge die Klage des befriedigten Gläubigers anstellen, ohne den Einwand des Schuldners befürchten zu müssen, die Geltendmachung gereiche dem Gläubiger zum Nachteil.[2]) Denn das wäre eine exceptio de iure tertii. Erst recht kann er danach, ohne Rücksicht auf die Interessen des Gläubigers, seine eigenen Regreßklagen (actio mandati, negotiorum gestorum contraria) anstellen. Soweit jedoch der Bürge mit der einen Klage definitive Befriedigung seines Regreßanspruchs erzielt hat, ist die andere Klage erloschen.

Übrigens muß der Bürge sich wohl überlegen, ob er mit der Klage des befriedigten Gläubigers oder mit seiner selbständigen Regreßklage vorgehen will. Denn die eine kann ihm günstiger sein als die andere.

So kann die letztere Klage auf mehr gerichtet sein als die erstere.

---

[1]) Vgl. oben IV, 1.

[2]) Doch hat der Bürge das auf diese Weise Empfangene dem Gläubiger, soweit dessen Benachteiligung reicht, nach den Grundsätzen der ungerechtfertigten Bereicherung herauszugeben.

Denn es können mit ihr auch die berechtigterweise gemachten Aufwendungen ersetzt und verzinst verlangt werden (§§ 670, 683, 256). Der Zwangsvollstreckung auf Klage des befriedigten Gläubigers kann möglicherweise die exceptio excussionis realis entgegenstehen (§ 777 CPO.), der selbständigen Regreßklage des Bürgen nicht.

3. Die Einrede der Vorausklage (beneficium excussionis) ist die Behauptung des Bürgen, daß der ihn verklagende Gläubiger die Zwangsvollstreckung gegen den Hauptschuldner noch nicht, oder noch nicht vergeblich versucht habe (§ 771). Durch ihre Übernahme in das Gesetz ist die Bürgschaftsverbindlichkeit zu einer subsidiären geworden. Die Rechtswohltat ist aber gegen früher wesentlich abgeschwächt, was sich in folgenden Beziehungen zeigt:

a) Während nach preußischem Recht es Sache des Klägers war, bereits zur Begründung seiner Klage die Behauptung aufzustellen, er habe die Zwangsvollstreckung gegen den Hauptschuldner versucht, betrachtet das Gesetz im Anschluß an das gemeine Recht die Geltendmachung der Rechtswohltat seitens des Beklagten als Einrede. Doch hat der Kläger, wenn die Einrede oder Vorausklage erhoben wurde, den vergeblichen Versuch der Zwangsvollstreckung seinerseits zu beweisen.

b) Nach dem bisherigen Recht konnte der Bürge vorgängige Zwangsvollstreckung in bewegliches oder unbewegliches Vermögen verlangen. Jetzt gewährt die Rechtswohltat für den wichtigen Fall der Verbürgung für eine Geldforderung dem Bürgen nur die Befugnis, vorgängige Zwangsvollstreckung in die beweglichen Sachen des Schuldners zu verlangen. Diese Zwangsvollstreckung muß nur am Wohnsitz und der an anderem Ort befindlichen Niederlassung des Schuldners, in Ermangelung beider an seinem Aufenthaltsort versucht werden (§ 772 Abs. 1). Steht jedoch dem Gläubiger an einer beweglichen Sache des Schuldners ein Pfandrecht oder Zurückbehaltungsrecht zu, so muß er auch aus ihr zunächst seine Befriedigung versuchen, selbst wenn sie anderswo sich befinden sollte (§ 772 Abs. 2).

Wenn also der Hauptschuldner nur pfändbare Forderungen und Grundstücke, der Bürge aber nur Grundstücke hat, so wird die Zwangsvollstreckung in die Grundstücke des Bürgen betrieben, während pfändbare Forderungen und Grundstücke des Hauptschuldners von der Zwangsvollstreckung frei bleiben.

c) Während nach dem bisherigen Recht nur Verzicht auf die Einrede, welcher stets in der Verbürgung als Selbstschuldner liegt, ferner Konkurs des Hauptschuldners, voraussichtliche Unzulänglichkeit der Zwangsvollstreckung und Abwesenheit des Schuldners von Deutschland[1]) die Einrede der Vorausklage ausschlossen, hat jetzt schon jede Erschwerung der Rechtsverfolgung gegen den Hauptschuldner infolge nachträglicher Veränderungen des Wohnsitzes, der Niederlassung oder des Aufenthaltsortes auch innerhalb des Deutschen Reichs den Ausschluß der Rechtswohltat zur Folge, z. B. weil der neue Wohnsitz unbekannt ist. Sache des Gläubigers ist es, das Vorliegen einer der genannten Ausnahmen zu beweisen.[2])

Nach §§ 349 u. 351 HGB. hat der Vollkaufmann, welcher im Betrieb seines Handelsgewerbes eine Bürgschaft eingeht, die Einrede der Vorausklage nicht.

Die Bürgschaft mit Einrede der Vorausklage ist noch keine Schadlosbürgschaft. Letztere will den Gläubiger nur für dasjenige schadlos halten, was von dem Hauptschuldner durchaus nicht zu erlangen ist. Deswegen kann der Schadlosbürge nicht, wie ein Bürge mit der Rechtswohltat der Vorausklage, schon dann verklagt werden, wenn der Hauptschuldner in Konkurs fiel, sondern erst dann, wenn der Konkurs des Hauptschuldners nicht zur Befriedigung des Gläubigers führte.

V.

Das Ende der Bürgschaft.

Auf die Bürgschaft finden die allgemeinen Erlöschungsgründe der Obligationen Anwendung. Daneben aber sind ihr folgende Erlöschungsgründe eigentümlich:

1. Erlöschen der Hauptschuld. Das folgt aus der akzessorischen Natur der Bürgschaft (§ 767 Abs. 1 S. 1), gilt jedoch nicht für den Fall, daß der Bürge an dem Erlöschen der Hauptschuld schuld war, indem er z. B. die geschuldete Sache zerstörte. Der Bürge haftet hier zwar dem Hauptschuldner möglicherweise wegen unerlaubter Handlung,[3]) daneben aber dem Gläubiger, wie nach römischem Recht (l. 95 § 1 D. de sol. 46. 3), mit der Bürgschaftsklage. Dies folgt aus § 765, nach welchem der Bürge dem Gläubiger für die Erfüllung der Verbindlichkeit des Schuldners einzustehen hat und ist

---

[1]) RG. 6, 156.

[2]) Gemeinrechtlich nimmt man auch an, daß mit der Ableugnung der Bürgschaftsschuld durch den Bürgen die Rechtswohltat verloren gehe. Unger in Iherings dogm. Jhrb. 29, 1 ff.

[3]) Dieser hat aber nach § 281 Abs. 1 dem Gläubiger seinen Ersatzanspruch abzutreten.

wichtig für den Fall, daß zur Sicherung der Bürgschaftsschuld Afterbürgen oder Pfänder bestellt sind.[1])

Abgesehen hiervon ist es ganz gleichgültig, wodurch die Hauptschuld erlosch, ob durch Befriedigung des Hauptschuldners, zufälligen Untergang der geschuldeten Leistung, oder nur in der Person des Hauptschuldners eingetretene Unmöglichkeit der Erfüllung.

Die eingetretene Verjährung der Hauptschuld befreit den Bürgen nicht. Denn die Hauptschuld wird nur mit einer Einrede behaftet, welche allerdings auch der Bürge vermöge der akzessorischen Natur der Bürgschaft dem Gläubiger entgegensetzen kann. Tut er dies freilich nicht, sondern zahlt, so ist die Rückforderung des Gezahlten selbst dann ausgeschlossen, wenn er von der eingetretenen Verjährung nichts wußte.[2])

2. Vereinigung von Hauptschuld und Bürgschaftsschuld in einer Person, soweit nicht das Fortbestehen der Bürgschaftsschuld — wegen etwa für die Bürgschaftsschuld bestellter besonderer Sicherheit — für den Gläubiger Interesse hat.[3])

3. Aufgeben einer Sicherheit oder eines Vorzugsrechtes seitens des Gläubigers. Die Bürgschaftsschuld geht insoweit unter, als das Aufgeben für das Regreßrecht des Bürgen gegen den Hauptschuldner schädlich ist (§ 776 vgl. mit §§ 331 u. 334 I 14 ALR.).

4. Ablauf der Zeit, für welche die Bürgschaft übernommen wurde. Doch wird hier der Bürge nur dann frei, wenn:

a) bei vorhandener Rechtswohltat der Vorausklage der Gläubiger es unterläßt, ohne schuldhaftes Zögern (unverzüglich) die Forderung gegen den Hauptschuldner durch Mobiliarexekution oder Verwertung seines an beweglichen Sachen bestehenden Pfand- oder Zurückhaltungsrechts beizutreiben und nach beendigtem Verfahren unverzüglich dem Bürgen anzuzeigen, daß er ihn in Anspruch nehme;

b) Bei fehlender Rechtswohltat der Vorausklage (selbstschuldnerischer Bürgschaft) der Gläubiger nicht nach Ablauf der Bürgschaftszeit unverzüglich dem Bürgen die Absicht der Inanspruchnahme anzeigt.

Es macht dabei keinen Unterschied, ob es sich um Geld- oder andere Schulden handelt (§ 777).

---

[1]) Dernburg II § 290 Nr. 1.

[2]) Auch die Verjährung der Bürgschaftsschuld (30 Jahre!) behaftet das Gläubigerrecht nur mit einer Einrede. Rückforderung des gleichwohl Gezahlten ist auch hier ausgeschlossen (§ 222).

[3]) l. 95 § 3 D. de sol. 46. 3 u. § 678 E. I.

Im Fall rechtzeitiger Anzeige zu a beschränkt sich die Verbindlichkeit des Bürgen auf den Umfang der Hauptverbindlichkeit zur Zeit der Beendigung des Beitreibungsverfahrens und, falls dem Bürgen die Einrede der Vorausklage nicht zustand (b), auf den Umfang der Hauptschuld bei Ablauf der für die Bürgschaft festgesetzten Zeit.[1])

5. Befreiung des Bürgen von der Bürgschaft seitens des Hauptschuldners, indem der letztere durch Tilgung der Hauptschuld oder durch Vertrag mit dem Gläubiger die Befreiung herbeiführt.

Einen Anspruch auf diese Befreiung hat jeder Bürge auf Grund besonderer Vereinbarung mit dem Hauptschuldner. Wer sich als Beauftragter des Hauptschuldners oder als sein Geschäftsführer ohne Auftrag, sei es mit, sei es ohne Rechtswohltat der Vorausklage verbürgte, hat mit Rücksicht auf seinen Regreß den Anspruch auf Befreiung: bei wesentlicher Vermögensverschlechterung oder Erfüllungsverzug des Hauptschuldners, bei nachträglicher, durch Änderung des Wohnsitzes, der gewerblichen Niederlassung oder des Aufenthaltsorts des Hauptschuldners herbeigeführter, wesentlicher Erschwerung der Rechtsverfolgung gegen den Hauptschuldner, endlich, nachdem der Gläubiger ein vollstreckbares Urteil gegen den Bürgen erzielte.

Ist die Hauptschuld auch nicht fällig, so muß sich der Bürge mit Sicherstellung begnügen (§ 775).

Neunzehnter Titel.

Vergleich.

David, Zur Rechtsnatur des Vergleichs i. D. R. Bd. 7, 12—13. Hedemann, Der Vergleichsirrtum nach dem Rechte des Deutschen Reichs, Jena 1903. Dernburg II §§ 202ff. Cosack I § 160. Enneccerus I §§ 328ff. Endemann I § 193. Crome II §§ 301ff. Matthiaß I § 182. Windscheid-Kipp II §§ 413 u. 414.

I.

Begriff.

Der Vergleich ist ein gegenseitiger[2]) Vertrag, durch den der

---

[1]) Ist die Bürgschaft ohne Zeitbeschränkung eingegangen, so gibt Verzögerung der Beitreibung seitens des Gläubigers dem Bürgen kein Recht auf Befreiung von der Bürgschaftsschuld, weder gegenüber dem Gläubiger noch gegenüber dem Hauptschuldner. Aber § 826 dürfte anwendbar sein. Crome II § 298, 3, a.

[2]) §§ 320ff. finden also Anwendung.

Streit oder die Ungewißheit der Vertragschließenden über ein Rechtsverhältnis im Wege gegenseitigen Nachgebens beseitigt wird (§ 779 a. A.).

1. Es muß also Streit — nicht notwendig Prozeß[1]) — oder Ungewißheit der Vertragschließenden über das Rechtsverhältnis, über welches sie sich vergleichen, vorliegen. Ersteres ist der Fall, wenn die Meinungen der Kontrahenten über Existenz, Inhalt oder Umfang des Rechtsverhältnisses auseinandergehen, indem z. B. der eine eine Forderung von 1000 Kaufgeld gegen den anderen zu haben behauptet, letzterer aber entweder bestreitet, überhaupt etwas schuldig zu sein, oder daß es sich um Kaufgeld oder eine Summe von gerade 1000 handle. Ungewißheit ist aber dann vorhanden, wenn keiner der Kontrahenten sicher weiß, ob ein bestimmtes Rechtsverhältnis besteht, oder welchen Inhalt oder Umfang es habe. Dabei gilt es als Ungewißheit über ein Rechtsverhältnis, wenn die Verwirklichung eines Anspruchs unsicher ist (§ 779 Abs. 2) z. B. weil Einreden entgegenstehen, der Leistungsgegenstand dem Verderben ausgesetzt oder die Vermögensverhältnisse des Schuldners unsicher sind.

Die Ungewißheit kann eine objektive, d. h. in der Sachlage selbst begründete sein, indem z. B. die Rechtsauffassung nach Theorie und Praxis zweifelhaft oder das Rechtsverhältnis bedingt oder in seiner Dauer unsicher ist, z. B. lebenslängliche Alimente. Doch genügt es, daß Parteien die Ungewißheit als vorhanden annehmen, sollte in Wirklichkeit auch keine vorhanden sein (subjektive Ungewißheit).

2. Streit oder Ungewißheit müssen sich auf ein Rechtsverhältnis beziehen, sei dasselbe nun ein solches von Person zu Person oder einer Person zu einer Sache z. B. Eigentum oder dingliches Recht an einem Grundstück. Doch muß das Rechtsverhältnis der Verfügung der Kontrahenten unterstehen, weshalb z. B. nicht eine Ehe durch Vergleich geschieden oder für nichtig, ein Kind für unehelich erklärt werden kann.

3. Streit oder Ungewißheit müssen durch gegenseitiges Nachgeben der Parteien beseitigt werden. Jede der Parteien muß also von ihren wirklichen oder eingebildeten Rechten etwas, einerlei wieviel, aufgeben.

---

[1]) Über den Prozeßvergleich bestimmt — abgesehen von seinem Inhalt — das Prozeßgesetz. Derselbe wird erwähnt in §§ 81, 88, 98, 794 Ziff. 1 CPO. Zwangsvergleich im Konkurs §§ 173 ff. KO. Amtsgerichtlicher Sühnevergleich §§ 510 u. 794 Ziff. 2 CPO. Schiedsmannsvergleich §§ 32, 34 preuß. Schiedsmannsordnung vom 29. März 1879 sowie § 12 preuß. Ausführungsgesetz zur CPO.

So ist es ein Vergleich, wenn der Schuldner sich zur früheren Zahlung bereit erklärt gegen einen Nachlaß von ihrer Höhe, wenn der Gläubiger dem Schuldner eine andere Schuld erläßt und dieser daraufhin die erst in Jahresfrist fällige unsichere Forderung sofort zahlt, wenn der Eigentumsprätendent eines Grundstücks das Eigentum seines Gegners anerkennt gegen ein Schuldversprechen.

Auch über den Inhalt eines rechtskräftigen Urteils können Parteien sich vergleichen, soweit noch Ungewißheit, sei es auch nur bezüglich der Verwirklichung des zuerkannten Anspruchs, bestand.[1]) Selbstverständlich ist auch ein vergleichsweiser Erlaß der im Urteil rechtskräftig festgestellten Schuld möglich.

II.
Form des Vergleichs.

Der Vergleichsschluß vollzieht sich formlos. Verlangt jedoch der Inhalt der Vergleichsvereinbarung ohne Rücksicht auf die zugrunde liegende causa eine besondere Form, so ist dieselbe einzuhalten. Deshalb kann auch vergleichsweise ein Veräußerungsvertrag über einen Bruchteil des Vermögens oder ein Grundstück nur in gerichtlich oder notariell beurkundeter Form geschlossen werden (§§ 311 u. 313). Der gleichen Form bedarf der vergleichsweis geschlossene Vertrag unter künftigen gesetzlichen Erben über den gesetzlichen Erbteil oder den Pflichtteil eines von ihnen (§ 312 Abs. 2).

Dagegen verlangt das Versprechen der Zahlung einer Geldsumme nicht allgemein die Schriftform, sondern nur dann, wenn es die Zahlungsverpflichtung selbständig begründen soll (§ 780). Dies trifft aber bei dem vergleichsweisen Zahlungsversprechen nicht zu. Denn nicht selbständig, sondern nur als Teil des Vergleichs soll es die Zahlungspflicht begründen (§ 782). Deswegen bedarf ein vergleichsweise abgegebenes Zahlungsversprechen nicht der Schriftform.

III.
Die Wirkung des Vergleichs.

Derselbe setzt die unter den Vertragschließenden und ihren Erben bezüglich des bisher streitigen oder ungewissen Rechtsverhältnisses in Zukunft bestehenden Rechtsbeziehungen rechtsgeschäftlich fest. Er klärt

---

[1]) In der Zwangsvollstreckung wäre die Einwendung, daß man sich verglichen habe, gemäß § 767 CPO. geltend zu machen.

also nicht nur, wie ein Urteil, was bisher Rechtens war, sondern er normiert auch neue Rechtsbeziehungen. Soweit er ein bisher bestehendes Rechtsverhältnis bestehen läßt, enthält er Anerkenntnisse, darüber hinaus begründet er neue Schuldverhältnisse, z. B. soweit er Veräußerungen enthält,[1]) oder ändert er das bisher bestandene Rechtsverhältnis ab, z. B. durch Festsetzung neuer Zahlungstermine.

Demgemäß sind die Rechtsbeziehungen der Parteien bezüglich des Rechtsverhältnisses, über welches sie sich verglichen hatten, ausschließlich nach dem Inhalt des Vergleichs zu beurteilen. Eine Novation liegt aber im Vergleich nicht. Deswegen bleiben, soweit der Vergleich das alte Rechtsverhältnis aufrecht erhält, die für dasselbe bestellten Bürgschaftsrechte, Pfandrechte und die im Konkurs etwa zukommenden Vorzugsrechte bestehen. Einwendungen aus dem alten Rechtsverhältnis können aber, wegen des im Vergleich liegenden Anerkenntnisses, grundsätzlich nicht mehr erhoben werden. Nur der Bürge, der zu dem Vergleich nicht zugestimmt hatte, verliert seine vor dem Vergleich ihm zustehenden Einwendungen aus dem alten Rechtsverhältnis nicht.[2]) Er hat dasselbe nicht anerkannt (§ 767 Abs. 1 S. 3 u. § 768 Abs. 2). Doch treten zu seinen Einwendungen diejenigen hinzu, welche dem Schuldner etwa aus dem Vergleich entstanden sind, z. B. Einrede des nicht erfüllten Vertrags.

Falls ein Gesamtgläubiger oder Gesamtschuldner sich verglichen hat, wirkt der Vergleich grundsätzlich nur unter den Vertragschließenden. Soweit jedoch der Vergleich einen Erlaß enthält und von den Vertragschließenden Gesamtwirkung des Erlasses beabsichtigt ist, wirkt der Erlaß auch bezüglich der übrigen Mitgesamtgläubiger und Schuldner (§§ 423 u. 429).[3])

IV.

Nichtigkeit und Anfechtbarkeit.

Der Vergleich untersteht den allgemeinen Vertragsgrundsätzen. Deshalb ist er nichtig, wenn er zum Schein oder im Scherz geschlossen

---

[1]) Es handelt sich bei den im Vergleich vorkommenden Veräußerungen stets um entgeltliche, weshalb auch die beim Kauf geltenden Grundsätze über Gewähr rechtlicher und physischer Fehler (§§ 445 u. 493) auf die im Vergleich enthaltenen Veräußerungen Anwendung finden (RG. 54, 167).

[2]) RGE. vom 5. November 1903 in der juristischen Wochenschrift von 1903, Beilage XV Nr. 311.

[3]) Vgl. meinen Kommentar zu § 423 Anm. 3.

wurde (§§ 117 u. 118), deshalb kann er wegen Irrtums, arglistiger Täuschung, widerrechtlicher Drohung (§§ 119 ff.) angefochten werden.

Auch der Vergleich über eine Spielschuld, welche den Vergleichschließenden als solche bekannt ist, begründet keine Verbindlichkeit (§ 762 Abs. 2). Streiten jedoch die Parteien darüber, ob eine Schuld eine Spielschuld oder eine andere Schuld sei (z. B. Differenzgeschäft oder Kauf), so ist der Vergleich gültig, auch wenn objektiv eine Spielschuld vorliegen sollte. Denn der Gegenstand des Vergleichs bildet nicht die Spielschuld, sondern die Frage, ob eine Schuld Spielschuld sei oder nicht (RG. 49, 194); vgl. auch Kipp-Windscheid II § 416 Anm. 9e. Doch enthält § 779 Abs. 1 Hlbs. 2 noch einen speziellen Fall der Nichtigkeit. Denn der Vergleich soll unwirksam, d. h. nichtig sein, wenn der nach dem Inhalt des Vertrags von beiden Vertragschließenden als feststehend zugrunde gelegte Sachverhalt der Wirklichkeit nicht entspricht und der Streit oder die Ungewißheit (zwischen den Vergleichschließenden) bei Kenntnis der Sachlage nicht entstanden sein würde. Die Voraussetzungen für diese Nichtigkeit sind:

1. Beide Parteien müssen irrtümlich ein und dieselbe Grundlage ihres Vergleichs als feststehend angenommen haben. So z. B. wenn nach dem Tode des Erblassers der A. als angeblicher Testamentserbe dem B. als angeblichem Vermächtnisnehmer vergleichsweise sich zur sofortigen Zahlung von 10000 Mk. gegen Aufgabe aller Ansprüche an das Vermächtnis, dessen Höhe sie nicht kennen, verpflichtet. Hier ist der Vergleich nichtig, wenn sich bei der Testamentseröffnung herausstellt, daß A. nicht Testamentserbe oder B. gar nicht mit einem Vermächtnis bedacht ist. Beides, sowohl Erben- als Vermächtnisnehmereigenschaft, war als feststehend angenommen. Dagegen würde, wenn in der Tat dem A. ein Vermächtnis zugunsten des B. auferlegt war, der Vergleich nicht um deswillen nichtig sein, weil der B. angenommen hatte, dasselbe betrage 15000 Mk. und A., es betrage 12000 Mk., sei aber erst in drei Jahren zahlbar, während es auf 10000 Mk., sofort zahlbar lautete.

Außerdem muß aber:

2. Die Unkenntnis der wahren Sachlage die Ursache für den Streit oder die Ungewißheit sein. Dies trifft z. B. in dem zu 1. erwähnten Beispiel zu. Denn wenn Parteien gewußt hätten, daß der A. oder der B. nicht eingesetzt oder bedacht war, so würde eine Ungewißheit darüber, wie hoch das dem A. zugunsten des B. auferlegte Vermächtnis sei, gar nicht entstanden sein.

Dagegen würde, während in der Tat A. zugunsten des B. im Testament belastet war, der Vergleich gültig sein, wenn A. und B. davon ausgingen, daß außer dem A. auch noch der C. eingesetzt, aber nicht belastet sei. Denn diese Unkenntnis der wahren Sachlage ist nicht Ursache der Ungewißheit über die Höhe des Vermächtnisses und die Zeit seiner Entrichtung.

Zwanzigster Titel.

Schuldversprechen und Schuldanerkenntnis.

Ackermann in Gruchot Bd. 44, 573—592. Huysinga, Schuld und Schuldursache, Amsterdam, Geb. Schröder, 1901. Klingmüller, Der Begriff des Rechtsgrundes. Seine Herleitung und Anwendung. Breslau, M. u. H. Marcus, 1901, S. 35 ff., 56 ff. Derselbe, Das Schuldversprechen und Schuldanerkenntnis des BGB. f. d. D. R., Jena 1903. Neubecker, Der abstrakte Vertrag in seinen historischen und dogmatischen Grundzügen, Berlin, C. Heymann, 1903. Neumann, Zur Lehre vom Verpflichtungsgrunde i. Gruchot Bd. 45, 503—511. Oertmann, Abstrakte Schuldversprechen aus rechtswidrigem Verpflichtungsgrunde i. D. J.-Z. Bd. 6, 105 ff. von Thur, Zur Lehre von den abstrakten Schuldverträgen nach dem BGB., Leipzig bei C. L. Hirschfeld, 1903. Auch Hegler, Beiträge zur Lehre vom prozessualen Anerkenntnis und Verzicht, Freiburg i. B. b. C. A. Wagner, 1903. O. Bülow, Geständnisrecht, 1899. — Dernburg II §§ 88 ff. Endemann I § 194. Crome II §§ 304 ff. Cosack I §§ 161 ff. Enneccerus I §§ 330 ff. Matthiaß I § 134. Windscheid-Kipp II § 412b.

I.

Begriff des Schuldversprechens.

Dasselbe ist ein selbständiger, d. h. von seinem Verpflichtungsgrund (Schuldgrund) losgelöster einseitiger Vertrag, inhalts dessen sich der Versprechende dem Andern zu einer Leistung verpflichtet.[1])

1. Die Selbständigkeit bedeutet nicht, daß die das Schuldversprechen Abschließenden subjektiv keinen Schuldgrund hätten. Denn das ist undenkbar. Ein Schuldversprechen, zu dessen Abgabe man nicht durch irgend einen Grund bestimmt würde, gibt es nicht. Man verspricht 1000 zu zahlen, weil man dafür eine Sache gekauft, gemietet zu haben meint, weil man damit schenken, seine Ausstattungs-

[1]) Den Gegensatz bildet der individualisierte Vertrag, bei welchem der Schuldgrund — Kauf, Miete ꝛc. — einen Teil des Vertrags bildet.

pflicht, eine Bedingung erfüllen will. Aber man spricht dies in dem Schuldversprechen nicht aus, oder man will wenigstens, obwohl man es aussprach, durch das Schuldversprechen eine selbständige Verbindlichkeit begründen.

Die Selbständigkeit bedeutet danach:

a) Daß das Schuldversprechen auch unabhängig von einem gültigen Verpflichtungsgrunde entsteht, sei es daß dieser unsittlich, gesetzlich verboten oder aus einem anderen Grund (z. B. Dissens über den Schuldgrund) nichtig ist. Dies spricht für den Fall eines unsittlichen oder gesetzlich verbotenen Verpflichtungsgrundes § 817 S. 2 aus. Weil das Schuldversprechen trotzdem gültig ist, so kann das zu seiner Erfüllung Geleistete nicht als grundlose Bereicherung zurückgefordert werden.[1]) Insofern bildet also das abstrakte Schuldversprechen eine Ausnahme von § 138. Derselbe bezieht sich nicht auf das abstrakte Schuldversprechen, insoweit es sich um einen gegen die guten Sitten verstoßenden Verpflichtungsgrund handelt. Denn der Verpflichtungsgrund bildet beim selbständigen Schuldversprechen nicht einen Teil des Vertragsinhalts. Dies wird bestätigt durch die Bestimmungen der §§ 656 Abs. 2 u. 762 Abs. 2. Dieselben würden überflüssig sein, wenn § 138 sich auch auf das auf Grund unsittlichen Verpflichtungsgrundes abgegebene abstrakte Schuldversprechen bezöge. Denn wenn die Unsittlichkeit des Verpflichtungsgrundes auch Unsittlichkeit des daraufhin abgegebenen Schuldversprechens zur Folge hätte, so müßte die sittliche Anrüchigkeit des Verpflichtungsgrundes auch sittliche Anrüchigkeit des daraufhin erklärten Schuldversprechens bewirken. Das bedürfte gar nicht der besonderen Hervorhebung. Gerade die Sonderbestimmungen der §§ 656 Abs. 2 u. 762 Abs. 2 sprechen für die Richtigkeit unserer Auffassung.

b) Für den Versprechensempfänger die Möglichkeit der Klagebegründung lediglich durch Bezugnahme auf das Schuldversprechen. Mag also auch das Schuldversprechen auf Grund eines vorhandenen gültigen Schuldverhältnisses abgegeben sein, weil man z. B. die versprochenen 1000 als Kaufgeld schuldet, so bildet das abstrakte Schuldversprechen einen neuen Verpflichtungsgrund, der neben den alten tritt. Es bestehen nun zwei Ansprüche, die zu einander im Verhältnis der Aktionenkonkurrenz stehen.

---

[1]) Dernburg II § 90 nimmt eine Antinomie zwischen §§ 817 u. 138 an und gibt letzterem Paragraph den Vorzug. Ihm folgen Staub zu § 350 HGB. Anm. 8 und Andere. Auch Neubecker: der abstrakte Vertrag S. 52ff.

c) Für den Versprechenden den Verlust der ihm aus dem etwa zugrunde liegenden Schuldverhältnis zustehenden Einwendungen z. B. der Einrede des nicht erfüllten Vertrags, wenn seinem Schuldversprechen von 1000 ein Kaufvertrag zugrunde liegt.[1])

2. Dagegen ist in folgenden Beziehungen das selbständige Schuldversprechen von seinem Verpflichtungsgrunde abhängig:

a) Fehlt es an einem solchen, weil derselbe nichtig ist, so kann das selbständige Schuldversprechen, als des rechtlichen Grundes entbehrend, zurückgefordert werden (§ 812 Abs. 1). Jedoch ist die Zurückforderung ausgeschlossen, wenn das Versprechen zum Zweck der Erfüllung einer Verbindlichkeit erteilt wurde und der Versprechende wußte, daß er zu ihrer Erfüllung nicht verpflichtet war (§ 814)..

b) Der Versprechende, welcher auf Erfüllung des Schuldversprechens verklagt wurde, kann die Erfüllung verweigern, weil das Schuldversprechen ohne rechtlichen Grund abgegeben wurde (§ 821). Doch wird die Einrede unter entsprechender Anwendung von § 814 dann zu versagen sein, wenn das Versprechen zwecks Erfüllung einer Verbindlichkeit abgegeben war und der Versprechende bei Abgabe seines Versprechens das Fehlen derselben kannte.

II.

Form und Gegenstand.

Das Schuldversprechen muß, soweit nicht eine andere Form vorgeschrieben ist, schriftlich erteilt werden (§ 780);[2]) die Annahme des Versprechens kann formlos geschehen. Eine stärkere Form kann aber vorgeschrieben sein, entweder mit Rücksicht auf den Gegenstand (§§ 311, 313) oder auf den Schuldgrund des Versprechens (§ 518 Abs. 1, § 1624 Abs. 1 a. E., § 2301). Das Schuldversprechen eines Vollkaufmanns bedarf keiner Form (§§ 350 u. 351 HGB.).[3])

Gegenstand des Schuldversprechens können alle möglichen, erlaubten Leistungen sein. Ist die versprochene Leistung unsittlich oder unerlaubt, so ist das Schuldversprechen nichtig.

---

[1]) Vgl. jedoch Nr. 2 b.

[2]) Auch eine wegen Formmangels als Wechsel ungültige Urkunde kann als Schuldversprechen im Wege der Konversion aufrecht erhalten werden, wenn die Form des Schuldversprechens gewahrt ist (§ 140 BGB. u. RG. 48, 230).

[3]) Über vergleichsweises Schuldversprechen oben S. 182 u. § 782 BGB.

III.

Das Schuldanerkenntnis.

Von dem Schuldversprechen ist begrifflich das Schuldanerkenntnis zu unterscheiden. Denn an sich ist das Schuldanerkenntnis lediglich die einseitige Erklärung Jemandes, etwas schuldig zu sein. Eine solche Erklärung kann bald die Bedeutung eines Zeugnisses gegen sich selbst haben, bald kann sie — wenn im Prozeß abgegeben — ein einseitiges prozessuales Rechtsgeschäft sein.[1])

Aber das Schuldanerkenntnis kann allerdings in einen Schuldvertrag übergehen, wenn es nämlich in verpflichtender Absicht erklärt und diese Erklärung vom Gegner angenommen wird.

Ein solches Schuldanerkenntnis unterscheidet sich sachlich nicht vom Schuldversprechen,[2]) weshalb die für letzteres geltenden Regeln auch auf das Schuldanerkenntnis Anwendung finden (§ 781).[3])

Einundzwanzigster Titel.

Anweisung.

Wendt, Das allgemeine Anweisungsrecht, 1895. Lenel i. Jherings Jahrb. Bd. 36, 113ff. — Dernburg I §§ 237ff. Enneccerus I §§ 333ff., Endemann I § 195. Cosack I § 151. Crome II 807ff. Matthiaß I § 135. Windscheid-Kipp II § 412.

I.

Begriff.

Die Anweisung ist eine Urkunde, in welcher der Aussteller (der Anweisende) einen Andern (den Angewiesenen) für befugt erklärt, Geld, Wertpapiere oder andere vertretbare Sachen für Rechnung des Anweisenden an einen Dritten (den Anweisungsempfänger) zu leisten, und den letzteren ermächtigt, die Leistung bei dem Angewiesenen in eigenem Namen zu erheben (§ 783).

Es ist nicht notwendig und auch nicht üblich, daß die Ermächtigung des Anweisungsempfängers ausdrücklich in der Urkunde

[1]) § 308 CPO. u. Kohler in Zeitschrift für Zivilprozeß Bd. 29 S. 34ff.

[2]) Dernburg II § 89 Nr. IV. A. M. Cosack I § 161.

[3]) Über das negative Schuldanerkenntnis §§ 397 Abs. 2 u. 812 Abs. 2 sowie mein Kommentar zu § 397 Anm. 2.

erklärt ist. Vielmehr liegt diese Ermächtigung stillschweigend in der Aushändigung der Urkunde an den Anweisungsempfänger seitens des Anweisenden. Auch bedarf es nicht einmal einer Benachrichtigung des Anweisenden an den Angewiesenen von der stattgehabten Aushändigung der Urkunde an den Anweisungsempfänger.

Die Anweisung enthält also eine Doppelermächtigung, kein Doppelmandat, wie früher vielfach angenommen wurde. In der Annahme der Anweisung seitens des Anweisungsempfängers liegt an sich nicht die Übernahme der Verpflichtung, die in der Urkunde bezeichnete Leistung in eigenem Namen zu erheben. Ebensowenig kann aber in der Aushändigung der Urkunde an den Anweisungsempfänger der Abschluß eines Mandatsvertrags zwischen dem Anweisenden und dem Angewiesenen liegen. Vielmehr enthält die Urkunde auch nur die einseitige Ermächtigung für den Angewiesenen, in eigenem Namen an den Anweisungsempfänger zu leisten.

Von der Vollmacht unterscheidet sich die Anweisung dadurch, daß der Bevollmächtigte im Namen des Vollmachtgebers zu handeln ermächtigt wird (§ 166 Abs. 2 u. § 164), während der Angewiesene zwar für Rechnung des Anweisenden, aber doch im eigenen Namen zu zahlen, der Anweisungsempfänger aber im eigenen Namen die Leistung einzuziehen ermächtigt wird.

Die Ermächtigung an den Anweisungsempfänger wird nicht schon mit der Ausfüllung des Anweisungsformulars, sondern erst durch Geben und Nehmen der Urkunde, also durch den Übergabevertrag perfekt, auf welchen die allgemeinen Grundsätze über Nichtigkeit und Anfechtbarkeit der Verträge anzuwenden sind. Mit Abschluß dieses Übergabevertrages ist gleichzeitig auch die Ermächtigung des Angewiesenen perfekt (§ 783: händigt er es aus, so ist der Angewiesene ermächtigt), weswegen der Anweisende die Gültigkeit der Zahlung des Angewiesenen nicht um deswillen bezweifeln kann, weil die Anweisung dem Angewiesenen zur Zeit der Zahlung noch nicht vorgezeigt gewesen sei.

II.

Die Zwecke der Anweisung.

Als abstraktes Rechtsgeschäft kann die Anweisung den verschiedensten Zwecken dienen, wobei die Doppelstellung des Anweisenden zum Angewiesenen und zum Anweisungsempfänger in Betracht zu ziehen ist.

1. Im Verhältnis zum Anweisungsempfänger kann der Anweisende beabsichtigen:

a) Durch die Anweisung die Tilgung seiner Schuld an den Anweisungsempfänger zu vermitteln, was natürlich Zustimmung des Anweisungsempfängers voraussetzt. Doch gilt der Satz: „Anweisung ist keine Zahlung". Die Tilgung der Schuld tritt erst ein, wenn und insoweit der Angewiesene zahlt (§ 788). Anders ist dies, wenn die Erteilung der Anweisung als Hingabe an Zahlungsstatt erfolgte.

b) Durch die Anweisung sich eine Forderung gegen den Anweisungsempfänger zu verschaffen, z. B. wenn er ihm behufs Beschaffung eines Darlehns die Anweisung gibt. Auch hier erlangt der Anweisende erst mit der Zahlung des Angewiesenen gegen den Anweisungsempfänger die Forderung auf Rückerstattung des Darlehns (§ 788).

c) Durch Erteilung der Anweisung dem Anweisungsempfänger ein Geschenk zu machen. Geschenkt soll aber nicht sein die Anweisungsurkunde, sondern die in ihr angewiesene Leistung. Die Schenkung kommt also erst zustande, wenn der Angewiesene zahlt.

2. Im Verhältnis des Anweisenden zum Angewiesenen gibt es:

a) Anweisung auf Schuld (§ 787). Hier ist der Angewiesene bereits Schuldner des Anweisenden und befreit sich durch anweisungsgemäße Zahlung an den Anweisungsempfänger von dieser Schuld an den Anweisenden.

b) Anweisung auf Kredit. Hier schuldet der Angewiesene dem Anweisenden nicht den in der Urkunde angegebenen Betrag, erlangt vielmehr, da er dem Anweisungsempfänger für Rechnung des Anweisenden zahlt, durch die Zahlung eine Forderung an den Anweisenden. Er gibt durch die Zahlung an den Anweisungsempfänger dem Anweisenden Kredit.

Die Angabe dieser Bestimmungsgründe und Zwecke in der Urkunde ändert an der abstrakten Natur der Anweisung nichts.

III.

Die Rechtsverhältnisse der Beteiligten.

1. Die Rechtsstellung des Angewiesenen ist eine solche zum Anweisenden und eine solche zum Anweisungsempfänger. Die erstere liegt außerhalb der Anweisung in dem zwischen Anweisendem

und Angewiesenem ohnehin bestehenden Grundverhältnis. Nach diesem richtet es sich, ob der Angewiesene dem Anweisenden verpflichtet ist, die Anweisung anzunehmen, z. B. als Beauftragter. Er wird deshalb dem Anweisenden schadensersatzpflichtig, wenn er ungeachtet eines solchen Verpflichtungsverhältnisses die Annahme gegenüber dem die Anweisung präsentierenden Anweisungsempfänger ablehnt oder trotz erfolgter Annahme nicht an den Anweisungsempfänger zahlt. Doch ist der Umstand allein, daß der Angewiesene bereits Schuldner des Anweisenden ist, nicht geeignet, seine Verpflichtung zur Annahme gegenüber dem Anweisenden zu begründen (§ 787 Abs. 2). Durch das Grundverhältnis kann andererseits auch jeder Regreß des Angewiesenen an den Anweisenden wegen erfolgter Zahlung ausgeschlossen sein, wenn er sich z. B. schenkungshalber dem Anweisenden verpflichtet hatte, an den Anweisungsempfänger zu zahlen, oder wenn die Anweisung auf Schuld erfolgte.[1])

Besteht andererseits ein solches Rechtsverhältnis zwischen Anweisendem und Angewiesenem nicht, so entsteht durch die Zahlung an den Anweisungsempfänger eine Regreßforderung des Angewiesenen gegen den Anweisenden. Denn die Ermächtigung lautete auf Zahlung für Rechnung des Anweisenden (§ 783). Das Eigentümliche dabei ist nur, daß, wie die Ermächtigung an den Angewiesenen rechtsgültig erteilt ist mit Aushändigung der Anweisung an den Anweisungsempfänger, in gleicher Weise auch das Versprechen des Anweisenden auf Erstattung des Geleisteten dem Angewiesenen abgegeben ist mit Aushändigung der Anweisung an den Anweisungsempfänger.

2. Ein Rechtsverhältnis des Angewiesenen zum Anweisungsempfänger entsteht durch die Annahme der Anweisung seitens des Angewiesenen, wenn die Annahme der Aushändigung der Anweisung seitens des Anweisenden an den Anweisungsempfänger nachfolgte. Ging sie ihr voraus, so entsteht das Rechtsverhältnis erst mit der Aushändigung der Urkunde an den Anweisungsempfänger (§ 784 Abs. 2).

Die Annahme besteht in dem schriftlichen Annahmevermerk auf der Anweisung (§ 784 Abs. 2 S. 1). Doch ist Annahme mit Einschränkungen (geringerer Betrag, andere Zahlungszeit 2c.) oder unter Bedingungen statthaft. Ihrer Natur nach ist die Annahme eine abstrakte, einseitige, empfangsbedürftige Verpflichtungserklärung, deren Tragweite sich lediglich nach ihrem Inhalt bemißt,

[1]) Vgl. II, 1 a.

und welche nicht einfach widerrufen, wohl aber angefochten werden kann.[1]) Zwar soll nach § 784 Abs. 2 S. 2 der vor Aushändigung der Anweisung seitens des Anweisenden an den Anweisungsempfänger vom Angewiesenen abgegebene Annahmevermerk dem Anweisungsempfänger gegenüber erst mit der Aushändigung wirksam werden und es scheint danach die Meinung nahe zu liegen, daß also in solcher Annahmeerklärung ein abstraktes Schuldversprechen an den Anweisenden zugunsten des Anweisungsempfängers liege,[2]) weshalb man auch in der dem Anweisungsempfänger abgegebenen Annahmeerklärung ein Schuldversprechen nach § 780 erblicken müsse. Allein, wenn dies die Bedeutung von § 784 Abs. 2 S. 2 wäre, so müßte der Anweisende vor Aushändigung der Anweisung an den Anweisungsempfänger gegen den Angewiesenen auf Leistung an den Anweisungsempfänger klagen können, er müßte, und ebenso der klagende Anweisungsempfänger, den Einwand gewärtigen, daß er seinerseits bei Abschluß des Vertrages zugunsten des Anweisungsempfängers geschäftsunfähig gewesen sei, daß das Zahlungsversprechen schenkungshalber für Spiel- oder Wettschulden-Erfüllung 2c. abgegeben worden sei (§§ 518, 656, 762). Alle diese Einwendungen sind aber durch § 784 Abs. 1 ausgeschlossen. Vielmehr wird die Annahme, wenn der Annahmevermerk vor Aushändigung der Anweisung an den Anweisungsempfänger auf die Urkunde gesetzt wurde, allerdings auch gegenüber dem Anweisenden wirksam, aber nicht im Sinn der abstrakten Verpflichtung aus dem Annahmevermerk, sondern lediglich auf Grund des zwischen Anweisendem und Angewiesenem bestehenden materiellen Rechtsverhältnisses. Denn wenn der Anweisende die Anweisung vor der Begebung zum Akzept versendet, so liegt in diesem Schritt der Wunsch des Anweisenden, daß der Angewiesene das Akzept geben möge, also mindestens eine Offerte zu einem Mandatsvertrag. Diese Offerte akzeptiert der Angewiesene durch den Annahmevermerk. Als Beauftragter aber kann er jetzt verlangen: Vorschuß zur Zahlung (§ 669) und, wenn er Zahlungsmittel vergeblich angeschafft hatte, weil der Anweisende sich anders besonnen, und die Anweisung vernichtet hatte, Ersatz seiner Un-

---

[1]) War die Anweisung gefälscht, aber das Akzept echt, so ist dasselbe gleichwohl gültig. Denn die Annahme wird erklärt nach Maßgabe des Inhalt der vorgelegten Urkunde. Irrt man sich dabei über die Echtheit, so ist gemäß § 119 Abs. 2 a. E. Anfechtbarkeit des Akzepts gegeben.

[2]) So in der Tat Hellwig, Verträge S. 274 Anm. 540.

kosten, wenn er dagegen aus Eigenem an den Anweisungsempfänger gezahlt hatte, nicht bloß Ersatz seiner Auslagen, sondern auch Verzinsung (§ 256). Wäre aber dem Angewiesenen Entgelt für das Akzept versprochen, so würde das Akzept auch vor der Aushändigung an den Anweisungsempfänger, dem Anweisenden gegenüber insofern wirksam, als jetzt das versprochene Entgelt fällig wäre.

Aus der Abstraktheit des Akzepts erklärt es sich, daß der Angewiesene keinerlei Einwendungen aus dem, zwischen ihm und dem Anweisenden bestehenden Rechtsverhältnis entnehmen darf, z. B. Einwand der nicht erhaltenen Valuta, oder daß der Anweisende ihm nach abgegebener Annahmeerklärung einen Widerruf der Zahlungsermächtigung zugesendet habe oder daß die Annahme zur Erfüllung einer Spiel- oder Wettschuld des Angewiesenen an den Anweisenden erklärt worden sei.

Umgekehrt sind aber Einwendungen zulässig, welche sich ergeben (§ 784):

a) Aus Mängeln der schriftlichen Annahmeerklärung (Irrtümer, Geschäftsunfähigkeit oder Beschränktheit, Zwang rc.);

b) aus dem Inhalt der Anweisung (z. B. Nichteintritt der Bedingung, von deren Eintritt die Leistung abhängig gemacht war, noch nicht eingetretener Zahlungstag rc.);

c) aus dem Inhalt der Annahmeerklärung (z. B. Annahme auf geringeren Betrag oder unter Bedingung);

d) aus dem persönlichen Verhältnis des Angewiesenen zum Anweisungsempfänger (z. B. daß letzterer die Anweisung gefälscht, daß er Stundung oder Erlaß gewährt habe, daß der Angewiesene mit einer ihm an den Anweisungsempfänger zustehenden Gegenforderung aufrechne rc.).

Der Anspruch des Anweisungsempfängers geht auf Zahlung in Gemäßheit des Akzepts gegen Aushändigung der Anweisung (§ 785) Zug um Zug und verjährt in drei Jahren (§ 786).

3. Die Rechtsstellung des Anweisenden und des Anweisungsempfängers zu einander richtet sich grundsätzlich nach dem zwischen ihnen bestehenden Rechtsverhältnis, auf Grund dessen die Anweisung erteilt wurde. Nach ihm beurteilt es sich also, ob der Anweisende für die Erteilung der Anweisung eine Gegenleistung vom Anweisungsempfänger verlangen kann, und ob er andererseits mangels Honorierung der Anweisung seitens des Angewiesenen dem

Anweisungsempfänger regreßpflichtig, oder wegen Widerrufes der Anweisung gemäß § 790 ihm schadensersatzpflichtig wird (S. 2).

Nach ihm beurteilt es sich ferner, ob der Anweisungsempfänger verpflichtet ist, die Anweisung gegenüber dem Angewiesenen zu gebrauchen, ob er schon durch Empfang der Anweisung seiner ihm gegen den Anweisenden etwa zustehenden Forderung, zwecks deren Tilgung die Anweisung ausgestellt war, verlustig gehen solle 2c.

Doch ergibt sich für den Anweisungsempfänger aus der Empfangnahme der Anweisung ohne Ansehung des ihrer Ausstellung zugrunde liegenden Rechtsverhältnisses nach positiver Bestimmung des § 789 die Verpflichtung, es unverzüglich dem Anweisenden anzuzeigen, wenn der Angewiesene vor Eintritt der Leistungszeit Annahme der Anweisung oder Leistung verweigert, sowie wenn der Empfänger selbst von der Anweisung keinen Gebrauch machen kann oder will. Die Nichterfüllung dieser Verpflichtungen hat nach allgemeinen Grundsätzen Schadensersatzpflicht zur Folge.

IV.

Die Abtretung der Anweisung.

Auch die nicht angenommene Anweisung hat schon einen Vermögenswert als Keim eines abstrakten Forderungsrechts.[1]) Deswegen können die Gläubiger des Anweisungsempfängers sie pfänden lassen und im Konkurs desselben gehört sie zu der Konkursmasse. Deswegen kann auch die Anweisung, mag sie angenommen sein oder nicht, durch Vertrag seitens des Anweisungsempfängers übertragen werden, falls ihre Übertragung nicht vom Anweisenden ausgeschlossen wurde (§ 792).[2])

Die Übertragung verlangt schriftliche Form der Übertragungserklärung — nicht ihrer Annahme — und Aushändigung der Anweisung an den Zessionar (§ 792 Abs. 1 S. 2 u. 3).[3])

Im Übrigen ist zu unterscheiden:

---

[1]) Dernburg II § 240, I.

[2]) Die Ausschließung erfordert Vermerk in der Anweisung oder mündliches Abkommen zwischen Anweisendem und Anweisungsempfänger unter Mitteilung seitens des Anweisenden an den Angewiesenen vor Annahme der Anweisung oder Bezahlung derselben. Fehlt es an der Mitteilung, so wirkt die mündliche Ausschließung nur zwischen dem Anweisungsempfänger und dem Anweisenden.

[3]) Kaufmännische Anweisungen, welche an Ordre lauten, sind indossabel (§ 363 Abs. 1 S. 1 HGB.).

1. Die schon angenommene Anweisung wird übertragen. Hier kann der Angewiesene außer den gegen den Zessionar zustehenden auch die zur Zeit der Abtretung gegen den Zedenten begründeten Einwendungen dem Zessionar entgegensetzen. Denn den Gegenstand der Übertragung bildet hier das aus der Annahme hervorgegangene abstrakte Forderungsrecht des Zedenten und die Lage des Angewiesenen darf durch die Abtretung nicht verschlechtert werden. — Auch Abtretung an den Anweisenden ist denkbar.

2. Die noch nicht angenommene Anweisung wird übertragen. Den Gegenstand der Übertragung bildet hier die Möglichkeit, durch Präsentation und Annahme der Urkunde Gläubiger des Angewiesenen zu werden. Der Zessionar, welchem gegenüber die Annahme erfolgte, hat also jetzt ein abstraktes Forderungsrecht, gegen welches nur die in § 784 Abs. 1 erwähnten Einwendungen zulässig sind. Da der Zedent noch kein Forderungsrecht aus der Anweisung hatte, so kann auch von gegen den Zedenten begründeten Einwendungen des Angewiesenen, welche dem Zessionar entgegengesetzt werden könnten, keine Rede sein (§ 792 Abs. 3 S. 1).

Die Frage, ob der Zessionar wegen Nichtannahme oder Nichtzahlung der angenommenen Anweisung Regreß gegen den Zedenten habe, oder nicht, richtet sich nach dem der Abtretung zugrunde liegenden Rechtsgeschäft. Daher kann bei mehrfacher Übertragung jeder Zessionar, wenn er überhaupt einen Regreßanspruch hat, denselben nur gegen seinen unmittelbaren Vormann geltend machen.

V.

Das Erlöschen der Anweisung.

Der Tod[1]) oder die eingetretene Geschäftsunfähigkeit eines der drei Beteiligten führt nicht zum Erlöschen der Anweisung, mag dieselbe angenommen sein oder nicht (§ 791).

Dagegen führen folgende Gründe zum Erlöschen der Anweisung:

1. Der Widerruf des Anweisenden gegenüber dem Angewiesenen. Er ist gestattet, bis die Leistung, auf welche die Anweisung lautet, vom Angewiesenen gemacht oder eine Verpflichtung des Angewiesenen gegenüber dem Anweisungsempfänger aus der Anweisung entstanden ist. Denn dies gemäß seiner eigenen Anweisung

---

[1]) Die Anweisung ist eben kein Doppelmandat (vgl. §§ 672 u. 673). Deswegen erlischt sie auch nicht durch den Konkurs des Anweisenden (§ 23 KO.).

entstandene Schuldverhältnis Anderer kann der Anweisende durch seine einseitige Erklärung nicht auflösen. Demgemäß ist der Widerruf gestattet:

a) wenn das Akzept vor Aushändigung der Anweisung erteilt, und die Aushändigung der Anweisung an den Anweisungsempfänger noch nicht erfolgt ist;

b) wenn die Anweisung zwar dem Empfänger ausgehändigt, das Akzept aber vom Angewiesenen noch nicht gegeben ist.

Daß in diesen Fällen der Anweisende sich dem Anweisungsempfänger verpflichtet haben kann, nicht zu widerrufen, hindert den Widerruf nicht, verpflichtet aber zum Schadensersatz.

2. Die Zurückgabe der Anweisung seitens des Empfängers an den Anweisenden, falls die Anweisung noch nicht angenommen war; oder an den Angewiesenen, mag die Annahme erfolgt sein oder nicht; die Absicht, sein Recht aufzugeben, muß dabei erkennbar sein.

3. Durch Untergang der Urkunde, einerlei, ob infolge Zufalls oder Vernichtungsabsicht. Hat jedoch der Akzeptant die Urkunde vernichtet, so muß er dem Anweisungsempfänger gleichwohl zahlen (§ 785). Die Vorschriften über Kraftloserklärung finden auf die Anweisung keine Anwendung.

4. Durch Erfüllung oder ein Erfüllungssurrogat.

VI.

Die nicht auf Geld oder vertretbare Sachen lautende Anweisung.

Sie ist zwar gültig, bringt aber die besonderen Wirkungen der Anweisung im Sinne des § 783 nicht hervor. Das Akzept auf der Anweisung ist also keine einseitige Verpflichtungserklärung, sondern kann höchstens als Schuldversprechen im Sinne des § 780 wirken, weshalb auch über den in § 784 Abs. 1 festgesetzten Umfang hinaus Einwendungen zulässig sind. Auf Anweisungen solcher Art kommen die allgemeinen Grundsätze über Ermächtigung zur Anwendung; ebenso auf mündliche, auf Geld oder vertretbare Sachen lautende Anweisungen.

Zweiundzwanzigster Titel.

Schuldverschreibung auf den Inhaber.

H. Brunner in W. Endemanns Handbuch des Handelsrechts, Bd. II, S. 140ff., 196ff. Jacobi, Die Wertpapiere im bürgerl. Recht, 1901. Ritter, Die allgem. Lehren des Handelsrechts mit einem Anhang, betreffend das Recht der

Inhaberschuldverschreibungen, Berlin 1900, bei F. Vahlen. — Dernburg I §§ 146ff. Crome II §§ 810ff. Cosack I §§ 254ff. Endemann I § 196, Enneccerus I §§ 337ff. Matthiaß I § 137.

I.

Begriff und rechtliche Natur.

1. Die Schuldverschreibung auf den Inhaber ist ein Wertpapier, in welchem sich der Aussteller zu der im Papier angegebenen Leistung an den (rechtmäßigen) verfügungsberechtigten Inhaber verpflichtet.

Wertpapier ist sie deshalb, weil das Forderungsrecht in Entstehen, Fortbestehen und Ausübung an das Papier geknüpft ist.

2. Von jeher war streitig, ob zur Entstehung des Forderungsrechts ein Begebungsvertrag des Papiers oder wenigstens seine Emission, d. h. seine einseitige Ausgabe in den Verkehr, bei welcher einzig und allein der Ausgebende geschäftsfähig sein müßte, erforderlich sei, oder ob die Verpflichtung des Ausstellers bereits mit der Ausstellung (sog. Kreation) entstehe.

Nach dem BGB. ist die Verpflichtung des Ausstellers angeknüpft an seine form- und inhaltgerechte Ausstellungshandlung; die Schuldverschreibung auf den Inhaber enthält also keine empfangsbedürftige Willenserklärung, wenngleich eine Forderung gegen den Aussteller erst vorhanden ist, wenn das Papier in die Hand eines rechtmäßigen Inhabers gekommen ist.

a) Weil an die Ausstellung die Verpflichtung des Ausstellers angeknüpft ist, so bedarf es nicht der Emission, sondern der Aussteller haftet auch aus verlorenen und gestohlenen oder sonst ohne seinen Willen in den Verkehr gekommenen Schuldverschreibungen (§ 794 Abs. 1); so haften der Aussteller bezw seine Erben auch dann, wenn der Aussteller in der Zwischenzeit zwischen Ausstellung und Ausgabe geschäftsunfähig wurde oder starb (§ 794 Abs. 2).

b) Weil nur der verfügungsberechtigte Inhaber ein Forderungsrecht gegen den Aussteller erlangt, so sind der Dieb, der Finder, der Verwahrer ꝛc. nicht Gläubiger. Vielmehr ist verfügungsberechtigter Inhaber, wer Eigentum an dem bisher dem Aussteller gehörenden Papier erlangte, sei es durch Begebungsvertrag mit dem Aussteller, sei es durch in gutem Glauben geschlossenen Begebungsvertrag mit dem nicht berechtigten Inhaber (§§ 932 u. 935 Abs. 2), sei es durch Ersitzung (§ 937) oder Okkupation (§§ 958 u. 959) oder als Finder gemäß § 973 ꝛc.

II.

Die Erfordernisse für Ausstellung einer Schuldverschreibung auf den Inhaber.

Es sind folgende:

1. Verpflichtungsfähigkeit des Ausstellers. Ist der Aussteller also geschäftsunfähig, so ist die Schuldverschreibung nichtig und dies kann jedem, auch dem gutgläubigen Erwerber, entgegengesetzt werden.

2. Versprechen in urkundlicher Form mit Namensunterschrift, sei sie eigenhändig oder mit Willen des Ausstellers durch mechanische Vervielfältigung (Faksimile) hergestellt.

3. Gehöriger Inhalt der Urkunde, welcher in dem Versprechen einer Leistung an den (verfügungsberechtigten) Inhaber besteht. Die Leistung kann nicht nur in Geld und vertretbaren Sachen, sondern auch in Handlungen und Speziessachen bestehen. Das Leistungsversprechen kann ein abstraktes oder individualisiertes sein, wie letzteres z. B. bei den Dividendenscheinen und Zinskupons vorkommt.

4. Verpflichtungswille des Ausstellers. Fehlt es an dem Verpflichtungswillen, indem z. B. ein Rechtslehrer zur Belehrung seiner Zuhörer Formulare von Inhaberpapieren anfertigt und unterzeichnet, so ist eine Schuldverschreibung auf den Inhaber nicht da. Ist der Verpflichtungswille unfrei, durch Irrtum, widerrechtliche Drohung, arglistige Täuschung, beeinflußt, so ist die Schuldverschreibung anfechtbar.

Auf diese Anfechtung sind aber nicht die allgemeinen Grundsätze über die Anfechtung von Willenserklärungen anzuwenden. Denn da die Schuldverschreibung auf den Inhaber keine empfangsbedürftige Willenserklärung enthält, so würde die Anfechtung nach § 143 Abs. 4 auch gegenüber dem gutgläubigen Erwerber des Papiers zulässig sein und also die Umlaufsfähigkeit des Papiers dadurch empfindlich getroffen werden. Man wird aber nur dem schlechtgläubigen Erwerber gegenüber die Anfechtung zulassen dürfen.

5. Bei auf bestimmte Geldsummen lautenden, inländischen Schuldverschreibungen auf den Inhaber ist staatliche Genehmigung zur Emission erfordert (§ 795 Abs. 1); doch sind vom Reich oder einem Bundesstaat ausgegebene Schuldverschreibungen von diesem Erfordernis frei (Abs. 4). Eine ohne die erforderte Genehmigung in

Umlauf gebrachte Schuldverschreibung ist nichtig. Erfolgt die staatlich genehmigte Emission nach dem Tode oder eingetretener Geschäftsunfähigkeit des Ausstellers, so ist die Schuldverschreibung gültig.

III.
Die Ausübung des Gläubigerrechts.

Natürlich steht dieselbe in erster Linie dem Eigentümer des Papiers als dem Gläubiger zu. Es ist aber auch möglich, daß ein Nichtgläubiger das Recht zur Ausübung des Gläubigerrechts hat, z. B. als Konventional- oder Pfändungspfandgläubiger, als Nießbraucher, als Einziehungsbevollmächtigter.

1. Wer danach das Gläubigerrecht ausüben will, müßte streng genommen nicht nur das Inhaberpapier dem Aussteller präsentieren, sondern auch sein Recht zur Ausübung des Gläubigerrechts beweisen. Doch hat das BGB. im Anschluß an das preußische ALR. (§ 179 I 7) die Vermutung der Rechtmäßigkeit des Besitzers aufgestellt, und dieselbe auch auf dem früheren Besitzer wider seinen Willen (durch Diebstahl, Verlieren, Untreue seines Stellvertreters 2c.) abhanden gekommene Inhaberpapiere angewendet (§ 1006 Abs. 1). Folglich ist es Sache des Ausstellers, entweder zu zahlen, oder die Rechtlosigkeit des Präsentanten seinerseits zu beweisen.

2. Eine Verpflichtung, vor der Zahlung das Verfügungsrecht des Präsentanten zu prüfen, hat der Aussteller nicht. Er wird auch durch die Leistung an einen nicht verfügungsberechtigten Inhaber befreit (§ 793 Abs. 1 S. 2). Denn es wäre unbillig, dem Aussteller geradezu die Verpflichtung aufzuerlegen, den vielleicht kostspieligen und doch unsichern Beweis der unrechtmäßigen Inhabung zu unternehmen.

Freilich wird durch diese Rücksichtnahme auf den Aussteller die Stellung des Papiereigentümers, dem vielleicht das Papier gestohlen wurde, verschlechtert. Denn auch der wissentlich an den Dieb zahlende Aussteller wird Eigentümer der Schuldurkunde, wenn sie ihm vom Dieb ausgehändigt wird (§ 797 S. 2), und tilgt seine Schuld. Immerhin kann er aus § 826 dem Eigentümer des Papiers schadensersatzpflichtig werden.

3. Die Inhaberpapierschuld ist eine Holschuld. Der Aussteller kann nicht wissen, in wessen Hand zur Zahlungszeit das Papier sich befindet. Der Gläubiger muß also das Papier präsentieren und nur gegen Aushändigung des Papiers braucht der Aussteller zu zahlen.

Aber das Recht auf Zahlung des Papiers ist ein befristetes. Es erlischt, wenn das Papier nicht binnen 30 Jahren nach Eintritt des Zahlungstages[1]) dem Aussteller zur Einlösung vorgelegt, oder der Anspruch aus der Urkunde gerichtlich — einerlei, ob durch Leistungs- oder Feststellungsklage oder Widerklage oder einen anderen der in § 209 BGB. genannten Schritte — geltend gemacht wird (§ 801 Abs. 1).

Ist ein Zahlungstag im Inhaberpapier nicht angegeben, so läuft auch keine Vorlegungsfrist. Wird andererseits die Vorlegungsfrist gewahrt, so schließt sich an dieselbe noch die zweijährige Verjährungsfrist, beginnend mit dem Ende der Vorlegungsfrist. Klagt der Gläubiger innerhalb der Verjährungsfrist auf Zahlung, so muß er die Wahrung der Vorlegungsfrist beweisen; der Einwand, die Vorlegungsfrist sei unbenutzt verstrichen, ist also motiviertes Leugnen des Klageanspruchs.

Als Präklusivfrist ist die Vorlegungsfrist weder der Hemmung noch der Unterbrechung ihres Ablaufs ausgesetzt. Nur die Zahlungssperre hemmt Beginn und Ablauf der Vorlegungsfrist. Auf die Verjährung dagegen finden die gewöhnlichen Regeln über Hemmung und Unterbrechung Anwendung. Doch hemmt außerdem auch die Zahlungssperre Beginn und Lauf der Verjährung (§ 802).

IV.

Einwendungen.

Dem Anspruch des Inhabers auf Zahlung kann der Aussteller möglicherweise Einwendungen entgegenzusetzen haben. Doch ist die Zulassung von Einwendungen im Interesse der Umlaufsfähigkeit des Papiers beschränkt. Ist doch auch der Aussteller aus dem Ausstellungsakt jedem rechtsmäßigen Inhaber verpflichtet. Der rechtmäßige Inhaber hat also den Anspruch aus eigenem, vom Recht des Vorinhabers unabhängigem Recht. Daraus folgt die Unzulässigkeit aller Einwendungen aus den Personen der Vormänner. Dagegen sind gestattet (§ 796):

a) Die aus Mängeln des Kreationaktes entstehenden Einwendungen. Denn ohne gültigen Ausstellungsakt kommt keine Schuldverschreibung auf den Inhaber zustande, z. B. daß das Papier gefälscht oder verfälscht wurde — so wie es präsentiert wurde, ist es

[1]) Dauer und Beginn der Vorlegungsfrist können von dem Aussteller in der Urkunde anders bestimmt werden (§ 801 Abs. 3).

eben nicht ausgestellt —, oder daß die Ausstellung gar nicht in Verpflichtungsabsicht erfolgte, oder der Einwand der fehlenden Verpflichtungsfähigkeit des Ausstellers.

b) Die aus der Urkunde selbst ersichtlichen Einwendungen. Denn das Papier ist Träger des Forderungsrecht, z. B. Einrede des nicht erfüllten Vertrags, wenn ein Kauf als Schuldgrund in der Urkunde steht, oder der Einwand der noch nicht eingetretenen Fälligkeit oder Bedingung, falls das Versprechen auf eine Bedingung lautet.

c) Einwendungen, welche dem Aussteller unmittelbar gegen den ansprucherhebenden Inhaber zustehen, z. B. daß dieser arglistig handle, daß man gegen ihn aufrechne, ein Zurückbehaltungsrecht habe, Einrede der Verjährung 2c.

V.

Sicherungsmittel für den Gläubiger.

Da der Aussteller nach § 793 Abs. 1 S. 2 auch durch Leistung an den unrechtmäßigen Inhaber von seiner Schuld befreit wird, so ist das Gläubigerrecht aus einer Schuldverschreibung auf den Inhaber nicht gefahrlos. Auch ist die Forderung an die Urkunde angeknüpft und die Urkunde selbst dem Untergang ausgesetzt.

Die Sicherungsmittel, welche das Gesetz dem Gläubiger zur Verfügung stellt, sind folgende:

1. Nach §§ 1019 u. 1020 CPO. kann der Gläubiger, sobald er den Verlust seiner Schuldverschreibung auf den Inhaber bemerkt, beim Aufgebotsrichter die Zahlungssperre, d. h. den Erlaß eines Verbots, an den Präsentanten zu zahlen, oder neue Zins-, Renten- oder Gewinnanteilscheine oder einen Erneuerungsschein auszugeben, beantragen.

Er muß damit den Antrag auf Aufgebot der Urkunde zum Zweck ihrer Kraftloserklärung verbinden, und das Gericht hat die Zahlungssperre zu erlassen, auch wenn die Einleitung des Aufgebotsverfahrens aus dem in § 1015 S. 2 erwähnten Grunde nicht sofort zulässig sein sollte.

Das Verbot richtet sich an den Aussteller und die in der Schuldverschreibung oder von dem Antragsteller bezeichneten Zahlstellen und ist öffentlich bekannt zu machen. Jede nach Erlaß des Urteils geleistete Zahlung 2c. ist gegenüber dem Antragsteller unwirksam (§§ 136 mit 135 BGB.).[1])

[1]) Vgl. auch VI, 1.

Sobald das Aufgebotsverfahren ohne Erlaß eines Ausschlußurteils beendigt ist, z. B. weil das aufgebotene Papier in ihm vorgelegt oder der Antrag auf Aufgebot zurückgezogen wurde, ist die Zahlungssperre von Amts wegen aufzuheben (§ 1022 CPO.).

2. Die Beantragung des Aufgebotsverfahrens einer abhanden gekommenen oder vernichteten Schuldverschreibung auf den Inhaber zum Zweck der Kraftloserklärung (§§ 799 u. 800). Meldet sich in dem Aufgebotsverfahren (§§ 946 u. 1004ff. CPO.) der Inhaber der Urkunde nicht, so wird dieselbe durch Urteil für kraftlos erklärt, d. h. es kann nun Niemand Rechte aus der Schuldverschreibung geltend machen, als der Antragsteller selbst. Das Urteil wirkt zugunsten des Antragstellers, es ersetzt ihm die Urkunde insofern, als er auf Grund desselben jetzt Leistung gemäß dem Inhalt der für kraftlos erklärten Schuldverschreibung verlangen kann. Doch kann er nach seiner Wahl anstatt dessen auch Ausstellung einer neuen Schuldverschreibung, konform dem Inhalt der amortisierten, verlangen.

3. Das Recht, Ausstellung einer neuen Schuldverschreibung zu verlangen, wenn die Urkunde infolge von Beschädigung oder Verunstaltung nicht mehr zum Umlauf geeignet ist. Er muß dann dem Aussteller die alte Schuldverschreibung aushändigen und die Kosten der Ausstellung einer neuen vorschießen (§ 798).

Ein Recht, die Umwandlung der Schuldverschreibung auf den Inhaber in eine solche auf den Namen eines bestimmten Gläubigers durch Umschreibung seitens des Ausstellers zu verlangen, hat der Gläubiger nicht mehr. Der Aussteller ist zu der Umschreibung nur berechtigt, nicht verpflichtet (§ 806).

Dies erscheint vom Standpunkt eines Privatmannes aus, der in Inhaberpapieren dauernd sein Vermögen anlegen will, um so bedauerlicher, als im Interesse des Handelsverkehrs auch die Außerkurssetzung der Schuldverschreibungen auf den Inhaber — eine Umwandlung in ein Namenpapier, welche der Gläubiger selbst durch den Vermerk: „Außer Kurs gesetzt", vornehmen konnte — beseitigt ist.

VI.

Sonderbestimmungen für einzelne Arten von Schuldverschreibungen auf den Inhaber.[1])

[1]) Über die Frage, ob Zinsscheine auf den Inhaber der Staatsgenehmigung bedürfen: Goldfeld i. D. R. Bd. 4, 537 u. 538. Liebmann i. D. J.-Z. Bd. 5,

524. Ritter i. D. J.-Z. Bd. 6, 159. Rudorff i. D. R. Bd. 4, 445—447, 795. Staub i. Bankarchiv Bd. 2, 17—19. — Simon, Die namenlosen Zinsscheine der Ordrepapiere, Berlin 1903, Denecke, Der Erneuerungsschein (Talon) i. Iherings Jahrb. Bd. 42, 353—412.

1. Eine auf Sicht zahlbare unverzinsliche Schuldverschreibung auf den Inhaber kann nicht amortisiert und ihre Zahlung durch Zahlungssperre nicht verboten werden (§ 799 Abs. 1 S. 2 u. § 1020 S. 1 a. E. der CPO.: „sofern die übrigen Erfordernisse für die Einleitung vorhanden sind").

2. Zinsscheine (Coupons) sind selbständige Inhaberpapiere und nicht, wie die Zinsen, akzessorischer Natur. Deshalb ist ihre Geltung durch das Fortbestehen der Hauptschuld keineswegs bedingt. Vielmehr müssen ausgegebene Zinsscheine, sofern sie nicht eine gegenteilige Bestimmung enthalten, trotz Erlöschens der Hauptforderung (z. B. infolge des Einlösens auf Grund stattgehabter Auslosung) oder Aufhebung der Verpflichtung zur Verzinsung bezahlt werden (§ 803 Abs. 1). Deshalb ist der Aussteller, welcher die Hauptschuldverschreibung einlöst, berechtigt, den Betrag der nicht zurückgegebenen Coupons zu kürzen, denn er muß sie, wenn sie später präsentiert werden, einlösen (§ 803 Abs. 2).

3. Bei Zins-, Renten- und Gewinnanteilsscheinen (sogenannten Dividendenscheinen) findet keine Amortisation und infolge davon auch keine Zahlungssperre statt (§ 799 Abs. 1 S. 2). Aber auch ohne Amortisation kann der frühere Besitzer des vernichteten oder abhanden gekommenen Scheins Zahlung verlangen, wenn binnen der vierjährigen Vorlegungsfrist seit Schluß des Jahres, in welchem die Leistung fällig wurde (§ 801 Abs. 2), Anzeige vom Verlust an den Aussteller erfolgte und bis zu ihrem Ablauf ein Besitzer des Scheins sich nicht meldete, auch nach Inhalt des Scheins selbst dieser Anspruch nicht ausgeschlossen ist (§ 804). Der Anspruch auf Zahlung verjährt in vier Jahren seit Ablauf der Vorlegungsfrist.

4. Erweiterungsscheine (Talons) werden gleichzeitig mit verzinslichen Schuldverschreibungen ausgegeben und berechtigen den rechtmäßigen Besitzer zum Empfang neuer Zinsscheinbogen, so lange der Inhaber der Hauptschuldverschreibung nicht beim Aussteller widersprochen hat. Ist Widerspruch erfolgt, so geschieht die Aushändigung an den Besitzer der Hauptschuldverschreibung gegen deren Vorlegung (§ 805).

VII.

Inhaberzeichen und Legitimationspapiere.[1])

Sie sind von den Schuldverschreibungen auf den Inhaber wohl zu unterscheiden.

1. Die Inhaberzeichen bestehen in Karten, Billets, Marken rc. und sind um deswillen keine Schuldverschreibungen auf den Inhaber, obwohl sie in Verpflichtungsabsicht ausgegeben wurden, weil sie die Unterschrift des Ausstellers meistens entbehren und auch den Inhalt der Schuld nur unvollkommen angeben. Dahin gehören Fahrscheine, Theaterbillets, Briefmarken, Speise- und Biermarken. Denn in ihnen allen wird eine Leistung versprochen. Auf solche Inhaberzeichen finden die wesentlichsten Eigentümlichkeiten der Schuldverschreibungen auf den Inhaber Anwendung. Denn der Aussteller ist an den verfügungsberechtigten Inhaber zu zahlen verpflichtet und braucht die Legitimation des Präsentanten nicht zu prüfen, er ist in gleicher Weise hinsichtlich seiner Einwendungen beschränkt, wie der Aussteller einer Schuldverschreibung auf den Inhaber und braucht nur gegen Aushändigung des Inhaberzeichens zu leisten. Endlich ist seine Verpflichtung ebenfalls gemäß der Grundsätze der Kreationstheorie zu beurteilen (§ 807).

Andererseits läuft für diese Inhaberzeichen keine Vorlegungsfrist, es kann nicht die Erteilung neuer an Stelle beschädigter oder unbrauchbar gewordener verlangt werden, auch findet kein Aufgebotsverfahren statt.

2. Die Legitimationspapiere sind:

a) einfache Legitimationspapiere. Dieselben sind nicht auf den Namen ausgestellt, und ergeben auch nicht die Absicht des Ausstellers, dem rechtmäßigen Inhaber verpflichtet sein zu wollen, sondern sollen lediglich als Legitimation dienen. Dahin gehören Garderobemarken, Contremarken, Gepäckscheine. Der Bahnhofsportier, welchem ich gegen Marke meinen Koffer zur Aufbewahrung übergab, verpflichtet sich keineswegs, dem Vorzeiger der Marke den Koffer auszuhändigen, auch nicht, wenn derselbe sie etwa gutgläubig vom Finder gekauft haben, also rechtmäßiger Inhaber sein sollte. Vielmehr soll die Marke lediglich zum Beweis des abgeschlossenen Vertrages dienen, der übrigens

---

[1]) Steuer, Die rechtliche Natur des Theaterbillets, Berlin 1902. Strohal, Das Sparkassenbuch im Sachenrecht i. D. R. Bd. 5, 158—161.

auch auf andere Weise geführt werden darf, da das Legitimationszeichen nicht Wertpapier, nicht Träger der Forderung ist. Andererseits soll der Ausgeber der Marke berechtigt sein, ohne nähere Prüfung auf Grund der Vorzeigung des Zeichens die Legitimation als geführt anzunehmen.

b) Die qualifizierten Legitimationspapiere sind Schuldverschreibungen auf den Namen eines bestimmten Gläubigers, jedoch mit dem Vorbehalt, daß die Leistung an den Inhaber der Schuldverschreibung ohne Legitimationsprüfung seitens des Ausstellers soll erfolgen dürfen (§ 808). Sie sind Wertpapiere.

Derart verbriefte Schulden sind Holschulden, der Schuldner braucht nur gegen Aushändigung des Papiers zu erfüllen, welches im Verlustfall amortisiert werden kann. Auch Zahlungssperre kann bezüglich der Zahlung solcher Schulden verhängt werden (§ 808 Abs. 2).

Solche qualifizierten Legitimationspapiere sind Sparkassenbücher, Versicherungspolizen, Leihhaus- und Pfandscheine ꝛc.

Forderungen, welche in derartigen Papieren verbrieft sind, werden übertragen nicht einfach durch Übertragung des Papiers, sondern durch Abtretungsvertrag unter gleichzeitiger Übergabe des Papiers. Wer auf diese Weise die Forderung erworben, ist als Zessionar auch den Einreden aus der Person des Zedenten ausgesetzt.

Dreiundzwanzigster Titel.

Vorlegung von Sachen.

Dierschke, Die Vorlegung von Sachen zur Besichtigung nach BGB., 1901. — Dernburg II § 42. Windscheid-Kipp § 474. Enneccerus I §§ 847 u. 348. Endemann I § 197. Cosack I § 169. Matthiaß I § 146. Windscheid-Kipp § 474, bes. S. 997 ff.

I.

Begriff.

Die Vorlegungspflicht ist die Verpflichtung des Besitzers einer Sache, sie dem in Ansehung ihrer gegen ihn Anspruchsberechtigten zur Besichtigung vorzulegen oder die Besichtigung zu gestatten, wenn dieselbe wegen des bestehenden Anspruchs für den Anspruchsberechtigten von Interesse ist.

Die gleiche Verpflichtung ist auch dann begründet, wenn Jemand sich Gewißheit verschaffen will, ob ihm hinsichtlich der vorzulegenden Sache gegen ihren Besitzer ein Anspruch zustehe (§ 809). Der Vorlegungspflichtige muß also eine Sache der Art in Besitz haben, wie diejenige ist, auf welche der gegen ihn bestehende Anspruch des Ansuchers geht.

Die danach dem wirklichen oder eingebildeten Anspruchsberechtigten zustehende Berechtigung auf Vorlegung war schon dem römischen Recht bekannt und wurde mit der actio ad exhibendum geltend gemacht.

II.

Die Voraussetzungen des Anspruchs auf Vorlegung.

Folgende Voraussetzungen kommen in Betracht:

1. Der Anspruch in Rücksicht auf welchen die Vorlegung verlangt wird, muß die vorzulegende Sache betreffen, mag er selbst ein dinglicher oder obligatorischer Anspruch und mag die Sache (§ 90) beweglich oder unbeweglich sein.

2. Dieser Anspruch muß gegen den Besitzer der vorzulegenden Sache gerichtet sein. Geht er also gegen eine dritte Person, so ist weder der Besitzer der Sache, noch der Dritte vorlegungspflichtig, z. B. nicht der Verkäufer einer ihm gestohlenen Sache. Denn der Kaufanspruch geht zwar gegen ihn, aber er ist nicht Besitzer; aber auch nicht der Dieb, denn er ist zwar Besitzer, aber der Kaufanspruch geht nicht gegen ihn.

Auch braucht der Anspruch nicht gegen den Besitzer als solchen gerichtet zu sein, wenn nur der Verpflichtete zur Zeit der Klageanstellung im Besitz ist. Deswegen kann der die verkaufte Sache noch besitzende Verkäufer seitens des Käufers auf Vorlegung verklagt werden.

Ob der Besitzer die vorzulegende Sache in unmittelbarem oder mittelbarem Besitz hat, ist gleichgültig, wenn nur der Anspruch, in Rücksicht auf welchen die Vorlegung verlangt wird, gegen ihn gerichtet ist. Hat deshalb der Verkäufer die verkaufte Sache einem Dritten vermietet und übergeben, so kann er gleichwohl als mittelbarer Besitzer vom Känfer auf Vorlegung belangt werden, während der Mieter nicht passiv legitimiert sein würde.[1]

[1] Die Klage auf Vorlegung einer Sache ist keine actio in rem scripta, denn sie geht nicht gegen den Besitzer als solchen, sondern nur gegen denjenigen.

3. Der die Vorlegung Verlangende muß wegen des Anspruchs, in Rücksicht auf welchen er die Vorlegung verlangt, an der Vorlegung interessiert sein. Dies ist er z. B., wenn ihm mehrere Sachen nach seiner Wahl alternativ geschuldet werden, behufs Vornahme der Wahl.

Diese Voraussetzungen zu 1—3 hat der auf Vorlegung Klagende nötigenfalls zu beweisen. Er hat namentlich Tatsachen darzutun, aus denen sich ergibt, daß ihm ein Anspruch bezüglich einer Sache der Art, wie die vorzulegende, gegen den Beklagten zusteht, und ferner Tatsachen, aus denen auf das Vorhandensein seines Interesse an der Vorlegung geschlossen werden kann.

III.
Der Inhalt des Vorlegungsanspruchs.

Sowohl die Vorlegung der Sachen als die Gestattung ihrer Besichtigung, z. B. eines Warenlagers, hat dort zu erfolgen, wo sie sich gerade befinden. Doch kann jeder Teil die Vorlegung an einem andern Ort aus wichtigem Grunde verlangen.

Gefahr und Kosten der Vorlegung fallen dem Antragsteller zur Last. Auch stehen dem Besitzer die aufschiebenden Einreden der noch nicht erfolgten Kostenvorschießung und der fehlenden Sicherheitsleistung wegen der Gefahr zu Gebote (§ 811).

IV.
Die Urkundenedition.

Sie (§ 810) besteht in der Gestattung der Einsicht seitens des Besitzers der Urkunde, wenn sie eine sog. gemeinschaftliche Urkunde (§ 387 Nr. 2 der CPO. in alter Fassung) ist und der Antragsteller an ihrer Einsicht ein rechtliches Interesse hat.

Besitzer, gegen welchen zugleich der Anspruch, in Rücksicht, auf welchen die Vorlegung verlangt wird, gerichtet ist. Die Passivlegitimation des Beklagten wird also nicht lediglich durch dessen Besitz hergestellt, ebensowenig, wie bei der Klage auf Wiedereinräumung des Besitzes die Tatsache des Besitzes zur Passivlegitimation genügt, sondern fehlerhafter Besitz gegenüber dem Kläger verlangt wird. Deswegen kann die Klage auf Gestattung der Besichtigung eines Grundstücks nicht im Gerichtsstand der belegenen Sache (§ 26 CPO.) geltend gemacht werden. Deswegen kann auch der als unmittelbarer Besitzer der Sache auf Vorlegung Beklagte nicht die laudatio auctoris an den unmittelbaren Besitzer (§ 76 CPO.) vornehmen. A. M. Seuffert, Kommentar zur CPO. § 26 Anm. 1. § 76 Anm. 2 a.

Hier handelt es sich um eine actio in rem scripta.[1])

Das Erfordernis der Gemeinschaftlichkeit trifft zu:

1. Wenn die Urkunde im Interesse des Ansuchers errichtet ist, z. B. das Testament, in welchem derselbe zum Miterben eingesetzt wurde, Quittung über eine vom Ansucher geleistete Zahlung, oder

2. wenn in der Urkunde ein zwischen dem Ansucher und einem andern (Gegner oder Dritter) bestehendes Rechtsverhältnis beurkundet ist (Vertragsurkunde, Schuldschein) oder

3. wenn die Urkunde Verhandlungen über ein Rechtsgeschäft (Briefwechsel, Punktationen) enthält, welche entweder:

a) zwischen dem Ansucher und einem Andern[2]) oder

b) zwischen dem Ansucher sowie dem Besitzer einer- und einem gemeinschaftlichen Vermittler andererseits gepflogen worden sind. Danach kann der Verkäufer nicht die Vorlegung der zwischen dem Käufer und seinem Vermittler oder Vertreter gepflogenen Korrespondenz verlangen, wohl aber die Einsicht in die Korrespondenz, welche einer der Vertragschließenden mit dem gemeinschaftlichen Vermittler (Mäkler) gepflogen hat.

Auch auf die Urkundenedition finden die Vorschriften des § 811 Anwendung.

Die besonderen Vorschriften über Urkundenedition werden durch §§ 810 u. 811 nicht berührt.[3])

V.

Die Herausgabe von Sachen oder Urkunden.

Sie ist die Verpflichtung, dem Kläger den unmittelbaren Besitz einzuräumen. Diese Verpflichtung setzt voraus, daß der Ansucher Eigentum oder dingliches Recht an der herauszugebenden Sache oder Urkunde hat, oder ein Forderungsrecht auf dieselbe. Auf die Erfüllung dieser Herausgabepflicht finden nicht die Vorschriften des § 811, sondern die Vorschriften des allgemeinen Teils über Erfüllungsort und Erfüllungszeit (§§ 269 ff.) Anwendung.

---

[1]) Vgl. oben II, 2, Anm.

[2]) Dazu gehören auch die beiderseitigen Vertreter.

[3]) Vgl. z. B. §§ 259 „Belege", 716 „Anfertigung einer Übersicht über den Stand des Gesellschaftsvermögens aus den Geschäftsbüchern und Papieren der Gesellschaft seitens eines Gesellschafters", 2010 „Einsicht des Inventars", 2264 „Einsicht in ein eröffnetes Testament seitens jedes Interessierten", § 45 HGB. „Handelsbücher eines Vollkaufmannes."

Vierundzwanzigster Titel.

Ungerechtfertigte Bereicherung.

Collatz, Ungerechtfertigte Vermögensverschiebung, 1899. Klingmüller, Der Begriff des Rechtsgrundes, 1901. Jung, Die Bereicherungsansprüche und der Mangel des rechtlichen Grundes, Leipzig 1902. Stammler, Zur Lehre von der ungerechtfertigten Bereicherung nach dem BGB., Halle 1903. v. Mayer, Der Bereicherungsanspruch des deutschen bürgerl. Rechts, Leipzig 1903. Oertmann, Abstrakte Versprechen aus rechtswidrigem Verpflichtungsgrund i. D. J.-Z. Bd. 7, 105—108. Marcus, Zur Lehre vom Rückforderungsrecht i. D. R. Bd. 6, 125 bis 131. — Dernburg II §§ 374ff. Cosack I §§ 167ff. Endemann I § 198. Crome II §§ 317ff. Enneccerus I §§ 349ff. Matthiaß I § 141. Windscheid-Kipp II §§ 422ff., bes. S. 819, 826, 881.

Nicht auf der nackten Tatsache der Bereicherung aus fremdem Vermögen beruht die Verpflichtung zur Herausgabe des Vorteils an den Benachteiligten, sondern auf der ohne rechtfertigenden Grund[1]) erfolgten Bereicherung. Es muß von dem Bereicherten auf Kosten eines Anderen etwas, d. h. ein Vermögensvorteil ohne rechtlichen Grund erlangt sein (§ 812).

I.

Die Voraussetzungen der Bereicherungsklage.[2])

Sie sind:

1. Erlangung eines Vermögensvorteils. Derselbe kann der verschiedensten Art sein. Er kann bestehen in Ersparung von Ausgaben,[3]) in Eigentums- oder Besitzerwerb, in Erlangung von dinglichen Rechten (auch von Pfandrechten) oder in der Befreiung von solchen, in der Erlangung von Forderungen, z. B. eines Schuldversprechens, oder der Befreiung von Schulden. Auch ein positives oder negatives Schuldanerkenntnis (§§ 781 u. 897) gehört hierher

---

[1]) RG. 49, 50.

[2]) Ihr Sitz ist § 812 (condictio sine causa). Das leugnet Hellwig, Verträge S. 135 m. E. vergeblich, weil sein Ausgangspunkt, daß der Begriff der „grundlosen Bereicherung" aus den §§ 813ff. und nur aus ihnen zu erschließen sei, nicht zutrifft. — Daß ein anderer Anspruch, mit welchem man dasselbe, wie mit der Bereicherungsklage erlangen könnte, fehle, ist nicht Voraussetzung der Bereicherungsklage. Doch ist natürlich die Bereicherungsklage auf Rückgewähr von Eigentum solange nicht gegeben, als man noch Eigentümer dessen ist, um was die Bereicherung des Anderen angeblich erfolgt ist. Denn solange ist der Andere eben nicht um das Eigentum bereichert. Immerhin wäre eine Bereicherungsklage auf Herausgabe des Besitzes hier in Konkurrenz mit der Eigentumsklage denkbar.

[3]) Windscheid-Kipp Bd. II § 421 Anm. 13.

(§ 812 Abs. 2). Denn die Anerkennung des Bestehens eines Schuldverhältnisses wirkt als selbständiger Verpflichtungsgrund, die Anerkennung des Nichtbestehens aber würde der Geltendmachung jedes Anspruchs aus dem als nicht bestehend anerkannten Schuldverhältnis entgegengesetzt werden können.[1])

Der Vermögensvorteil kann auf die verschiedenste Weise erlangt werden. Zunächst durch Handlungen des Benachteiligten oder seines Vertreters, indem dieser z. B. durch dinglichen Vertrag bei Nichtigkeit des obligatorischen Veräußerungsvertrags Eigentum überträgt, eine unechte Geschäftsführung vornimmt (§ 687 Abs. 2 S. 2), oder ohne rechtlichen Grund eine Verbindlichkeit eingeht (§ 821). Aber auch durch Handlungen des Bereicherten selbst, indem dieser fremdes Geld für sich verwendet, fremde Sachen in Besitz nimmt, sie verarbeitet, über eine fremde Sache mit bindender Kraft für ihren Eigentümer verfügt (§ 816), z. B. als zu Unrecht eingetragener Eigentümer ein Grundstück an den gutgläubigen Käufer gegen Zahlung des Kaufpreises aufläßt. Der Verkäufer ist hier durch den Kaufpreis bereichert. Oder durch Handlungen eines Dritten, der z. B. irrtümlich den Weizen des A. anstatt in dessen Grundstück in dasjenige des B. versäete.[2]) Oder endlich durch Naturereignisse wie z. B. avulsio oder indem Fische aus dem Teich des A. durch Überschwemmung in den benachbarten Fischteich des B. geraten rc.

2. Der Vermögensvorteil muß auf Kosten einer anderen Person erlangt sein. Dies trifft natürlich zu, wenn aus dem Vermögen des Benachteiligten etwas in das Vermögen des Bereicherten überging. Aber der auf Kosten des Benachteiligten erlangte Vermögensvorteil braucht nicht aus dessen Vermögen herzurühren. Wenn daher der Bereicherte durch Verkauf oder Vermietung fremder Sachen Kaufgeld oder Mietszins erlangt hat, so ist er gleichwohl auf Kosten des Eigentümers bereichert, obwohl weder Kauf- noch Mietsgeld aus dessen Vermögen stammen. Auch die Verhinderung der Vermehrung des Vermögens des Benachteiligten durch Handlungen des Bereicherten, z. B. den Gebrauch fremder Sachen, die der Eigentümer sonst hätte vermieten können, gehört hierher.

[1]) Auch die Eintragung als Reallastberechtigter im Grundbuch kann ungerechtfertigt sein (RG. 51, 422 — die Eintragung war nach früherem Recht erfolgt).

[2]) Vgl. auch RG. 51, 80: Ein Geisteskranker hat Kartoffeln gekauft und übergeben erhalten. Er versäet dieselben in ein von ihm gepachtetes Grundstück. Der Eigentümer des Grundstücks erlangt dadurch Eigentum an den versäeten Kartoffeln auf Kosten ihres Verkäufers ohne rechtfertigenden Grund.

3. Die Erlangung des Vermögensvorteils muß des rechtlichen Grundes entbehren. Es macht dabei keinen Unterschied, ob schon zur Zeit des Eintritts der Bereicherung der rechtliche Grund fehlte, oder ob er erst später fortfiel (§ 812 S. 2), z. B. Zahlung auf Grund eines vorläufig vollstreckbaren, später aufgehobenen Urteils. Auch kann das Bestehen des rechtlichen Grundes in der Schwebe sein, z. B. Zahlung einer anfechtbaren Schuld, die später auch angefochten wurde, da die Anfechtung rückwirkende Kraft hat. Auf die Frage, wann der rechtliche Grund fehle, bleibt das Gesetz die prinzipielle Antwort schuldig und begnügt sich mit der Hervorhebung einzelner Fälle. Gleichwohl wäre es nicht richtig, nur in diesen Fällen das Fehlen des rechtlichen Grundes anzunehmen. Vielmehr ist der Begriff der rechtlichen Grundlosigkeit allgemein zu bestimmen.

Zu beachten ist dabei, daß die Erlangung der Bereicherung möglicherweise durchaus gemäß des geltenden Rechts erfolgt ist, und doch des rechtlichen Grundes entbehrt.[1]) So, wenn jemand eine Sache, in der Meinung, sie schuldig zu sein, seinem vermeintlichen Gläubiger zu eigen übergibt, oder wenn er gutgläubig eine fremde Sache zu einer neuen umarbeitet und dadurch ihr Eigentümer wird. In diesen Fällen ist die formell gerechtfertigte Bereicherung innerlich doch nicht gerechtfertigt. Denn es erscheint nicht gerecht, daß der Bereicherte den Vermögensvorteil umsonst hat. Deshalb ist die Bereicherung dann grundlos, wenn sie gegenüber dem Benachteiligten als nicht gerecht erscheint.[2])

II.

Die vom Gesetz hervorgehobenen Einzelfälle.

Das Gesetz hebt folgende Einzelfälle hervor:

1. Die Erfüllung eines durch eine dauernde Einrede gehemmten Anspruchs (§ 813). Sie entbehrt des rechtfertigenden Grundes dann, wenn sie in Unkenntnis des Bestehens der Einrede

[1]) Vgl. darüber auch Nr. II, 5.

[2]) Diese von mir schon in der 1. Auflage S. 106 vertretene Auffassung teilt auch Dernburg II § 874, IV: ungerechtfertigt, „wenn sie (die Bereicherung) im Verhältnis des Bereicherten und des Verlustträgers als Unrecht erscheint“. Eine ausführliche Rechtfertigung dieses Standpunktes gibt Stammler: zur Lehre von der ungerechtfertigten Bereicherung, Halle 1908, namentlich S. 21 ff. (Sonderabdruck aus der Festgabe für Fitting). Vgl. ferner Crome II § 317 Nr. 1.

erfolgte (§ 814). Dahin gehört z. B. die exceptio pacti de non petendo in dem Sinn, daß die Geltendmachung der Forderung dauernd ausgeschlossen sein solle[1]) oder die Einrede, daß das eingegangene Schuldversprechen des rechtlichen Grundes entbehre (§ 821).[2])

Ausgenommen ist jedoch nach § 813 S. 2 die Rückforderung des zur Befriedigung eines verjährten Anspruchs Gegebenen. Auch sind die im früheren Recht vorhanden gewesenen dauernden Einreden der Aufrechnung und der Anfechtung aufgehoben. Denn die Vorstellung, daß eine durch Aufrechnung tilgbare oder eine anfechtbare Forderung mit einer Einrede behaftet sei, ist aufgegeben.

Von selbst versteht es sich danach, daß die Erfüllung einer vermeintlichen Schuld erst recht des rechtlichen Grundes entbehrt, wenn dieser schon fehlt, falls auf einen mit dauernder Einrede behafteten Anspruch geleistet wurde (§ 814 S. 1. p. a, e, c mit § 812 S. 1). Für beide Fälle gab das röm. Recht die condictio indebiti. Doch wird das Fehlen eines rechtlichen Grundes, durch das Vorhandensein einer sittlichen Pflicht oder Anstandsrücksicht ersetzt (§ 814 a. E.).

Leistet man etwas Anderes, als man schuldig war oder mehr, so fehlt der rechtliche Grund bezüglich des Geleisteten oder wenigstens bezüglich des zu viel Geleisteten. Zahlt Jemand die Schuld eines Dritten, so fehlt der rechtliche Grund dafür, daß gerade der Zahler leistet.[3])

Kennt der Leistende das Nichtbestehen der Schuld, so ist die Bereicherungsklage ausgeschlossen (§ 814), nicht aber schon bei unentschuldbarem Irrtum.

Der Kläger hat zu beweisen seine Zahlung, die Nichtexistenz der Tatsachen, auf Grund deren er das Bestehen der Verbindlichkeit annahm, oder die Existenz der dauernden Einrede, welche seiner Verbindlichkeit entgegenstand.

Sache des Beklagten ist es, das Wissen des Klägers von dem Nichtbestehen der Verbindlichkeit oder von ihrer einredeweisen Ent-

[1]) Die freiwillige Erfüllung der Forderung ist dann nicht Schenkung, sondern Leistung des Geschuldeten.

[2]) Weitere Beispiele: §§ 1973, 2187.

[3]) Hermann, Über die Zuständigkeit der condictio indebiti bei Leistung für einen anderen i. Grünhuts Z. Bd. 27, 35ff. Leonhard, Aufrechnung gegen eine Nichtschuld i. Arch. f. b. R. Bd. 21, 171ff.

kräftbarkeit, ferner das Vorhandensein einer sittlichen oder Anstandspflicht zu beweisen.

2. Leistung zum Zweck der Herbeiführung eines bestimmten Erfolges ist grundlos, wenn der nach dem Inhalt des Rechtsgeschäfts, auf Grund dessen die Leistung erfolgte, bezweckte Erfolg nicht eintritt (§ 812 Abs. 1 a. E. condictio causa data, causa non secata). Aus dem Inhalt des Rechtsgeschäfts aber ist diese Voraussetzung dann erkennbar, wenn sie sich aus den beim Geschäftsschluß getroffenen Verabredungen oder aus der Natur des Geschäfts ergibt, z. B. man gibt eine Aussteuer und dann kommt die Ehe nicht zustande; man tritt an die Stadtgemeinde freiwillig Terrain zur Anlegung einer Straße ab, und dann wird die Straße in anderer Lage angelegt Vgl. auch den Fall in Seufferts Archiv 59 Nr. 102.

Ob der Eintritt des Erfolgs durch Verschulden des Leistungsempfängers oder durch Zufall verhindert wurde, ja selbst, ob er von vornherein unmöglich war, macht keinen Unterschied, wenn nur der Leistende die Unmöglichkeit nicht kannte.

Kannte der Leistende sie dagegen, oder hat er den Eintritt des Erfolgs wider Treu und Glauben gehindert — beides hat eventuell der Bereicherte zu beweisen — so fehlt das Rückforderungsrecht.

3. Leistung zu einem solchen erklärten Zweck, daß der Empfänger durch die Annahme der Leistung gegen ein gesetzliches Verbot oder gegen die guten Sitten verstößt (§ 817).[1]) Es ist gleichgültig, ob die Leistung in Rücksicht auf einen künftigen Erfolg (Gebiet der condictio ob turpem causam), namentlich auf ein späteres Verhalten des Empfängers, um diesen zu Handlungen oder Unterlassungen zu bestimmen, oder in Rücksicht auf vergangene Ereignisse geschieht, z. B. als Bezahlung für Unterlasten eines Verbrechens. Auch kann der Leistungszweck selbst ein durchaus erlaubter sein, wenn nur in Rücksicht auf ihn die Annahme der Leistung gegen Gesetz oder Moral verstößt, z. B. Hingabe von etwas, damit der Empfänger von Begehung eines Verbrechens abstehe; Annahme von Geschenken in Kenntnis davon, daß die Mittel zur Anschaffung der Geschenke durch Verbrechen erlangt wurden,[2])

---

[1]) Gebiet der condictio ob in iustam causam, jedoch in ihrer Beschränkung auf Leistungen. Die Fälle also, in denen sich Jemand durch eigene unsittliche oder verbotene Handlung bereichert, — l. 6 u. 7 D 12, 5 — fallen nicht unter § 817, sondern unter § 812 „in sonstiger Weise“ und § 852 Abs. 2.

[2]) RG. 48, 296.

deshalb ist Kenntnis des Empfängers von dem gesetzten Zweck im Moment der Annahme erforderlich

Fällt auch dem Leistenden ein Verstoß gegen Gesetz oder Moral zur Last, z. B. Hingabe, damit ein Verbrechen begangen werde, so ist die Rückforderung ausgeschlossen (l. 4 § 3 D 12, 5), die Leistung müßte denn in der Eingehung einer Verbindlichkeit, z. B. Abgabe eines abstrakten Schuldversprechens bestehen.[1])

4. Verfügungen, die ein Nichtberechtigter über Gegenstände des Berechtigten in für diesen wirksamer Weise trifft, oder Leistungen, die der Schuldner einem Nichtberechtigten mit Wirksamkeit gegen den Berechtigten macht (§ 816).[2])

Möglicherweise enthält eine solche Verfügung eine unerlaubte Handlung, wenn z. B. der Nichteigentümer schlechtgläubig fremde bewegliche, ihm anvertraute Sachen verkauft und übergibt. Dann greift die Schadensersatzklage gemäß § 823 Abs. 1 Platz.

Liegt aber keine unerlaubte Handlung vor, weil der Verfügende gutgläubig und nicht in Fahrlässigkeit war, so haftet der Verfügende nur wegen der grundlosen Bereicherung.

Die Bestimmung des § 816 hat die Fälle der §§ 892 u. 893 — Erwerb oder Leistung auf Grund des öffentlichen Glaubens des Grundbuchs — der §§ 932, 933, 935 Abs. 2 u. 936 — Erwerb von beweglichen Sachen und Inhaberpapieren, auch gestohlenen ꝛc., durch Veräußerung seitens eines fahrlässigen oder nichtfahrlässigen, nicht titulierten oder titulierten Nichtberechtigten an den gutgläubigen Erwerber oder durch öffentliche Versteigerung im Auge. Auch § 407 (Zahlung des gutgläubigen Zessus an den Zedenten) § 793 Abs. 1 S. 2 (Empfangnahme der geschuldeten Leistung durch den nicht verfügungsberechtigten Inhaber eines Inhaberpapiers) und die §§ 2366 u. 2367 (Verfügungen seitens des und Leistungen an den durch Erbschein fälschlich Legitimierten) gehören hierher.

In solchen Fällen hat der verfügende Nichtberechtigte das seitens des Erwerbers geleistete Entgelt zwar nicht ohne Rechtsgrund; denn seine Verfügung ist gültig und wirksam. Aber grundlos ist es, daß

---

[1]) Neubecker, Die civilistische Stellung des Wucherers nach neuem Rechte i. D. J.-Z. Bd. 6, 568ff. Eccius, Kondiktion des Wucherers nach BGB. i. D J.-Z. Bd. 7, S. 41.

[2]) Freund, Der Eingriff in fremde Rechte als Grund des Bereicherungsanspruchs, Breslau 1902 b. M. u. H. Marcus. Josef, Rechtserwerb aus unerlaubten Handlungen i. Arch. f. b. R. Bd. 20, 44—50.

er dieses Entgelt auf Kosten des Berechtigten erhält. Deshalb ist er verpflichtet, es dem Berechtigten als grundlose Bereicherung herauszugeben.

Erfolgte aber die Verfügung unentgeltlich, so ist der Verfügende nicht bereichert. Den Schaden hätte also der durch die Verfügung Benachteiligte zu tragen. Dies erscheint gegenüber einem unentgeltlichen Erwerber unbillig. Deswegen geht gegen ihn die Bereicherungsklage (§ 816 Abs. 1 S. 2).[1]

Macht der Schuldner mit Wirkung gegenüber seinem Gläubiger einem Dritten die geschuldete Leistung (§ 409), so ist der letztere zum Nachteil des ersteren bereichert und haftet also dem Gläubiger wegen der ungerechtfertigten Bereicherung.

5. Sonstige Fälle, in denen die Bereicherung ohne den Willen des Benachteiligten kraft gesetzlicher Vorschrift sich vollzieht.

Dahin gehören die Bereicherung durch Verbindung, Vermischung, Verarbeitung, Funderwerb, Ersitzung, Fruchterwerb des gutgläubigen Eigenbesitzers, Erwerb durch avulsio, Erwerb des Bienenschwarms 2c.

In diesen Fällen nur dann eine Bereicherungsklage zu geben, wenn es das Gesetz ausspricht,[2] wie bei Verbindung, Vermischung, Verarbeitung und Funderwerb (§§ 951 u. 977), ist zu eng. Vielmehr ist in jedem einzelnen Fall, in welchem das Gesetz nicht durch ausdrückliche Vorschrift der Prüfung überhebt, zu prüfen, ob der Rechtsverlust des bisherigen Berechtigten zugleich einen Vermögensverlust desselben nach sich ziehen solle, oder nicht (Mot. 2 S. 852).

Die Prüfung wird sich auf zwei Punkte zu erstrecken haben:

einmal, ob aus den Beziehungen der Interessenten zu einander sich ein Grund dafür ergibt, daß der Erwerb lediglich auf Kosten des bisher Berechtigten gemacht werde — was regelmäßig nicht der Fall sein wird;

ferner, ob etwa aus den gesetzgeberischen Erwägungen, die zur Einführung der den Rechtsverlust wirkenden Bestimmungen führten, ein solcher Grund zu entnehmen ist. Denn es handelt sich ja eben um Rechtserwerb kraft gesetzlicher Vorschrift und ohne den Willen des bisherigen Berechtigten.

Aus letzterem Gesichtspunkt ergibt sich namentlich, daß beim

---

[1] Die Schadensersatzklage gegen den Verfügenden ist eine Sache für sich.

[2] So z. B. Kipp, Pandekten II, S. 819.

Erwerb durch Ersitzung ein Bereicherungsanspruch des bisherigen Eigentümers nicht anzuerkennen ist, weil sonst das Grundprinzip der Ersitzung — die objektive Sicherung des Verkehrs — in Gefahr geraten würde. Das Gleiche gilt von der Ausschließung nach § 927 BGB., von dem zu Unrecht aberkennenden rechtskräftigen Urteil — denn wollte man hier dem Benachteiligten die dem Sieger gewordene Bereicherung zusprechen, so würde durch Aufrollung des Streites um Herausgabe der Bereicherung die Berechtigung des rechtskräftigen Urteils selbst in Frage gestellt — an dem verjährten Anspruch — denn wenn der, zu dessen Gunsten der Anspruch verjährte, mit der Bereicherungsklage haftete, so würde er die Einrede der Verjährung kaum noch gebrauchen.

Ebenso braucht der Eigenbesitzer einer Sache, welcher gemäß § 955 die Früchte derselben erwarb, dem Eigentümer der Sache die Bereicherung nicht herauszugeben, soweit die gewonnenen Früchte den wirtschaftsmäßigen Ertrag der Sache darstellen. Denn er hat die zur Gewinnung der Früchte erforderlichen Arbeiten und Kosten aufgewendet (§ 993).

Dagegen haftet der durch avulsio Bereicherte dem Geschädigten auf die Bereicherung und ebenso der gemäß § 964 bereicherte Eigentümer der Bienenwohnung.[1])

III.

Natur und Inhalt der Bereicherungsklage.

Aus den Erörterungen zu II, 1—3 ergibt sich zwar der Anschluß des Gesetzes an die römische Kondiktionenlehre. Doch verschmilzt das BGB. die einzelnen Kondiktionen zu einer einzigen Bereicherungsklage, deren Sitz § 812 S. 1 ist.

1. Die Klage ist eine persönliche. Sie geht also grundsätzlich nur gegen den Bereicherten und seine Erben. Hat jedoch der Bereicherte in dem Glauben, ein Recht auf die Bereicherung zu haben (§ 818 Abs. 3 mit § 819), das Erlangte unentgeltlich einem Dritten

---

[1]) A. M. die Mot. zu § 909 letzter Abs. des E. I, welcher auch ausdrücklich aussprach, daß der Eigentümer der Bienenwohnung nicht auf die Bereicherung haften solle. — Aber die dort angegebenen Gründe rechtfertigen nicht den Ausschluß der Bereicherungsklage, sondern ergeben nur, daß im einzelnen Fall möglicherweise eine Bereicherung nicht vorliegt. Nach Prot. IV S. 591 soll eine grundlose Bereicherung überall nicht vorliegen, wo das Gesetz selbst an einem bestimmten Tatbestand eine Eigentumsänderung knüpft, es müßte denn eine andere Absicht des Gesetzes erhellen.

zugewendet, so ist der Dritte zur Bereicherungsklage passiv legitimiert, weil die Verpflichtung des Schenkers zur Herausgabe der Bereicherung infolge seiner Unkenntnis von dem Mangel des rechtlichen Grundes ausgeschlossen ist (§ 822).[1]) Auch der öffentliche Glaube des Grundbuchs schützt nicht gegen diese Herausgabepflicht.

2. Die Klage ist gerichtet auf Herausgabe der Bereicherung zur Zeit des Eintritts der Rechtshängigkeit, entweder in natura, einschließlich der gezogenen Nutzungen oder des sonst aus dem Empfangenen Erworbenen, oder im Fall objektiver oder subjektiver Unmöglichkeit der Herausgabe (§ 818 Abs. 2) auf Ersatz des Wertes[2]). Sie geht also nicht auf Beseitigung des dem Verlustträger entstandenen Schadens oder auf Schadensersatz in Geld.

Von Eintritt der Rechtshängigkeit des Anspruchs an haftet der Beklagte für jede Fahrlässigkeit, Ersatz der schuldvoll versäumten Früchte, sowie für Zinsen der zu ersetzenden Wertsumme (§§ 818 Abs. 4, 290 u. 291, 987—989).

Ist also der Beklagte zur Zeit der Klageanstellung nicht mehr bereichert, so wird Kläger abgewiesen.

Jedoch kommt es auf das Vorhandensein von Bereicherung zur Zeit der Klageanstellung nicht an in folgenden Fällen:

a) Wenn der Bereicherte zur Zeit des Eintritts der Bereicherung das Fehlen des rechtlichen Grundes kannte oder es später erfuhr. Er haftet auf die zur Zeit des Eintritts seiner Schlechtgläubigkeit vorhandene Bereicherung, und zwar in derselben Schärfe, wie wenn die Bereicherungsklage zu dieser Zeit rechtshängig geworden wäre (§ 819 Abs. 1).

b) Wenn der Bereicherte durch die Annahme der Leistung gegen Gesetz oder Moral verstieß. Er haftet auf die zur Zeit der Annahme der Leistung bewirkte Bereicherung nach den für den Fall der Rechtshängigkeit geltenden Grundsätzen (§ 819 Abs. 2).

c) Wenn nach dem Inhalt des der Leistung an den Bereicherten

---

[1]) Im Fall des § 822 verfügt der Empfänger der Bereicherung, also ein Berechtigter, über das Empfangene, im Fall des § 816 ein Nichtberechtigter.

[2]) Es ist möglich, daß die grundlos erlangte Sache sich noch im Vermögen des Erwerbers befindet und doch eine Bereicherung nicht mehr vorliegt, weil er z. B. behufs Erhaltung der Sache in brauchbarem Zustand mehr verausgabte, als sie wert ist. Hier kann eine erfolgreiche Bereicherungsklage nicht angestellt werden.

zugrunde liegenden Rechtsgeschäfts der mit der Leistung bezweckte Erfolg als ungewiß[1]) oder der Wegfall des Rechtsgrundes, auf den hin die Leistung erfolgte, als möglich[2]) angesehen wurde. Der Empfänger haftet auf die durch den Empfang der Leistung bewirkte Bereicherung (§ 820). Hier ist die in den Fällen zu a u. b eintretende verschärfte Haftung insofern abgeschwächt, als der Beklagte Zinsen erst von dem Zeitpunkt an zu entrichten hat, in welchem er erfuhr, daß der Erfolg nicht eintrat oder daß der Rechtsgrund fortfiel, und Nutzungen nur insoweit herausgeben muß, als er zu dieser Zeit noch bereichert ist (§ 820 Abs. 2).

Von dieser Zeit an haftet er aber für Nutzungen, wie wenn Rechtshängigkeit der Bereicherungsklage eingetreten wäre, also auch für solche, die er hätte ziehen können.

Fünfundzwanzigster Titel.

Unerlaubte Handlungen.

Jung, Delikt und Schadensverursachung, 1897. Linckelmann, Die Schadensersatzpflicht aus unerlaubten Handlungen, 1898. v. Liszt, Die Deliktsobligationen des BGB., 1898. — Dernburg II §§ 382ff. Cosack I §§ 168ff. Endemann I §§ 199ff. Crome II §§ 824ff. Enneccerus I §§ 358ff. Windscheid-Kipp II S. 886ff. Matthiaß I §§ 142ff.

I.
Allgemeiner Standpunkt.

Während nach römischem und gemeinem Recht außerhalb eines Vertrages oder vertragsähnlichen Verhältnisses Schadensersatzansprüche nur aus den Tatbeständen eines der anerkannten Privatdelikte entstehen, hat das preußische Recht eine einzige allgemeine Klage aus unerlaubter Handlung ausgebildet, deren Voraussetzung nur ist, daß widerrechtlich, d. h. ohne ein Recht zur Schadenszufügung, aus Vorsatz oder Versehen einem Anderen Schaden zugefügt wurde (§§ 8 u. 10 ff. I 6 ALR.).

---

[1]) Z. B. ein Betrag zur Errichtung eines Denkmals auf einem öffentlichen Platz wird gegeben. Die erforderte behördliche Genehmigung wird versagt.

[2]) Z. B. auf Grund eines für vorläufig vollstreckbar erklärten oder eines im Urkundenprozeß unter Vorbehalt der Rechte des Beklagten erlassenen Urteils wird geleistet.

Beide, sowohl das gemeine als das preußische Recht, standen dabei auf dem Boden des sog. Verschuldungsprinzips. Ohne Verschulden keine Deliktshaftung.

Auch das BGB. hält an dem Verschuldungsprinzip grundsätzlich fest und lehnt also das Veranlassungsprinzip, den Grundsatz, daß der Verursacher eines Schadens als solcher haftet, ab. Dagegen begnügt es sich nicht mit Anerkennung des allgemeinen Grundsatzes des preußischen Rechts, daß die vorsätzlich oder fahrlässig widerrechtliche Schadenszufügung Ersatzverbindlichkeit wirke, sondern grenzt den Rechtskreis des Einzelnen, dessen Verletzung zur Schadensersatzpflicht führen soll, durch Aufstellung einzelner Deliktstatbestände näher ab und stellt für die aus diesen Delikten entstehende Schadensersatzobligation gemeinsame Voraussetzungen auf.

II.

Die einzelnen Deliktstatbestände.

Nach der vom Gesetz vorgenommenen Abgrenzung können folgende Verletzungen zur Schadensersatzpflicht führen:

1. Verletzung von Leben,[1][2] Körper, Gesundheit, Freiheit, Eigentum oder sonstigem Recht eines Anderen. Unter letzterem wird man in erster Linie die dinglichen Rechte, ferner aber auch das Recht auf den Namen (§ 12), das Marken- und Urheberrecht, verstehen.

Dagegen dürfte es nicht angängig sein, mit von Liszt, Dernburg u. A. als Gegenstand des Rechtsschutzes in § 823 Abs. 1 alle rechtlich gewährleisteten Güter eines Individuums anzusehen. Die sog. Persönlichkeitsrechte sind im bisher in Deutschland in Geltung befindlich gewesenen Recht nicht allgemein als subjektive Rechte aner-

[1]) v. Weinrich, Die Haftpflicht wegen Körperverletzung und Tötung von Menschen nach deutschem Recht, Berlin, 2. Aufl. 1902. Hartmann, Die Einwilligung des Verletzten i. Grünhuts Z. Bd. 27, 697—770. Hoeniger, Rechtsfolgen des Zweikampfs nach BGB. i. D. R. Bd. 6, 318. Hellwig, Die civilrechtliche Bedeutung der Geschlechtskrankheiten, Sonderabdr. aus Zeitschrift für Bekämpfung der Geschlechtskrankheiten, Leipzig 1903, S. 8—16.

[2]) Verletzung des Lebens ist nicht lebensgefährliche Verletzung, sondern Tötung. Danach ist die Fassung des § 823 Abs. 1: „Wer .... das Leben .... eines Anderen widerrechtlich verletzt (d. h. ihn tötet), ist dem Anderen (dem Getöteten) schadensersatzpflichtig", keine glückliche.

[3]) § 823 Abs. 1. Hier haben wir es also vorzugsweise mit dem Gebiet der actio legis Aquiliae und ihren Erweiterungen, aber auch mit dem Gebiet des furtum zu tun. — Über den Begriff der Freiheitsverletzung RG. 48, 123 (eine die freie Willensbestimmung eines Anderen irgendwie beeinflussende Einwirkung ist keine Freiheitsverletzung).

kannt gewesen. Aus der Bestimmung des § 823 Abs. 1 allein kann aber ein so veränderter Standpunkt des BGB. um so weniger gefolgert werden, als sprachlich das „sonstige Recht" sich nur auf das vorhergehende Eigentum beziehen kann[1]) und § 823 Abs. 2 die Existenzberechtigung verlieren würde, wenn alle rechtlich gewährleisteten Güter eines Individuums schon durch Abs. 1 geschützt werden. Namentlich fällt danach der Schutz der Ehre, Religionsfreiheit, des Handels, Besitzes unter Abs. 2.[2])

Bekanntlich soll nach Einigen von § 823 Abs. 1 auch die Verletzung obligatorischer Ansprüche durch Dritte getroffen werden, da dem Wortlaute nach „sonstiges Recht" auch die Forderungsrechte umfasse. Bei näherem Zusehen ergibt sich jedoch, daß nur die Verletzung gewisser Forderungsrechte durch Dritte als unerlaubte Handlung betrachtet wird und daß das Gesetz sich im Großen und Ganzen auf eine Kodifikation der in dieser Beziehung gemeinrechtlich herrschenden Rechtsauffassung[3]) beschränkt. Dies ergibt die Entstehungsgeschichte des Gesetzes[4]) und vor allen Dingen des arg. e contr. aus den §§ 844 und 845 BGB., nach denen der zum Schadensersatz berechtigt ist, welchem durch schuldhafte Tötung eines Menschen die gesetzliche Alimentationsberechtigung zerstört oder durch Tötung, Körperverletzung, Gesundheitsbeschädigung oder Freiheitsentziehung des Dienstpflichtigen der gesetzliche Anspruch auf Dienstleistung in Haus oder Gewerbe zerstört oder auch nur beeinträchtigt wird. Diese Bestimmungen würden gänzlich überflüssig sein, wenn die Zerstörung jeder Forderung durch einen Dritten schon zur Schadensersatzpflicht führte.

Abgesehen also von den Fällen der §§ 844 u. 845 gilt die Verletzung von Forderungen durch Dritte nicht als Delikt. Der Dritte, welcher die Forderung des Käufers einer Sache durch Zerstörung der Sache vernichtet, hat dem Käufer nicht für Schadensersatz zu haften. Der Gläubiger bedarf auch in der Tat nicht der Schadensersatzklage, da er nach § 323 Abs. 2 anderweit geschützt ist, indem

---

[1]) Man kann doch nicht das Leben, die Gesundheit als Recht bezeichnen, sondern höchstens von einem Recht auf Leben, auf Gesundheit reden.

[2]) Auch das Reichsgericht beschränkt den Abs. 1 auf subjektive Rechte (RG. 50, 195; 51, 378 ff.); den Besitz zähle ich nicht zu den Rechten.

[3]) RG. 9, 165; 22 138 u. 139 u. 208 ff. Nach l. 27 § 14 D. 9. 2. hatte nur der Pächter wegen Beschädigung der noch auf dem Felde stehenden Früchte die actio legis Aquiliae.

[4]) Mot. II, 727.

er Herausgabe des von seinem Schuldner erlangten Ersatzes oder Abtretung von dessen Ersatzanspruch verlangen kann. Dem Schuldner aber steht gegen den Zerstörer seiner Sache Anspruch auf vollen Schadensersatz einschließlich des entgangenen Gewinnes zu.[1])

Dagegen ist die fahrlässige Verfügung über eine Forderung seitens eines Nichtberechtigten mit Rechtswirksamkeit gegenüber dem Berechtigten unerlaubte Handlung. Solche Fälle sind möglich nach den §§ 407 (Empfangnahme der geschuldeten Leistung seitens des Zedenten nach der Zession) u. 2366 (Abtretung einer Nachlaßforderung seitens des als Erbe durch falschen Erbschein Legitimierten) u. 2367 (Empfangnahme der vom Nachlaßschuldner gemachten Leistung seitens des durch falschen Erbschein Legitimierten). Derartige Verfügungen müssen entsprechend der Sachverfügung behandelt werden, welche ja die Entziehung des Eigentums des bisherigen Eigentümers enthält (§ 823 Abs. 1).[2])

2. **Verstoß gegen ein den Schutz eines anderen bezweckendes Gesetz** (§ 823 Abs. 2) im Sinne von Art. 2 des EG. **und bei Beamten auch gegen eine Schutz bezweckende Dienstvorschrift** (§ 839 Abs. 1 S. 1).[3]) Verstößt eine richterliche Behörde bei ihrer Entscheidung, mag dieselbe in Gestalt eines Urteils, eines Beschlusses oder einer Verfügung ergehen, gegen ein Gesetz, so kommt letzteres nur in Betracht, wenn es für Pflichtverletzungen öffentliche, im Wege des Strafprozesses zu verhängende Strafen androht (§ 839 Abs. 2).

Die Rechtssphäre des Einzelnen wird nämlich nicht nur abgegrenzt durch seine in § 823 Abs. 1 erwähnten Vermögensrechte und rechtlich geschützten Lebensgüter, sondern auch durch Gesetze, die dem Einen, sei er Privatmann oder Beamter, im Interesse des Anderen Pflichten auferlegen, ihm ein bestimmtes Verhalten gebieten oder verbieten.

---

[1]) Siehe auch die eingehenden Ausführungen bei **Örtmann** in der Festgabe für **Dernburg**, Berlin 1900 S. 77 ff. Auch das RG. hat in J. W. 33, 258 Nr. 4 die Anwendbarkeit des § 823 Abs. 1 auf obligatorische Rechte verneint.

[2]) **Mein Kommentar** zu § 407 Anm. 3. **Crome** II, § 325, II, 4b. Vgl. auch Titel 24, II, 4.

[3]) **Kohler**, Ehre und Beleidigung i. **Goldtammers** Archiv Bd. 47, S. 1 bis 48, 98—154. **Maschke**, Die Persönlichkeitsrechte des römischen Injuriensystems. Eine Vorstudie für das Recht des BGB., Breslau 1903, M. u. H. Marcus. **Lehmann** i. D. J.-Z. Bd. 8, 113—114. **Bolze**, Schadensersatz wegen Patentverletzung i. Arch. f. c. Pr. Bd. 92, 319—356; **Passow**, Die Kreditgefährdung, Breslau 1902, b. Schletter.

Derartige Gesetze können sowohl das Gebiet des Privatrechts[1]) als dasjenige des öffentlichen Rechts, namentlich des Strafrechts betreffen, nur immer vorausgesetzt, daß sie Rechtsgüter des Einzelnen, im Gegensatz zu den Rechtsgütern der Gesamtheit zu schützen bestimmt sind.[2])

Auch wird ihre Verletzung oft zugleich eine Verletzung der in § 823 Abs. 1 genannten Lebensgüter des Anderen enthalten, z. B. das strafrechtliche Verbot der Körperverletzung, Freiheitsberaubung, des Diebstahls, der Sachbeschädigung. Oft aber wird dies auch nicht der Fall sein, indem z. B. durch Betrug, Erpressung, Urkundenfälschung, Verleumdung, eine Schädigung des Vermögens, nicht eines einzelnen Rechts oder Lebensguts, herbeigeführt werden kann.

Nicht zu den in § 823 Abs. 2 gemeinten Schutzvorschriften gehören ferner die das Verhalten der Teilhaber eines Schuldverhältnisses[3]) regelnden Vorschriften, z. B. rechtzeitig die Schuld zu zahlen, Auskunft zu erteilen 2c. Denn nur wer eine an sich, d. h. ohne Rücksicht auf ein bestehendes Schuldverhältnis, verbotene Handlung begeht, oder eine solcher Gestalt gebotene Handlung unterläßt, begeht eine unerlaubte Handlung.[4])

Die Verletzung einer Schutzvorschrift nach § 823 Abs. 2 bildet übrigens nur dann eine unerlaubte Handlung, wenn sie eine Verletzung des Rechtsguts bewirkte, zu dessen Schutz die Rechtsnorm gegeben war und weiter, wenn die Verletzung des Rechtsguts durch

---

[1]) Z. B. § 226.

[2]) Noch enger Lenel in der Deutschen Juristenzeitung 1897 Nr. 21, nach welchem schon die im Interesse des Publikums, d. h. einer unbestimmten großen Anzahl von Personen erlassenen Gesetze nicht unter § 823 Abs. 2 fallen sollen. Allein solche Gesetze sind immer auch zum Schutz des einzelnen Mitgliedes erlassen. Dahin gehören namentlich Polizeigesetze, z. B. das Gebot, bei Straßenbauten eine Grube Nachts zuzudecken, oder die nötige Beleuchtung anzubringen 2c. Gegen Lenel auch RG. 51 S. 178. — Die Rechtsgüter der Gesamtheit sind solche des Staates, der Staatsgewalt und der Staatsverwaltung, welche verletzt werden durch Hochverrat, Landesverrat, Verrat militärischer Geheimnisse, Widerstand gegen die Staatsgewalt. Aufruhr 2c. Vgl. v. Liszt Strafrecht § 79 a. E.

[3]) Schuldverhältnis ist hier im weitesten Sinn zu nehmen; auch die im gemeinen Recht als quasikontraktliche Verhältnisse bezeichneten Schuldverhältnisse gehören hierher. Deshalb sind im Sinn des § 823 Abs. 2 nicht Schutzgesetze die Vorschriften, welche die Pflichten der Vormünder gegen ihre Mündel, Eltern gegen ihre Kinder und umgekehrt, sowie die Pflichten der Ehegatten untereinander normieren.

[4]) Über das Verschulden III, 2.

einen solchen Vorgang herbeigeführt wurde, welcher durch Beachtung der Schutzvorschrift gerade verhütet werden sollte. Wenn z. B. also der Fußweg bei Glatteis nicht gestreut ist und der Spaziergänger, ohne gefallen zu sein, sein Portemonnaie verliert, so ist weder ein Rechtsgut, welches durch die Schutzvorschrift gesichert werden sollte, verletzt, noch ist die Verletzung durch einen Vorgang herbeigeführt, welche durch das Gebot des Streuens verhütet werden sollte.[1])

Einige neue Schutzvorschriften, in Erweiterung bereits vorhandener strafrechtlicher, gibt das BGB. in den §§ 824 u. 825.

a) § 824 stellt die Schadensersatzpflicht auf für den Fall fahrlässiger, wahrheitswidriger Behauptung oder Verbreitung von kreditgefährdenden oder sonstige Nachteile für Erwerb oder Fortkommen herbeiführenden Tatsachen. Er enthält insofern eine Erweiterung des in § 187 StrGB. enthaltenen Schutzes, dessen Verletzung schon unter § 823 Abs. 2 fallen würde, als die zivilrechtliche Schadensersatzpflicht auch bei Fahrlässigkeit des Täters, und nicht bloß bei Kreditgefährdung, d. h. Erschütterung des Vertrauens in die Zahlungsfähigkeit des Anderen Platz greift, sondern auch bei Herbeiführung sonstiger Nachteile für seinen Erwerb und sein Fortkommen, z. B. durch Erschwerung des Erlangens einer Stellung oder durch Verursachung des Verlustes seiner Stellung oder durch Verhinderung des Aufrückens in eine höhere Lohnklasse.

Schadensersatzpflicht tritt nicht ein, wenn der Täter die Unwahrheit der behaupteten Tatsachen — sei es auch fahrlässig — nicht kannte und außerdem entweder er selbst oder der Empfänger der Mitteilung an ihr ein berechtigtes Interesse hat, z. B. unrichtige Mitteilungen eines Auskunftsbureau.

Wird irrtümlich vom Verbreiter der Mitteilung ein berechtigtes Interesse angenommen, so ist er haftbar (§ 824 Abs. 2).

b) § 825 erweitert den in den §§ 173, 176 Nr. 2, 179 und 182 des StrGB. für Personen weiblichen Geschlechts enthaltenen Schutz gegen Verletzung ihrer Geschlechtsehre auf Fälle, in denen der außereheliche Geschlechtsverkehr zwar ohne Verletzung eines straf-

[1]) Die praesumtio iuris et de iure des § 26 I 6 ALR., nach welcher ein Vernachlässiger eines auf Schadenverhütungen abzielenden Polizeigesetzes für allen Schaden, der durch die Beobachtung desselben hätte vermieden werden können, ebenso haftet, als wenn derselbe aus seiner Handlung unmittelbar entstanden wäre, hat das BGB. nicht übernommen. Dies ist wegen der freien Beweiswürdigung (§ 287 CPO.) kein Nachteil.

rechtlichen Schutzgesetzes[1]) stattfand, aber doch die Frauensperson durch Hinterlist,[2]) Drohung, Mißbrauch eines Abhängigkeitsverhältnisses[3]) zur Gestattung der außerehelichen Beiwohnung bestimmt wurde. Geschlechtliche Unbescholtenheit ist dabei nicht verlangt und nach dem Gesetz wird also auch eine Dame der Halbwelt auf Schadensersatz klagen können, wenn sie durch Zustecknng eines falschen Hundertmarkscheins zu dem Geschlechtsverkehr bestimmt und in der Folge angesteckt oder geschwängert wurde.

3. Verstoß gegen die guten Sitten mit dem Vorsatz der Beschädigun g (§826).[4]) Geschieht dies unter Verletzung eines nach § 823 Abs. 1 geschützten Lebensguts oder Rechts oder unter Verletzung eines Schutzgesetzes, so bedarf es des § 826 nicht. Vielmehr sollen durch ihn selbst erlaubte, aber doch illoyale Begehungs- oder Unterlassungshandlungen getroffen werden, deren Vornahme dem Anstandsgefühl zuwiderläuft.[5]) § 826 umfaßt also das Gebiet der actio doli.

---

[1]) Eine Verletzung des strafrechtlichen Schutzgesetzes fällt schon unter § 828 Abs. 2.

[2]) Hinterlist ist noch nicht die bloße Verführung. Es muß sich vielmehr um Veranstaltungen, namentlich Vorspiegelung falscher Tatsachen handeln, durch welche eine Täuschung der Frauensperson bewirkt und der Entschluß, sich hinzugeben, direkt oder indirekt hervorgerufen wurde, z. B. Vorspiegelung der Ehe, des Todes des Ehemanns, einer Lebensgefahr desselben, von der man ihn befreien wolle, wenn 2c. Aber auch Verabreichung berauschender Getränke, von deren Wirkung die Frauensperson keine Vorstellung hat, das Eheversprechen mit dem inneren Vorbehalt, es nicht zu halten, vorausgesetzt, daß die Frauensperson an dasselbe glaubte.

[3]) Autoritätsverhältnis, wirtschaftliche oder rein tatsächliche Abhängigkeit, indem z. B. der Arzt seine Stellung mißbraucht.

[4]) Örtmann, Sittenwidrige Handlungen, Bem. zu § 826 BGB., i. D. J.-Z. Bd. 8, 825—829. Über „die guten Sitten", Friedrichs i. D. R. Bd. 5, 587 u. 588. — Brückmann, Das Reichsgericht und die schwarzen Listen i. J. W. Bd. 31, 626—630.

Delius, Die Haftpflicht der Beamten, Berlin 1901, J. J. Heine (jetzt J. Guttentag). Oppenhof, Verantwortlichkeit der Richter i. D. J.-Z. Bd. 7, 480 u. 481. Schneider, Die Haftbarkeit des sog. Spruchrichters nach dem BGB. i. Arch. f. c. Pr. Bd. 91, 209—268.

[5]) Z. B. Boykottierung eines Geschäfts, frivole Klaganstellung, um die bezüglich der eingeklagten Sache schwebenden Verkaufsverhandlungen zum Scheitern zu bringen, absichtliche Erteilung eines falschen Rats, Nichtwarnung vor der durch Begehung eines Verbrechens dem Anderen drohenden Gefahr, obwohl die Warnung dem Säumigen weder Mühe noch Gefahr bringen würde. Vgl. auch das Gesetz über den unlauteren Wettbewerb vom 27. Mai 1898.

III.

Die allgemeinen Voraussetzungen der aus den einzelnen Deliktstatbeständen entstehenden Schadensobligation.

Als solche sind folgende aufzustellen:

1. Widerrechtlichkeit[1]) der Schadenszufügung. Sie liegt vor, wenn der unter II angegebene Rechtskreis verletzt wird, ohne daß der Täter ein Recht zu der Verletzung hat. Ein solches Recht zur Vornahme der Verletzung kann durch Einwilligung des Verletzten begründet sein. Doch muß natürlich die Einwilligung als solche gültig, also nicht wegen Willensfehler nichtig, nicht durch Drohung oder Täuschung herbeigeführt sein, sich nicht auf Rechtsgüter beziehen, welche der Verfügung des Einwilligenden entzogen sind. Auch ist die Widerrechtlichkeit ausgeschlossen, wenn die Befugnis zur Verletzung im öffentlichen Recht (z. B. Tötung von an der Rinderzahl erkranktem Vieh, Hinrichtung eines Verbrechers) oder in der Notwehr (§ 227), dem Notstand (§§ 228 u. 904), oder im Selbsthilferecht (§ 229) wurzelt.

2. Verschulden[2]) des Verletzers bezüglich der begangenen Rechtsverletzung (Recht, rechtlich geschütztes Lebensgut, Schutzgesetz), also Vorsatz oder Fahrlässigkeit desselben. Vorsatz ist absichtliches Handeln (Tun oder Unterlassen) unter Voraussicht der unausbleiblichen schädlichen Folgen. Fahrlässigkeit ist Außerachtlassung der im Verkehr erforderlichen Sorgfalt.

Fahrlässigkeit liegt schon dann vor, wenn Jemand sich durch Hypnotisierenlassen, durch geistige Getränke, Haschischrauchen oder ähnliche Betäubungsmittel in einen die freie Willensbestimmung ausschließenden Zustand versetzt (§ 827 Abs. 2).

Andererseits verpflichtet die Verletzung eines Schutzgesetzes nicht unter allen Umständen den schlechthin fahrlässig handelnden, sondern nur denjenigen Täter, welcher die durch das Schutzgesetz gerade verlangte Sorgfalt verletzte (§ 823 Abs. 2). Wer also z. B. polizeigesetzlich auch für unverschuldet begangene Übertretungen verantwortlich ist, der haftet deswegen doch nur dann zivilrechtlich, wenn er

---

[1]) RG. 50, 65.

[2]) v. Hippel, Die Grenze von Vorsatz und Fahrlässigkeit, Leipzig, bei Hirzel 1903. Heinsheimer, Die Haftung Unzurechnungsfähiger nach § 869 BGB. i. Arch. f. c. Pr. Bd. 92, 284—255. Moeli, Die Geisteskranken in civilrechtlicher Hinsicht, Jena 1903. Dittenberger, Der Schutz des Kindes gegen die Folgen eigener Handlungen im bürgerl. Gesetzbuch, Berlin Guttentag, 1903.

schuldhaft die Übertretung beging. Und wo das Gesetz nach seinem Inhalt nur vorsätzlich verletzt werden kann, z. B. Verletzung des Briefgeheimnisses (§ 299 StrGB.), da greift auch § 823 Abs. 2 nur bei vorsätzlicher Verletzung des Schutzgesetzes ein.

Bei Verletzung durch illoyale Handlungen wird Vorsatz verlangt. Die gegen die guten Sitten verstoßende Handlung muß absichtlich vorgenommen sein und in dem Bewußtsein, daß dadurch Schaden werde hervorgerufen werden. — Dagegen ist nicht erforderlich, daß der Handelnde sich der Sittenwidrigkeit seiner Handlungsweise bewußt war.

Ausnahmsweise sieht das Gesetz von einem Verschulden des Täters gänzlich ab, indem es die deliktische Schadensersatzverbindlichkeit auch unzurechnungsfähigen Tätern auferlegt, nämlich Kindern, Minderjährigen bis zum vollendeten 18. Lebensjahre oder Taubstummen, bei beiden vorausgesetzt, daß sie die zur Erkenntnis der Verantwortlichkeit erforderliche Einsicht nicht besaßen, endlich Geisteskranken und solchen Personen, die ohne Verschulden in einen Zustand der Unzurechnungsfähigkeit gerieten. Doch ist die Haftpflicht dieser Personen, ähnlich wie im preußischen Recht (§§ 41 u. 44 I 6 ALR.), zweifach beschränkt (§§ 827—29)[1]:

a) Das zum standesgemäßen Unterhalt des Täters oder zur Erfüllung seiner gesetzlichen Unterhaltspflichten nötige Vermögen desselben muß unter allen Umständen frei bleiben und es darf überhaupt die richterliche Festsetzung der Schadensersatzpflicht und ihres Umfangs nur erfolgen, wenn dies nach Lage des Falles und der Verhältnisse des Schädigers und des Beschädigten billig erscheint.

b) Die Haftpflicht ist jedenfalls nur eine subsidiäre. Denn sie tritt nur ein, soweit der Schadensersatz von einem aufsichtspflichtigen Dritten z. B. Vater, Mutter, Vormund, Lehrer, Erzieherin 2c. nicht verlangt werden kann, sei es, daß der Aufsichtspflichtige nichts hat, sei es, daß er beweist, die ihm bei der Beaufsichtigung des Täters obliegende Sorgfalt angewandt zu haben.[2]

---

[1] Joh. Chr. Schwartz: Das Billigkeitsurteil des § 829 BGB., Halle 1904.

[2] Subsidär haften übrigens bei fahrlässiger Schadenzufügung durch Verletzung der Amtspflicht auch die Beamten. Denn ihre Haftung tritt nur ein, wenn der Beschädigte nicht auf andere Weise, d. h. von anderen schadensersatzpflichtigen Privatpersonen Ersatz zu erlangen vermag (§ 889 Abs. 1 S. 2). Ihre Haftung fällt sogar ganz fort, wenn der Verletzte vorsätzlich oder fahrlässig unterlassen hat, den Schaden durch Gebrauch eines Rechtsmittels abzuwenden.

3. Ein Schaden. Regelmäßig muß derselbe ein Vermögensschaden sein. Bei Verletzung von Körper, Gesundheit oder Freiheit, bei strafbarer oder durch Hinterlist, Drohung, Mißbrauch eines Abhängigkeitsverhältnisses herbeigeführter Beischlafsvollziehung mit einer Frauensperson (§ 847) genügt das Verursachen eines nicht vermögensrechtlichen Schadens, z. B. Defloration, Entstellung, Schmerzen, Ekel, Kummer rc.

4. Kausalzusammenhang zwischen dem Schaden und der beschädigenden Handlung. Der Schaden muß also durch die Handlung hervorgerufen sein.[1])

Haben Mehrere, sei es als Täter, Anstifter oder Gehilfen zur Zufügung des Schadens mitgewirkt, so hat die Tätigkeit eines Jeden den Schaden mitverursacht. Zwischen der Handlung eines Jeden und dem Schaden besteht also Kausalzusammenhang. Deswegen haftet auch Jeder aufs Ganze (§ 830 Abs. 1 S. 1). Es ist dabei ganz gleichgültig, ob die Mehreren sich zur gemeinschaftlichen Begehung verbunden oder ob jeder für sich allein vorgegangen ist. Die Handlung jedes Einzelnen bildet ein Glied in der Kette von Handlungen, welche zu dem Schaden führten, z. B. mehrere Erdarbeiter sind beschäftigt, ohne Anwendung der nötigen Vorsicht eine Hauswand zu untergraben und die Wand schlägt bei ihrem Fall einen Vorübergehenden zum Krüppel; oder Mehrere stechen auf einen Menschen los und bringen ihm Wunden bei, von denen keine einzige tötlich war, die jedoch in ihrer Gesamtheit den Tod herbeiführten.

Eine Sonderbestimmung trifft das Gesetz für den Fall, daß Mehrere gemeinschaftlich eine unerlaubte Handlung begingen und sich nicht ermitteln läßt, wessen Tätigkeit den Schaden verursacht hat (§ 830 Abs. 1 S. 2). Damit sie zur Anwendung komme, wird nicht gemeinschaftliche Verursachung vorausgesetzt, sondern umgekehrt Verursachung durch die Handlung eines der Beteiligten, z. B. Mehrere stechen auf einen Menschen los, aber nur ein Stich ist tötlich, die andern sind ungefährlich. Hier sollte für den durch den Tod des Menschen hervorgerufenen Schaden nach dem Kausalitätsprinzig einzig und allein der Führer des tötlichen Stichs haften. Jedoch im Anschluß an das bestehende Recht[2]) läßt das BGB. auch hier Gesamthaftung eintreten.

[1]) Mein Kommentar zu § 252 Anm. 4 u. § 254 Anm. 4 u. 5 und Rümelin, Die Verwendung der Kausalbegriffe im Straf- und Civilrecht, 1900.

[2]) l. 11 § 2 u. § 4, l. 51 § 1 D ad legem Aquiliam 9, 2.

Immerhin muß man für die Anwendbarkeit von § 830 Abs. 1 S. 2 verlangen, daß nach Lage des Falles jeder Beteiligte den Schaden verursacht haben kann. Denn es wird Beteiligung an unerlaubter und zugleich Schaden verursachender Tätigkeit verlangt. Deswegen ist nicht Jeder, welcher bei einer Schlägerei, die den Tod eines Menschen mit sich brachte, beteiligt war, ohne Weiteres an der Tötung beteiligt, sondern nur diejenigen sind es, bei denen es feststeht, daß sie auf den Getöteten losgeschlagen haben. Oder sollte auch der Freund des Getöteten, der ihn verteidigte, wegen der Tötung haften, da er doch an der Schlägerei beteiligt war? Das Urteil des Reichsgerichts I, 89 ist auch nach dem Recht des BGB. zutreffend.[1])

IV.

Der Inhalt des Ersatzanspruchs.[2])

Der Schadensersatzanspruch geht zunächst auf Herstellung des Zustandes, welcher sein würde, wenn das zum Ersatz verpflichtende Ereignis nicht eingetreten wäre (§ 249 S. 1), also entweder auf Herstellung des früheren Zustandes oder auf Herbeiführung des Zustandes, dessen Eintritt durch das schädigende Ereignis verhindert worden ist.

Soweit diese Herstellung nicht möglich oder zur Entschädigung nicht genügend ist, geht der Anspruch auf Geld (§ 251).

Der etwa verursachte Vermögensschaden umfaßt sowohl die positive Vermögensverringerung, als die entgangene Vermögensvermehrung (§ 252). Handelt es sich um nicht vermögensrechtlichen Schaden (Schmerzen, Ekel 2c.), so ist billige Geldentschädigung zu leisten (§ 847).

Dabei ist der Standpunkt des preußischen Rechts, nach welchem

---

[1]) Meiner Meinung haben sich Dernburg II § 387 Nr. 3, Crome II § 338 Nr. 2 angeschlossen. Wohl auch Planck § 830 Anm. 1 Abs. 2. Dagegen M. Rümelin i. A. f. c. Pr. 90 S. 343 Anm. 220, welcher die in Abs. 1 S. 2 des § 830 erwähnte Beteiligung nicht auf die schadensersatzpflichtige unerlaubte Handlung selbst (nach dem Beispiel des Textes: auf die Tötung) bezieht, sondern vielmehr auf die entferntere unerlaubte Handlung (nach dem Beispiel des Textes: auf die Schlägerei) gelegentlich von deren Vornahme die schadensersatzpflichtige unerlaubte Handlung (die Tötung) erfolgte. Rümelin folgt darin der Auffassung von Örtmann Anm. 3 zu § 830. Gegen mich auch Enneccerus § 866, 3, a.

[2]) Fuld, Unterlassungsklage und Schadensersatzklage i. Sächs. Arch. Bd. 12, 257—265. Lau, Der Unterlassungsanspruch aus den §§ 823 ff. BGB. i. Gruchot Bd. 47, 497—508.

der Umfang des Ersatzes sich nach dem Grad des vom Beschädiger begangenen Versehens abstuft, mit Recht aufgegeben, weil darin eine einseitige Betonung der Interessen des Beschädigers liegen würde, während es dem Beschädigten, wenn überhaupt Zurechnungsfähigkeit des Beschädigers vorlag, ganz gleichgültig sein wird, ob ihm der Schaden durch grobe oder leichte Fahrlässigkeit zugefügt wurde, und er vielmehr Anspruch auf vollen Schadensersatz haben muß, sobald ihm gegenüber ein vertretbares Versehen begangen wurde.

Dies vorausgeschickt sind zu unterscheiden:

1. Personenbeschädigungen (Körper- und Gesundheitsverletzung, Freiheitsentziehung). Bei Körper- und Gesundheitsverletzung hat der Beschädigte die Wahlermächtigung, an Stelle der Herstellung den zu ihr erforderlichen Geldbetrag zu verlangen (§ 249 S. 2). Doch umfaßt der Schadensersatzanspruch außer den Heil- und Kurkosten auch die Nachteile, welche die beschädigende Handlung für Erwerb und Fortkommen des Verletzten (z. B. bei Frauen durch Vereitelung der Aussicht, sich zu verheirathen wegen Verunstaltung, Verlust des Gehörs, Geistesschwäche 2c. oder durch Steigerung der Lebensbedürfnisse des Verletzten — kräftigere Nahrung, öfterer Erholungsaufenthalt — herbeiführte. Auch bei Freiheitsentziehung ist der verursachte Vermögensschaden einschließlich der Nachteile für Erwerb und Fortkommen zu ersetzen (§ 842).

Der Ersatz für diese Nachteile ist in Gestalt einer Geldrente zu bewirken, welche für je drei Monat im voraus zu entrichten ist. Doch kann aus wichtigem Grunde auch Kapitalabfindung gefordert werden, z. B. wegen Unsicherheit des Ersatzpflichtigen (§ 843).

Bei Abmessung der Geldrente hat das Gericht naturgemäß den Zustand des Verletzten zur Zeit seiner Verletzung zugrunde zulegen. Ändert sich derselbe bis zum Urteil, indem eine Verschlimmerung oder auch Besserung eintritt, so ist dies im Urteil zu berücksichtigen. Tritt die Änderung erst nach der Rechtskraft des Urteils ein, so kann nach § 323 CPO. auf Änderung des Urteils geklagt werden.

Eine Geldrente kann auch Jeder verlangen, welcher gesetzlich ein Recht auf Dienstleistungen in seinem Haus oder Gewerbe (§§ 1356 u. 1617) gegen den Verletzten oder in seiner Freiheit Beschränkten hat (§ 845).

2. Tötungen. Der Schaden umfaßt die Kosten der Beerdigung des Getöteten, und eine Geldrente wegen der durch die

Tötung zerstörten gesetzlichen Alimentationsberechtigungen Dritter oder der ihnen zustehenden gesetzlichen Rechte auf Dienstleistungen in Haus oder Gewerbe gegen den Getöteten (§§ 844 u. 845). Aus wichtigem Grund kann auch hier Kapitalabfindung begehrt werden.

In allen Fällen (1. u. 2.), in denen der Schadensersatz in Geldrente zu leisten ist, gilt der Satz, daß dieses Rentenrecht durch Vorhandensein von Unterhalts- oder Dienstleistungspflicht eines Anderen, als des Verletzten oder Getöteten, nicht ausgeschlossen wird (§§ 844 Abs. 2 Halbs. 2 u. 845 Abs. 1 S. 2).

3. Sachbeschädigung und Entziehung von Sachen. Bei Sachbeschädigungen hat der Gläubiger die Wahlermächtigung, an Stelle der Herstellung den zur Herstellung erforderlichen Geldbetrag zu verlangen (§ 249). Außerdem hat aber auch der Schuldner die Wahlermächtigung, sich von der Herstellungspflicht durch Leistung von Schadensersatz in Geld zu befreien, wenn die Herstellung nur mit unverhältnismäßigen Aufwendungen möglich ist (§ 251 Abs. 2).

Wird der Schadensersatz in Geld geschuldet, so umfaßt derselbe auch den für Erwerb und Fortkommen des an der Sache Berechtigten entstandenen Nachteil, z. B. bei Zerstörung der Fabrik eines Anderen den Nachteil, der durch den notgedrungenen Nichtbetrieb derselben entstand oder dadurch, daß bis zum Wiederaufbau die Kundschaft sich fortgewöhnte. Auch muß der Geldwert der Sache von dem bei der Wertberechnung zugrunde gelegten Zeitpunkt an verzinst werden, um dem Beschädigten bis zur Zahlung des Schadensersatzes vollen Ersatz zu gewähren (§ 849).

Bei Sachentziehung durch unerlaubte Handlung endlich umfaßt die Schadensersatzpflicht auch den durch zufällige Ereignisse (Untergang, sonstige Unmöglichkeit der Herausgabe, Verschlechterung) hervorgerufenen Schaden, der Täter müßte denn nachweisen können, daß der Zufall auch ohnehin die Sache betroffen haben würde (§ 848).

V.

Ersatzberechtigter und Ersatzverpflichteter.

1. Der Anspruch auf Schadensersatz steht nur dem durch das Delikt unmittelbar Geschädigten und seinen Erben oder Singularsukzessoren zu. Nur der Anspruch auf Geldentschädigung wegen eines anderen, als Vermögensschadens hat mehr den Charakter persönlicher Genugtuung. Deshalb ist er nur dann zessibel und

vererblich, wenn es feststeht, daß der Berechtigte von ihm Gebrauch machen wollte. Dies ist aber anzunehmen, wenn der Anspruch durch Vertrag anerkannt, oder bereits rechtshängig geworden ist (§ 847 Abs. 1 S. 2).[1])

Durch ein und dieselbe Handlung können Mehrere unmittelbar geschädigt sein. So bei Zerstörung oder Beschädigung einer Sache ihr Eigentümer, der an ihr dinglich Berechtigte, ihr Besitzer. Jedem steht dann selbständig sein Ersatzanspruch zu. Wird z. B. eine Sache zerstört, so kann der Besitzer auf Ersatz des ihm durch die Entziehung des Besitzes entstandenen Schadens klagen. Werterſatz wegen Zerstörung kann aber nicht er, sondern nur der Eigentümer verlangen. Doch befreit sich der Delinquent durch Zahlung des Werterſatzes an den geschädigten Besitzer, es müßte ihm denn vom Eigentümer nachgewiesen werden, daß er zur Zeit der Ersatzleistung das Eigentum desselben kannte oder aus grober Fahrlässigkeit nicht kannte (§ 851).

Schadensersatzansprüche solcher Personen, welche mittelbar durch die unerlaubte Handlung geschädigt sind, erkennt das BGB. grundsätzlich nicht an. Mittelbare Schädigung ist aber die durch besondere Verhältnisse bedingte und durch sie herbeigeführte nachteilige Folge einer beim unmittelbar Betroffenen eingetretenen Tatsache für eine dritte Person.

Deshalb kann der auf eine Sache Forderungsberechtigte wegen Zerstörung dieser Sache durch den Nichtschuldner nicht vom Delinquenten Schadensersatz verlangen. Schadensersatzberechtigt ist vielmehr der Eigentümer. Deshalb hat die Braut des Getöteten, weil ihr eine vorteilhafte Heirat entging, keinen Schadensersatzanspruch gegen den Delinquenten. Deswegen haben die einzelnen Reisenden keinen Schadensersatzanspruch, wenn entgegen einer Polizeivorschrift bei Straßenbauten eine Grube Nachts nicht zugedeckt wurde, ein Weichensteller in sie hineinfiel, deswegen zu spät in den Dienst kam und nun infolge falscher Weichenstellung der Zug entgleiste.

Nur in den Fällen der §§ 844 u. 845 erkennt das BGB. einen Schadensersatzanspruch der mittelbar Geschädigten an, nämlich:

a) Im Fall der Tötung des gesetzlich Unterhaltspflichtigen den Schadensersatzanspruch des Unterhaltsberechtigten wegen Zerstörung seiner Berechtigung.

---

[1]) A. M. Cosack I S. 609.

b) Im Fall der Tötung oder Verletzung des gesetzlich in Haus oder Gewerbe eines Anderen Dienstpflichtigen, den Schadensersatzanspruch des Dienstberechtigten.

c) Im Fall der Tötung den Anspruch desjenigen, welchem die Verpflichtung zur Tragung der Beerdigungskosten obliegt, auf Ersatz derselben gegen den Delinquenten (§ 844 Abs. 1). Zur Tragung der Beerdigungskosten wird regelmäßig der Erbe verpflichtet sein (§ 1968), unter Umständen aber auch der Vater des Getöteten, auch wenn er nicht dessen Erbe sein sollte (§ 1713 Abs. 2), oder der dem Getöteten bisher gesetzlich Unterhaltspflichtige (§§ 1580 Abs. 3 u. 1615 Abs. 2). Auch wer vertragsmäßig die Beerdigungspflicht übernahm, hat diesen Anspruch.

2. Passiv legitimiert sind der Beschädiger und seine Erben. Haben Mehrere gemeinschaftlich die Beschädigung ausgeführt oder sind neben den Tätern noch Andere für den Schaden verantwortlich (§§ 831 u. 832), so ist jeder von ihnen aufs ganze verhaftet. Unter den Gesamtschuldnern aber besteht gesetzliche Regreßberechtigung nach § 426, soweit das Gesetz nicht etwas anderes bestimmt.[1])

Dabei kann jedoch dem Kläger der Einwand eigenen Verschuldens des Verletzten gemäß § 254 entgegengesetzt werden. Und auch wenn der durch Tötung oder Verletzung mittelbar Geschädigte (V, 1, a u. b) klagt, greift dieser Einwand durch. Der Ersatzanspruch des mittelbar Geschädigten wird also hinsichtlich des konkurrierenden Verschuldens des Getöteten oder Verletzten so behandelt, als stände er dem Getöteten oder Verletzten selbst zu (§ 846).

Dem wegen Entziehung einer Sache auf Herausgabe oder Schadensersatz in Geld Klagenden kann die Einrede gemachter Verwendungen in gleicher Weise entgegengesetzt werden, wie dies der Eigentumsklage gegenüber statthaft ist (§§ 850 und 994 ff.). Der Beklagte hat wegen seiner Verwendungen auch das Zurückbehaltungsrecht (§ 273 Abs. 2). Dasselbe fehlt jedoch, wenn der Beschädiger die Sache durch eine vorsätzlich begangene unerlaubte Handlung erlangte (§ 1000), z. B. durch Diebstahl.

VI.

Die Verjährung des Schadensersatzanspruchs.

Im Anschluß an die §§ 54 u. 55 I 6 ALR. ist die Verjährungsfrist auf drei Jahre festgesetzt. Sie läuft vom Tage der

[1]) Vgl. §§ 840 Abs. 2, 3 u. 841. Vgl. unter VIII, 1, a, ee u. b.

erlangten Kenntnis des Schadens und der Person des Ersatzpflichtigen. Doch ist auch ohne diese Kenntnis der Schadensersatzanspruch verjährt, wenn seit der Begehung der Tat dreißig Jahre verstrichen sind (§ 852 Abs. 1).

Möglicherweise hat sich der Beschädiger durch die unerlaubte Handlung bereichert, z. B. der Dieb. Hier ist, trotz Ablaufes der Verjährungsfrist für unerlaubte Handlungen, der Bereicherungsanspruch noch gegeben, solange seine Verjährung (dreißig Jahre seit Erlangung der Bereicherung) nicht abgelaufen ist (§ 852 Abs. 2).

Durch die unerlaubte Handlung kann endlich der Delinquent eine Forderung gegen den Verletzten erlangt haben, z. B. durch Betrug oder Erpressung. Klagt er diese Forderung ein, so kann ihm trotz Verjährung des dem Verletzten zustehenden Deliktsanspruchs, welcher gemäß des Restitutionsprinzips auf Herstellung, also Aufhebung der durch das Delikt begründeten Forderung gerichtet ist, immer noch die Einrede der unerlaubten Handlung entgegengesetzt werden (§ 853). Ist diese Einrede versäumt und die Forderung erfüllt, weil der Beklagte nicht wußte, daß er zur Leistung nicht verpflichtet war, so kann das Geleistete gemäß §§ 813 u. 814 zurückgefordert werden.

VII.

Konkurrenz der Ansprüche aus unerlaubter Handlung und Verletzung einer Vertragspflicht.[2])

Die Verletzung der lediglich aus einem Schuldverhältnis hervorgehenden Pflichten ist keine unerlaubte Handlung. Würde aber die Verletzung auch außerhalb des bestehenden Schuldverhältnisses als rechtswidrig erscheinen und dem Täter zugerechnet werden können, so wäre sie eine unerlaubte Handlung, z. B. der Verwahrer erschießt vorsätzlich das ihm in Verwahrung gegebene Pferd des Deponenten.

Doch darf dabei nicht übersehen werden, daß, wer nach dem Inhalt seines Schuldverhältnisses nicht für Fahrlässigkeit schlechthin, sondern nur für grobe Fahrlässigkeit oder Mangel der in eigenen Angelegenheiten bewiesenen Sorgfalt haftet, auch nicht als Delinquent für Fahrlässigkeit schlechthin verhaftet sein kann, wenn er, innerhalb der Grenzen seines Schuldverhältnisses, eine Handlung begeht, die auch abgesehen von dem Schuldverhältnis sich als unerlaubt

[2]) Crome, Der Anspruch aus unerlaubten Handlungen in Konkurrenz mit anderen Ansprüchen aus demselben Tatbestande i. D. J.-Z. Bd. 9, 14—20.

qualifizieren würde. Wenn also z. B. der unentgeltliche Verwahrer die ihm in Verwahrung gegebene Vase in den Schrank schließen will und sie dabei fallen läßt, ohne die in eigenen Angelegenheiten bewiesene Sorgfalt zu verletzen (§ 690), so kann er nicht um deswillen in Anspruch genommen werden, weil die Beschädigung der Vase sich zugleich als unerlaubte Handlung qualifiziere, da die im Verkehr erforderliche Sorgfalt nicht angewendet worden sei. Denn die Eingehung eines Schuldverhältnisses, welches dem Schuldner geringere Sorgfalt aufbürdet, enthält eine Dispens von der außerhalb des Schuldverhältnisses erforderten Sorgfalt.[1])

Die danach mögliche Konkurrenz der Ansprüche aus Delikt und Schuldverhältnis[2]) ist praktisch bedeutsam wegen der verschiedenen Verjährungsfristen und verschiedenen Gerichtsstände (§§ 29, 31 und 32 CPO.).

VIII.

Ausdehnung der Schadensersatzpflicht.[3])

Neben der Haftpflicht für solchen Schaden, welchen der Haftpflichtige durch eigene Handlungen hervorgerufen hat, setzt das BGB. auch Haftpflicht fest für den durch fremde Handlungen, durch Tiere oder leblose Gegenstände verursachten Schaden.

1. Schadensersatzpflicht für fremde Schadenszufügungen.

a) Der Geschäftsherr haftet für den durch seine Angestellten in Ausübung ihrer Verrichtungen einem Dritten widerrechtlich verursachten Schaden (§ 831).

aa) Es muß sich dabei um außerkontraktliche Schädigungen handeln, also um solche, welche nicht in einen zwischen dem Geschäftsherrn als Schuldner und dem Beschädigten als Gläubiger bestehenden Schuldverhältnis erfolgten, denn sonst kommt § 278 zur Anwendung. Wenn also z. B. der Hotelbesitzer seinen Hausdiener beauftragt, die Hotellaternen zu putzen und der Hausdiener beim Anlegen der Leiter

---

[1]) A. M. Dernburg II § 65, II, 3. Sowie hier Kipp-Windscheid II, S. 888, e.

[2]) Daß das Gesetz sie anerkennt, ergibt sich aus § 852 Abs. 2.

[3]) Bernhöft, Zur Frage der Haftpflicht, in seinen und Binders Beiträgen zur Auslegung des BGB. Jahrg. 1902 S. 224—282. Brückner, Haftung für rechtswidriges Verhalten anderer, insbesondere der Vertreter und Gehilfen nach dem BGB. und sonstigen Reichsgesetzen, Hann. 1901. Feder, Verantwortlichkeit für fremdes Verschulden nach dem BGB., Berlin 1902. Über Haftpflicht der Lehrer: Külz, Leipzig 1901, b. A. Hoffmann; Lehmann, Marburg 1901; Winter i. D. R. Bd. 6, 39 u. 69.

die Straßenlaterne zerstößt, so haftet der Hotelbesitzer nicht nach § 278, sondern nach § 831.

bb) In Ausübung der Verrichtung, nicht bloß gelegentlich der Ausübung muß die Schadenszufügung erfolgen. Den Grund der Schadenszufügung muß also die mangelhafte, unvorsichtige Ausübung bilden. Deswegen haftet der Geschäftsherr nicht, wenn sein Diener, welcher den Obstkeller desselben in Ordnung zu bringen hat, die Gelegenheit benutzt und aus dem offenstehenden Weinkeller des Nachbarn einige Flaschen Wein entwendet.[1])

cc) Widerrechtlich muß der Schaden verursacht sein. Die Widerrechtlichkeit ist nach der Person des Geschäftsherrn zu beurteilen. Denn es handelt sich nicht um Haftung für fremde unerlaubte Handlung. Deswegen ist auch Zurechnungsfähigkeit des Angestellten nicht erforderlich.

dd) Die Haftung des Geschäftsherrn beruht auf dem präsumtiven Verschulden desselben. Deshalb haftet er nicht, wie er es als Schuldner nach § 278 tun würde, für das Verschulden unbedingt, wie für sein eigenes. Sondern er kann sich von der Haftung durch den Nachweis befreien, daß ihm weder culpa in eligendo, noch Nachlässigkeit in der Beschaffung der zur Ausübung der Verrichtung notwendigen Vorrichtungen und Gerätschaften, wenn ihm deren Beschaffung oblag, noch in der Leitung, wenn solche ihm zustand, zur Last falle, oder daß der Schaden auch bei Anwendung der im Verkehr erforderlichen Sorgfalt entstanden sein würde.

ee) Hat an Stelle des Geschäftsherrn durch Vertrag mit diesem ein Anderer die Anstellung der Arbeiter, Beschaffung der Vorrichtungen und Gerätschaften oder die Leitung übernommen (z. B. dem Zahlkellner eines Wiener Cafés liegt vertragsmäßig das Engagement der Kellner ob), so haftet auch der Andere. Denn der Geschäftsherr kann natürlich nicht durch Vertrag mit einer andern Person seine gesetzliche Haftpflicht abstreifen.

Der Täter, seine Zurechnungsfähigkeit vorausgesetzt, der Geschäftsherr und der Andere sind demnach also Gesamtschuldner. Doch kann der Geschäftsherr oder der Andere, welcher den entstandenen Schaden dem Dritten hat ersetzen müssen, den vollen Betrag von dem Täter ersetzt verlangen (§ 840 Abs. 2). Unter einander haben der Geschäftsherr und der Andere Regreß nach Kopfteilen (§ 426 Abs. 1). Der Täter hat keinerlei Regreßrecht.

---

[1]) Mein Kommentar zu § 278 Anm. 1, c.

b) Wem gesetzlich als Vater oder Mutter, Vormund oder Pfleger (§§ 1631, 1686, 1800, 1897, 1915) Lehrer, Meister, Gesindeherr kraft Schul-, Gewerbe- oder Gesinderechts die Beaufsichtigung Minderjähriger oder geistig oder körperlich kranker Personen obliegt, der haftet für den durch sie verursachten Schaden, wenn ihm nicht der Nachweis gehöriger Aufsicht[1]) oder der Unabwendbarkeit des Schadens trotz aller Aufsicht gelingt (§ 832).[2])

Wer dem Haftpflichtigen durch Vertrag die Aufsicht abgenommen hat, z. B. als Krankenwärter, Irrenanstaltsdirektor ꝛc., der haftet mit ihm als Gesamtschuldner (§ 832 Abs. 2).

Hinsichtlich des gesetzlichen Regreßrechts unter den Gesamtschuldnern ist zu beachten, daß der der Aufsicht unterworfene Täter möglicherweise nicht zurechnungsfähig war und doch nach § 829 hat zahlen müssen. In diesem Fall hat der Unzurechnungsfähige vollen Regreß gegen den gesetzlich oder vertragsmäßig Aufsichtspflichtigen und dieser keinerlei Regreß gegen ihn. War er aber zurechnungsfähig, so gelten dieselben Regreßgrundsätze wie unter a.

2. Schadensersatzpflicht für durch Tiere verursachten Schaden (Tierschaden).[3]) Hier ist das Verschuldungsprinzip aufgegeben. Vielmehr handelt es sich um sogenannte Gefährdungshaftung.[4]) Da aber diese Fälle ebenfalls im Titel über unerlaubte Handlungen stehen, so sind auch die Vorschriften dieses Titels anzuwenden, soweit sie nicht Konsequenzen des Verschuldungsprinzips sind. Namentlich finden die Vorschriften über die kurze Verjährung (§§ 852 u. 853) und der Gerichtsstand der unerlaubten Handlung (§ 32 CPO.) Anwendung, nicht aber die §§ 827 u. 828 (vgl. auch RG. 50, 408). Das Gesetz unterscheidet dabei die Ersatzpflicht für durch gehaltene Tiere verursachten Schaden von der Ersatzpflicht für Wildschaden.

---

[1]) RG. 50, 62ff., 52, 70ff.

[2]) § 57 I 6 ALR.

[3]) Über § 833 vgl. Altschul, Brückmann, Kuhlenbeck i. J. W. Bd. 31, 202—205, 237 u. 238; Fleischauer ebenda Bd. 30, 330 u. 331, Bd. 31, 115 u. 116, Bd. 32, 267; auch in Gruchot Bd. 47, 303—305; Goslich i. Gruchot Bd. 47, 1—26; Isay i. D. J.-Z. Bd. 8, 399—400; Israel i. J. W. Bd. 31, 238—240; Örtmann i. D. J.-Z. Bd. 9, 136—143. — Wildschaden: Bauer, Das preuß. Wildschadengesetz v. 11. Juli 1891 und die Bestimmungen des neuen BGB. über den Wildschaden, 2. Auflage 1901. von Brünneck „Wildschaden" in Conrads ꝛc. Handwörterbuch der Staatswissenschaften, 2. Auflage Bd. 7, S. 802—806.

[4]) M. Rümelin: Schadenszurechnung S. 45 u. 75ff.

a) Wer ein Tier hält,[1]) d. h. es in seinem Interesse in unmittelbarem Besitz hat als Eigentümer, Mieter, Pächter, Entleiher rc. nicht aber als Verwahrer, haftet ohne daß von seiner Seite ein Verschulden nötig ist, für den durch dasselbe verursachten Personen- oder Sachschaden, nicht Vermögensschaden überhaupt. Wenn also z. B. Jemand seinen Mastochsen ohne genügende Vorsicht auf der Straße stehen läßt, dieser sich losreißt und einem zum Gericht eilenden Passanten zu einem Umweg und dadurch zu einem Versäumnisurteil verhilft, so sind die Kosten des Versäumnisverfahrens nicht nach § 833, sondern vielmehr nach § 823 Abs. 2 vom Tierhalter zu ersetzen.

Die Verpflichtung zum Schadensersatz liegt Demjenigen ob, welcher zur Zeit der Schadensverursachung Tierhalter war. Durch Veräußerung des Tiers hört also die einmal begründete Schadensersatzpflicht nicht auf.

Ob es sich um ein Haustier oder ein wildes Tier, um einen Vierfüßler oder Zweifüßler, um ein nützliches oder um ein Luxustier handelt, ist gleichgültig. Auch gezüchtete Bakterien können hierher gehören,[2]) wenn nämlich ihre Züchtung im eigenen Interesse des Züchters erfolgt, etwa zu Verkaufszwecken.

Der Schaden muß aber durch das Tier verursacht sein.[3]) Dies ist nicht der Fall, wenn das Tier das Werkzeug eines Andern war, z. B. ein Knecht lenkt sein Gespann in ein Schaufenster (RG. 50, 180).[4]) Hier hat der Kutscher den Schaden verursacht.

Die Schadensersatzpflicht kann dadurch ausgeschlossen sein, daß der Beschädigte durch eigenes Verschulden den Schaden vorwiegend verursachte, indem er z. B. den Hund, der ihn gebissen, erst gereizt hat (§ 254)[5]).

Halten Mehrere gemeinschaftlich ein Tier, z. B. als Miteigentümer, so haften sie als Gesamtschuldner. Ebenso der Tierhalter und derjenige, welcher durch Vertrag, z. B. als Direktor eines zoologischen Gartens, Pferdeknecht, Viehmagd rc. die Führung der Aufsicht über

---

[1]) RG. 52, 118.

[2]) A. M. Dernburg II § 396 II a. E.

[3]) RG. 54, 74 u. 408.

[4]) A. M. Cosack § 166 bei Anm. 8a. Daß der Schaden unmittelbar durch das Tier verursacht sei, ist nicht erforderlich (RG. 50, 221).

[5]) RG. 51, 277. Der Umstand, daß der Beschädigte in einem Dienstvertrag zum Tierhalter steht, schließt den Anspruch aus § 833 nicht aus (RG. 50, 249).

das Tier für ihn übernommen hatte. Letzterer kann sich jedoch durch den Nachweis befreien, daß er die im Verkehr erforderliche Sorgfalt aufgewendet habe oder daß der Schaden auch durch Aufwendung dieser Sorgfalt nicht hätte verhütet werden können (§ 834).[1]

b) Die Haftung für Wildschaden[2] (§ 835). Nach dem Gesetz ist Wildschaden, der durch gewisse Wildsorten (Schwarz-, Elch-, Dam-, Rehwild oder Fasanen) an Grundstücken jeder Art (z. B. durch Abfressen, Zertreten stehender Früchte, Umknicken von Bäumen, Losschälung ihrer Rinde) oder an ihren getrennten, aber noch nicht eingeernteten Erzeugnissen hervorgerufene Schaden.

aa) Die Schadensberechtigung steht dem Verletzten zu. Dies ist nach Lage des Falles der Eigentümer des Grundstücks oder der Fruchtziehungsberechtigte (Pächter, Nießbraucher), vorausgesetzt, daß diese Personen auf dem beschädigten Grundstück nicht selbst jagdausübungsberechtigt sind.[3]

bb) Ersatzpflichtig ist:

α) Der auf dem fremden Grundstück Jagdberechtigte, d. h. derjenige, dem eine Jagdgerechtigkeit auf dem beschädigten Grundstück zusteht. Solche Jagdgerechtigkeiten gibts in Preußen nicht,[4] wohl aber in Mecklenburg (§ 835 Abs. 1).

β) Der auf dem eigenen Grundstück Jagdberechtigte, falls ihm auch das Jagdausübungsrecht zusteht.[5] Wann dies der Fall ist, bestimmen die Jagdgesetze der Einzelstaaten (preuß. Jagdpolizeigesetz vom 7. März 1850). Natürlich besteht hier die Ersatzpflicht des Eigentümers des beschädigten Grundstücks nur den etwaigen Fruchtziehungsberechtigten gegenüber. Hat der jagdausübungsberechtigte Grundstückseigentümer die Jagd verpachtet, so ist gleichwohl er zum Ersatz des Wildschadens verpflichtet. Meistens wird er sich jedoch den Ersatz desselben vom Jagdpächter ausbedingen. Auch durch Vertrag zugunsten eines Dritten könnte man Ersatzberechtigter werden.

---

[1] Die Unterschiede zwischen actio de pauperie und de pastu, sowie das Recht der noxae datio sind beseitigt.

[2] Eine eingehendere Darstellung der Lehre ist ohne ausführliche Heranziehung der partikularen Gesetzgebung über das Jagdrecht nicht möglich.

[3] In Preußen ist der Grundstückseigentümer nur dann auf seinen Grundstücken jagdausübungsberechtigt, wenn dieselben wenigstens 300 Morgen Land in zusammenhängender Lage umfassen oder bei geringerer Größe vollständig eingefriedet sind, ferner auf seinen Inseln, ohne Rücksicht auf Größe oder Einfriedigung (§§ 2 u. 3 des preuß. Jagdpolizeigesetzes vom 7. März 1850).

[4] Gesetz vom 31. Oktober 1849.

[5] S. Anm. 3.

γ) Steht dem Grundstückseigentümer kraft Gesetzes auf dem beschädigten Grundstück das Jagdausübungsrecht nicht zu, so ist der an seiner Stelle gesetzlich Jagdausübungsberechtigte ersatzpflichtig (§ 835 Abs. 2 S. 1). Auch hierüber bestimmen die Partikulargesetze. In Preußen bilden in solchen Fällen die Eigentümer der jagdbaren Gemeindegrundstücke eine Korporation, die sogenannte Jagdgenossenschaft, deren gesetzliche Vertreter die Gemeindebehörden sind.[1]) Hier ist also die Jagdgenossenschaft ersatzpflichtig.

δ) Bei Grundstücken, auf denen wegen ihrer vermengten Lage das Jagdrecht nur gemeinschaftlich mit dem Jagdrecht auf anderen Grundstücken ausgeübt werden darf, kann nach manchen Partikulargesetzen auch ein gemeinschaftlicher Jagdbezirk gebildet und das Jagdrecht auf diesem an einen der Grundstückseigentümer verpachtet werden. Hier ist dann der Jagdpächter ersatzpflichtig (§ 835 Abs. 2 S. 2). In Preußen gilt dies für den Waldbesitzer, welcher entweder die Jagd auf den von seinem Wald eingeschlossenen fremden Grundstücken (sogenannte Enklaven) gepachtet oder die ihm angebotene Jagdpachtung abgelehnt hat (preuß. Wildschadensgesetz vom 11. Juli 1891 § 3 u. Art. 71 Nr. 3 des EG. z. BGB.).

ε) Sind endlich die Grundstückseigentümer eines Bezirks zu einem die gemeinschaftliche Ausübung des Jagdrechts bezweckenden, nicht rechtsfähigen Personenverein gesetzlich vereinigt, so ist jedes Mitglied nach Verhältnis der Größe seiner Grundstücke ersatzpflichtig (§ 835 Abs. 3 und § 4 des preußischen Jagdpolizeigesetzes).

Die danach bestehende Schadensersatzpflicht für Wildschaden ist sog. Gefährdungshaftung. Denn der Jagdberechtigte bezw. Jagdausübungsberechtigte gefährdet durch Hegung des Wildes und durch den Ausschluß Anderer von der Jagd die Grundstücke.

Die Verpflichtung zum Ersatz des Wildschadens wird durch eigenes Verschulden des Verletzten modifiziert, indem derselbe schuldhaft die Aberntung der Früchte hinausschob, die Einheimsung der abgeernteten Früchte verzögerte oder die Instandhaltung des bisher das Grundstück umgebenden Zaunes unterließ (§ 254).[2])

Der Streit über den Ersatz von Wildschaden wird in Preußen im Verwaltungswege und Verwaltungsstreitverfahren erledigt (§§ 9 ff. preußischen Wildschadengesetzes).

---

[1] Von Brünneck: Die Jagdgenossenschaften, Halle 1867.

[2]) RG. 52, 351.

3. Ersatzpflicht für durch Gebäude oder ähnliche Werke verursachten Schaden.

Das BGB. beseitigt die cautio damni infecti und ersetzt sie durch die Vorschrift, daß für jeden, durch gänzliche oder teilweise Errichtung eines Gebäudes oder ähnlichen, mit dem Grundstück verbundenen Werks (Mauer, Turngerüst) oder durch Ablösung von Teilen des Gebäudes oder Werks (Dachziegeln, Fußboden,[1]) Balken) infolge mangelhafter Errichtung oder vernachlässigter Unterhaltung verursachten Personen- oder Sachschaden der Grundstücksbesitzer haftet (§ 836 Abs. 1 S. 1).

Durch solche Haftung wird selbstverständlich die Haftung dessen, der den Schaden schuldhaft verursachte, etwa als Baumeister, nach § 823 Abs. 1 nicht ausgeschlossen.

Besitzer des Grundstücks im Sinn des § 836 ist der Eigenbesitzer (§§ 836 Abs. 3 u. 872), sei er unmittelbarer oder mittelbarer Eigenbesitzer. Daß er auch Eigentümer ist, ist möglich, aber nicht nötig. Der Eigentümer, welcher nicht Eigenbesitzer ist, z. B. der gewaltsam des Besitzes entsetzte, haftet nur nach § 836 Abs. 2.

Der Eigenbesitzer schließt seine Haftung durch den Nachweis aus, daß er die zur Abwendung der Gefahr im Verkehr erforderliche Sorgfalt angewendet habe (§ 836 Abs. 1 S. 2). Kann er diesen Nachweis nicht führen, so haftet er. Trotz dieser Umkehrung der Beweislast liegt hierin die Anerkennung des Verschuldungsprinzips (culpa in non faciendo). Man wird deshalb anzunehmen haben, daß der unzurechnungsfähige Eigenbesitzer überhaupt[2]) nur nach § 829 haftet.

Das Gesetz legt also dem Eigenbesitzer als solchem die Verpflichtung zur Instandhaltung der in seinem Besitz befindlichen Gebäude oder ähnlichen Werke auf, ja sogar zur Beseitigung von gefährlichen Konstruktionsfehlern. Ihre Erfüllung kann zwar nicht durch Klage erzwungen werden, wie es denn überhaupt einer Klage auf Nichtbegehung eines Deliktes nicht gibt, aber ihre Vernachlässigung macht schadensersatzpflichtig.

Durch Aufgeben des Besitzes kann sich der Eigenbesitzer nicht von der Haftpflicht befreien. Vielmehr haftet er noch für allen innerhalb Jahresfrist seit der Besitzaufgabe durch Einsturz ꝛc. eintretenden Schaden, er müßte denn nachweisen können, daß wohl er selbst während

---

[1]) RG. 52, 238.

[2]) Cosack I § 165. X. 1.

seiner Besitzzeit, nicht aber der spätere Besitzer die zur Abwendung der Gefahr im Verkehr erforderliche Sorgfalt prästiert habe, obwohl derselbe dadurch die Gefahr hätte abwenden können (§ 836 Abs. 2).

Steht das Gebäude oder Werk auf fremdem Grund und Boden, so trifft die eben erwähnte Haftpflicht den Besitzer des Gebäudes oder des Werks, wenn er in Ausübung eines (ihm wirklich oder angeblich[1]) zustehenden) Rechts den Besitz hatte, z. B. als Erbbauberechtigter, Pächter (§§ 837 u. 95).

Wer endlich für den Besitzer die Unterhaltung eines Gebäudes oder eines ähnlichen, mit dem Grundstück verbundenen Werks (vertragsmäßig) übernommen hat oder zu ihr vermöge eines ihm zustehenden Nutzungsrechts dem Besitzer gegenüber verpflichtet ist, wie z. B. der Pächter (§ 582) oder der Nießbraucher (§ 1041), ist in gleicher Weise verantwortlich, wie der Besitzer (§ 838).

Er haftet also dem Verletzten neben dem Eigenbesitzer. Jeder von ihnen kann sich aber von der Ersatzpflicht durch den Nachweis befreien, daß er die zur Abwendung der Gefahr im Verkehr erforderliche Sorgfalt beobachtet habe. Vom Eigenbesitzer ist dieser Nachweis darauf zu richten, daß er bei der vertragsmäßigen Übertragung der Unterhaltungspflicht gerade an diese Person, oder bei der Einräumung eines Nutzungsrechts an sie keine culpa in eligendo begangen habe.

[1]) A. M. Endemann, § 202 Anm. 18.

FSC
www.fsc.org
MIX
Papier | Fördert
gute Waldnutzung
FSC® C083411

Kolibri 360 GmbH
Ferdinand-Jühlke-Straße 7
99095 Erfurt, Deutschland
produktsicherheit@kolibri360.de